U0638585

/献/礼/70/年/华/诞/70/人/采/访/实/录/

法制名记者与法律名家大咖的对话

吴晓锋 著

致敬中国法律人

江平

中国民主法制出版社

图书在版编目（CIP）数据

致敬中国法律人／吴晓锋著. —北京：中国民主
法制出版社，2019.11
　ISBN 978-7-5162-2137-2

　Ⅰ. ①致… Ⅱ. ①吴… Ⅲ. ①法律工作者－研究－中
国　Ⅳ. ①D926.17

　中国版本图书馆 CIP 数据核字（2019）第 284360 号

图书出品人：刘海涛
出 版 统 筹：乔先彪
责 任 编 辑：陈　曦　贾萌萌

书　　名／致敬中国法律人
作　　者／吴晓锋　著

出 版·发 行／中国民主法制出版社
地　　址／北京市丰台区玉林里 7 号（100069）
电　　话／（010）63055259（总编室）　　63057714（发行部）
传　　真／（010）63056975　63056983
http：//www.npcpub.com
E-mail：mzfz@npcpub.com
经　　销／新华书店
开　　本／16 开　710 毫米×1000 毫米
印　　张／24.5　　字数／338 千字
版　　本／2019 年 12 月第 1 版　2019 年 12 月第 1 次印刷
印　　刷／北京天宇万达印刷有限公司

书　　号／ISBN 978-7-5162-2137-2
定　　价／72.00 元
出版声明／版权所有，侵权必究。

（如有缺页或倒装，本社负责退换）

序　言　一

中华人民共和国成立70年，我国各项事业发展都取得了辉煌的成就，中华民族正昂首行进在实现伟大复兴的道路上。作为一名法律人，我尤其欣慰中国法治建设70年来的巨大进步，从共和国初期的法律实用主义，"文化大革命"时期的法律虚无主义，到改革开放年代的法律经验主义，以及目前我们要为之奋斗的法律理念主义，我们终于建立了完备的法律体系，终于走向"全面推进依法治国"的历史征程，把法律从工具、制度变成治国的理念。

放在人类历史的长河中，70年的繁荣与发展只不过是匆匆过客，而真正能够让国家养成"健康体魄"的还是制度性的因素，其中，法治又是制度建设的核心和重中之重。法治能否在中国得以全面实施，将决定中华民族能否得以复兴，中华文明能否得以体面地延续。党中央已经就法治中国建设作出了一系列重大决策，强调要坚持依法治国、依法执政、依法行政共同推进，法治国家、法治政府、法治社会一体建设，这是我们党的英明决策，振奋人心。

作为一项宏大的社会工程，法治建设的推进有赖于各界人士，尤其是法律界持续不断的共同努力。作为一名法律人，在憧憬着这个"法治中国梦"的同时也深感责任重大，因为这一进程尤其需要法律共同体、所有法律工作者成为这个伟大时代的法治担当者、燃灯者、铺路石，塑造良法善治，传播法治理念，捍卫法治尊严。

这些年，我本人一直为中国的法治建设摇旗呐喊。而其实呐喊最多的是这一个群体——他们汇聚我们每一个呐喊者的涓涓细流而成江海磅礴之势，他们放大并整合了我们每一个个体的声音而成宏大的交响乐章，经过他们的笔触和渠道影响力传播出去，到达社会广大的受众。这个群体就是媒体人，法治新闻工作者。他们传播着法律知识、法治精神，他们监督着公权力的运转和违法犯罪行为，他们为社会的公平正义鼓与呼，在引导全社会的法治理念、法治信仰方面发挥了重要作用，他们是被遗忘的法律人的一员。

我长年订阅《法制日报》，每天阅读，及时了解法治领域的新情况、新问题。他们的很多记者和编辑都是法律科班出身，又有新闻工作的历练，长期奋战在法治新闻采访报道第一线，所以他们能敏锐地、准确地抓取到社会最关注、公众最渴望了解的法治问题。本书作者吴晓锋就是这样一位资深法治记者、法学博士，她与众多法律人携手并进，共同关注、讨论、对话法治建设中的热点难点问题，她是采访者，也是策划者和与谈人。

中华人民共和国成立70周年之际，吴晓锋博士采撷70位法律学术界和实务界的专家的访谈录，辑成此书，以点滴浪花映射中国法治大潮的壮丽色彩，既可为中国法治事业发展之见证，又同为法律人共贺中华人民共和国70华诞之献礼，颇有意义，殊值赞赏。我印象中很少看到这样的图书，一次性地荟萃了这么多著名法律人，这么多标志性法律事件，以及这些法律人发出的客观公正的声音对社会的影响，这些真人真事真话真情，集合在一起，就有了更强的感染力，集中展示中国法律人这个群体的形象。她这本书的内容涵盖了法治建设要义的全方面——依宪治国、保障私权、程序正义、司法公正与社会正义等，涵盖了法律的各门类，宪法及宪法相关法、民商法、经济法、行政法、刑法、诉讼法、监察法等，既有可读性又有史料性。

这本书最大的特色是以一个法治记者的视角来看法治，虽然都是专家的访谈、专家的思考，但是与读者见面的时候经过了记者的选择、过滤、打磨、润色，又是一种全新的体验。资深媒体记者往往有比常人更敏锐的目光、深刻的思想、批判的精神、犀利的语言、流畅的表达、广阔的人脉，他们本身就是专家，他们同样负责为这个社会提供精神食粮。法治名记者与法律名家的组合是一个很好的出版创意，希望今后能看到

更多精彩的组合。

　　法治兴，则国家兴。中国面临百年未有之大变局，世界处于格局重塑之前夜，中华民族正以和平而艰难的步伐走在复兴之路上，既享受"舞台中央"的荣光，也承受"风口浪尖"的压力，祝愿中国梦、法治梦早日实现！

_*

　　＊江平：中国著名法学家、教育家、社会活动家，中国政法大学终身教授。2012 年 9 月被中国法学会授予"全国杰出资深法学家"称号。

序 言 二

2019 年是中华人民共和国成立 70 周年，各行各业都在用各种方式庆祝和讴歌这 70 年来的辉煌成就。70 年来我国法治建设取得了举世瞩目的辉煌成就，尤其是党的十八大以来，以习近平同志为核心的党中央坚持拓展中国特色社会主义法治道路，带领近 14 亿中国人民凝心聚力、团结奋斗，在新的历史起点上全面推进法治中国建设的伟大征程，开辟了中国特色社会主义法治建设的新时代。

"法治"是中国社会近几十年的关键词，为推进中国法治进程，一代又一代法律人站在前人的肩膀上，承前启后，继往开来，砥砺前行。

立法者、执法者、司法者、律师、法学师生……一个个鲜活的个体铸成法律职业共同体，为中国法治建设作出了巨大贡献。而在这个群体中，有一类人似乎一直被忽略——那就是法治记者。他们长期战斗在法治新闻最前沿、第一线，宣传法治事件、法治人物、法治思想，却很少成为被宣传的法律人。这就是这个职业的特征，把所有的光环都给了作品中的人物和事件，而他们身处幕后，是默默无闻的法治传播者、法治监督者，无论是赞美还是批评，宣传还是监督，都是源于新闻工作的使命和心中的法治愿景，都是对法治建设的贡献。他们同样是"法治中国"建设重要的生力军，法律职业共同体中的一分子。

吴晓锋从她 10 余年《法制日报》记者生涯的新闻作品中挑选出 70 位法律人的高端访谈，汇编成书，献礼中华人民共和国成立 70 周年华诞，送上法律人的祝福，展现法治建设的历程和成就，我感到非常高兴和欣慰。这本书，也代表了奋斗在法治中国建设一线的法律人、法律职业共同体给祖国母亲的献礼。

　　法治类的图书中，由记者撰写出版的书籍往往具有鲜明的个性特色。这本书的特色在于，它既有一个资深法治记者的独特视角，又同时为我们呈现了70位中国顶尖法律法学专家的思想盛宴，这是真正站在巨人肩膀上的思想的碰撞，既体现了记者对人物、事件的文字提炼、归纳、整理的水平，又镌刻了采访时的历史烙印。本书涉及的人物之多，层次之高，内容涵盖之广，讨论问题之深刻，对于了解中国法治进程的方方面面、点点滴滴具有重要意义，从中也可以看到新闻传播对于法治建设的重要意义。这些法学大家中，有好几位已经是我国法学的"活化石"、一些法律学科的"开山之祖"，如周应德、金平、江伟、江平、李昌麒、应松年等，他们是当之无愧的我国法治70年的开创者、见证者，而记者对他们的采访又融入了当时一个特定的时代背景，特定的法治大事件。比如，采访周应德是因为我国第一个刑侦本科专业创办40周年，而他，正是创始人，也是我国第一位侦察学教授；采访金平，是因为我国立法机关第四次启动民法典的编纂，而金平是唯一一位亲历了前三次民法典编纂的健在的民法学家……作为媒体，我们欣慰，这么多年，在每一个重大法治事件中我们都没有缺席，每一个重大问题我们都及时发出客观公正权威的声音引导舆论。

　　《法制日报》是中央政法委的机关报，我国目前唯一一家立足法治领域的中央级法治类综合性日报，是党在民主法治领域的"喉舌"。从1980年创刊到今天，《法制日报》见证并记录了我国近40年来的辉煌法治进程，专业、权威一直是本报的办报宗旨。本报一直重视培养优秀的记者、编辑，给他们足够大的舞台，名记者、名编辑、名专栏、名专家是一个媒体的名片。人物访谈是记者的基本功，而采访专家更检验一名记者的能力和水平。所以一个真正的名记者、名编辑，他除了有敏锐的触角，专业的素质，良好的表达能力、沟通能力，身边还一定有一大批行业大腕，他需要经常与他们撞击思想火花，更需要他们能随时接受他的采访，成为其作品中熠熠闪光的主角。

　　吴晓锋便是这样一位优秀的、幸运的记者、编辑。她从法律名校博士毕业，长期行走于法律圈、新闻圈，在《法制日报》的多个岗位历练。她曾经做过《法眼财经》部门主编，策划并主持《民商审判》专栏、《观点1+1》专栏等，做过海南记者站站长、重庆记者站站长，具备良好的法律素养和新闻素养，再加上想到了就要做到的行动力，使她很快在报社脱颖而出，独当一面，在法律圈有较高的知名度。她做过很多的高端访谈，本书中的70人，只是一个代表和缩影，能采访那么多的"全国杰出资深法学家""长江学者""全国十大杰出青年法学家"，知名政法院系的掌门人，大法官，大检察官，知名律师等，其实非常不容易，甚至有的一篇报道就采访了十多位权威人士，足见她追求极致的精神和与采访对象的良好互动。尤其是她还采访过法律界三位被拍成电影的著名的道德楷模，"法治燃灯者"邹碧华法官、"辨法析理，胜败皆服"的法官宋鱼水、"全国调解专家"人民调解员马善祥，这估计迄今为止也是不多见的。在此，我也谨代表法制日报社对所有关心、支持、帮助本报的专家学者、法律界人士、社会各界人士表示感谢！

"国无常强，无常弱。奉法者强则国强，奉法者弱则国弱。"我们法治新闻人愿与大家一道为实现中华民族伟大复兴，为实现心中的"法治梦"不懈奋斗。

透过法治记者的视角，中国法治故事在路上，也在书中。

邵炳芳*

---

* 邵炳芳：现任法制日报社党委书记、社长。

作 者 题 记

当我在做《法制日报》中华人民共和国成立70周年主题策划专栏报道"壮丽70年　中国法治辉煌成就"时，当我看到各地频频唱响《我和我的祖国》时，不禁想到应该在这个特殊的日子做些什么。

"我的祖国和我，像海和浪花一朵，浪是海的赤子，海是浪的依托。"法律界，一个有温度、有厚度、有思想、有关怀、有牺牲的群体。他们中不乏这样的赤子深爱着祖国和人民，守护着社会的公平正义。"一生呐喊"的江平，"法治燃灯者"邹碧华，"胜败皆服"的人民法官宋鱼水，为人民排忧解难的基层调解员马善祥……

我脑海中一一浮现出这些曾经面对面采访过的法律界大家，有"全国杰出资深法学家""长江学者""全国十大杰出青年法学家"，有大法官、大检察官、知名律师等公检法司实务领域的权威……突然有重逢在灯火最盛处的感觉。时过境迁，犹如追忆似水流年，如鲠在喉，当一个个"个体"聚合为"群像"——"法治群英谱"的群像，我才发现，是他们，是以他们为代表的法治先行者、燃灯者、追光者在"法治天下"的大道上点亮灯火。在推进依法治国的道路上，他们是铺路石、引路人、建设者。

法治兴则国兴，法治强则国强。

心中沟壑，笔底波澜。

作为记者，我唯有以文字来致敬他们；作为法律共同体的一员，谨以这部能折射中国法治进程的采访辑录作为法律人对中华人民共和国成立70周年的献礼。

目　录

学术界【按受访者年龄排序】：

实务界【按采访时间排序】：

学 术 界

周应德

我国第一位刑事侦查学副教授、教授，中国刑事侦查学的创始人之一。2012年9月被中国法学会授予"全国杰出资深法学家"称号。

—— 作者手记 ——

2017年7月14日，四川大学图书馆古籍特藏中心微博分享了一张照片，照片中一位白发苍苍的老人正笔挺地坐着，满脸认真地读着一本厚重的书。众多网友被老人坚持每日在古籍阅览室阅读的精神所触动，称他为"最拼教授"并纷纷点赞留言："这才是暑假的正确打开方式。""扛过枪，破过案，教过书，96岁的老教授还泡在川大图书馆奋斗，写诗搜集资料。"

采访周应德教授是在我国第一个刑事侦查本科专业在西南政法大学刑事侦查学院设立40周年之际，而他，正是创始人之一，也是我国第一位刑事侦查学教授，还参与创建了高等学校第一个司法鉴定中心。如今，刑事侦查学经过几代人的不断努力，已经得到长足的发展，也为全国各地源源不断输送了大量刑事侦查学人才，而这一切都离不开周老当时的努力……

与有肝胆人共事　从无字句处读书

——记刑侦泰斗周应德

"我现在在成都，蓉渝间相隔千里，见字如面。我生长在风云激荡之年代，当年军阀混战，民生凋敝，日寇侵华，民族危亡，满目疮痍，狼烟遍野……"

在西南政法大学（以下简称西政）2018 年新年文艺晚会上，一封特别的来信让全场观众安静了下来。

当这封信被主持人念出时，台下的师生无不为之动容，不少人眼中泛起了泪花。来信者是已经有 97 岁高龄的周应德老先生。他生在革命战争年代，曾三次当面聆听周恩来同志教诲，一腔热血立志成为有用之才。中华人民共和国成立后，他积极投身中华人民共和国的法学教育，创办我国第一个刑事侦查本科专业；组织编写第一本侦查学教材；组织创建高校第一所司法鉴定中心；成为第一位刑事侦查学教授，率先在全国招收刑事侦查硕士研究生。

他还曾为西政校歌作词，至今广为传唱。在《20 世纪中国知名科学家学术成就概览·法学卷》第二分册中，周应德教授榜上有名。

侦查学创始人之一

1953 年，时任最高人民法院西南分院审判员的周应德，调入当时的西南政法学院任教，教授刑法课程。从那时开始，周应德就不断探索刑事侦查学的性质、研究对象及其学术体系。1963 年由周应德组织编写的《刑事侦察学教学提纲》面世，首次系统地提出了刑事侦查学的研究对象、体系、任务、研究方法和原则，奠定了刑事侦查学作为一门学科的基础。

1979 年，周应德主持开设我国高校第一个刑事侦查本科专业，先后开设了侦查概论、文书检验、痕迹检验、枪弹检验、刑事照相、化学检验等独立课程，以及法医学、司法精神病学、现场勘查、侦查策略、犯罪心理学等专业化课程，推动形成了我国刑事侦查学专业的本科教学体系。周应德成为我国第一位刑事侦查学教授。

1985 年，周应德组织、领导筹建国内高校第一所司法鉴定中心"西南政法学院鉴定中心"，将司法鉴定工作纳入法治轨道，改变了此前刑事证据鉴定由公安系统独揽、自侦自证的局面。

与西政刑侦的前世今生

1979 年，第一个刑事侦查学院成立。"这来源于一个历史机遇。"周老先生回想起，仍然显得很激动。

当时，公安部想要创办自己的大学，教育部就通过司法部联系了各政法学院希望能帮助培训一批学生。其他政法院校出于师资等因素考量都选择了拒绝，问到西南政法学院时，时任刑侦教研室主任的周应德一口承诺："我们接收，两个培训班全要！还有我还要！"

那么，这种"一口承诺"的底气从何而来？周老表示，因为当时西南政法学院的法律系接收了公安分校、公安部的法律学校，拥有大量公安方面的人才。

"从技术到刑事侦查理论，他们全会，我身后还有两个副院长、十多个得力的侦查学的教师撑腰。因此我说我全要。"

合并后的两个班共一百名学生，法医、痕迹、验枪等课程独立，"刑事侦查课"改为"刑事侦查专业"。

"这个刑侦专业在全国是第一个，我们理论与实践相结合，经常向公安部要资料作为讲课素材，第一年这个班上就出了很多人才。"

回想起这些，周老的脸上始终泛着微笑，像孩子一样纯真。

2019 年，恰逢西政刑事侦查学院成立 40 周年之际。经过 40 年的艰苦创业，如今的西政刑事侦查学院已取得巨大的发展。目前开设有侦查学、刑事科学技术、经济犯罪侦查、治安学四个专业，有侦查学、警察学、国家安全学三个学科，已经形成了本硕博人才培养体系。

近年来，为适应时代发展，响应社会需求，西政刑事侦查学院正在将大数据、网络安全、人工智能技术融入传统学科专业建设中，又开设了网络安全与法治实验班、海外利益保护实验班、监察调查法学实验班，促进学科专业提档升级，为公安司法机关、国家安全机关及有关部门、企业培养国家急需的复合型人才。

回顾起自己在西政的岁月，周老充满感激："我的一生，主要是以刑侦为主，靠刑侦吃饭，以刑侦起家。我在刑侦方面取得的业绩，是西南政法学院给我基地，给我创业的机会，给我条件。"

多才多艺创作西政校歌

褪去所有的光环和荣誉，周老说他更喜欢大家称他为一名人民教师。

"坚持理论联系实际，不尚空谈，要针对现实中的具体问题，寻找合理结果和解决办法。"这是周老信奉一生的教学理念。在这样的理念指导下，无数刑侦学子成长为时代的英才，奔赴祖国各个需要他们的地方。

现如今，桃李满天下，周老门下弟子遍及全国公检法司系统。"这是我最想看到的，也是我最欣慰的。"周老坦言。

很多人首次听到西政校歌，第一感觉就是气势磅礴。而这首歌却更能引起西政人的共鸣。其实，当年西政校歌的创作过程中就有周老参与作词。

"精思睿智，穷学术之浩瀚"，看似简单的话却饱含着周老的良苦用心；"继往开来，吾辈当先"，展现他对西政学子的无限期待。西政校歌是一时的创作，但周老深厚的文学素养却是日积月累而成的。

2017年夏天，在四川大学图书馆96岁老教授阅读照走红网络，在古籍阅览室中坐得笔挺、认真翻阅的老人得到许多人的由衷敬佩。而图片中的那个人，正是周老。其实，周老每天都到古籍阅览室，是为正在撰写的诗文集收集资料。

"天府成都，绿野平原，岷江纵贯，渠道迴旋。星分鬼井，地属西川。东邻巴渝，北倚秦关。盖太古之沧海，而今日之桑田。群峰环而盆地阔，雪山峻而秦岭巉……"看到自然美景时，许多人有心夸赞却只能说句"真好看"，至多引用几句前人诗句，而饱读诗书的周老先生面对天府成都的无限风情，却能挥毫写下这样一首礼赞。

金平

西南政法大学资深法学教授，我国著名民法学家。2012年9月被中国法学会授予"全国杰出资深法学家"称号，"中国民法的活化石"。

—— 作者手记 ——

西南政法大学金平老先生有"中国民法的活化石"之称，也是我的师爷爷。在学生时代就聆听过他的教诲，在工作后又数次采访他，听他聊民法、聊人生、聊锻炼、聊他的学生们周强、王卫国、赵万一、谭玲等读书时候的故事……他于1981年5月至1982年9月期间，曾担任中华人民共和国民法起草小组组长，是唯一健在的亲历了三次民法典制定的民法学家。民法典的制定，几起几落，始终无法落地，而如今，随着民法典草案（2019.12.18）的公布，中华人民共和国的第一部民法典正在向我们走来，这自然离不开包括金老在内的一代代法学家的奉献……

金平：亲历三次民法典制定

他是健在的民法学家中唯一一位全程参与三次民法典制定的亲历者、见证者；

他的许多重要理论，如民法调整对象、精神损害赔偿制度等为我国民事立法所吸收；

他是民法基石——"平等说"理论的奠基人；

他是最早倡导立法应当肯定精神损害赔偿制度的学者之一……

几十年前因红岩英魂成就了一段革命历史，几十年后因法律名家辈出成为法学界的一个坐标，这就是——重庆歌乐山。

2010 年 9 月 19 日，金平法学教育思想研讨会在歌乐山脚下的西南政法大学举行。这一天，也是西政 60 华诞。金平，一位 88 岁的老人，坐在堆满鲜花的首座，坐在各地归来的"桃李"之间，微笑如慈父，淡定如秋水。

金平，1922 年 5 月出生于安徽金寨，1949 年毕业于国立安徽大学法律系，同年进入南京中国人民解放军第二野战军军事政治大学学习。

如今，他是西南政法大学资深教授，我国老一辈著名民法学家，曾三次参加我国民法典的起草。

他是我国民事立法的先行者、民法学研究的拓荒者、民法学教育的启蒙者、民法理论的重要奠基者，当年与中国人民大学的佟柔教授并称为"北佟南金"。

人虽不在"江湖"，"江湖"却留下了他的传奇。2010 年 5 月，西南政法大学校友会发起成立"重庆金平法学教育基金会"，金平才再度回到人们的视野，回到民法研究与法学教育的视野。

我国民事立法先行者

在金平先生的记忆里，有三段时间是难以忘怀的：1954 年至 1956 年、1962 年至 1964 年和 1979 年至 1982 年。在那三段时间里，中国正艰苦地酝酿着属于自己的民法典，而金平则有幸全程参与了这三次民法典的起草工作。

1954 年底，金平被指派赴京从事我国民法典的起草工作，这是他与我国民法典结缘的开始。

经过两年多的工作，1956 年，我国第一个包含 443 个条文的民法典征求意见初稿成形，然而，随之而来的"反右"整风运动却导致立法活动的中止。

1962 年，随着三年经济困难时期的逐渐过去，经济建设开始步入正

轨。毛泽东同志也在这时提出："没有法律不行，刑法、民法一定要搞。"

于是，民法典的起草工作再次被提上议程。

是年，金平再次北上，在全国人民代表大会常务委员会办公厅法律室的主持下，继续从事民法起草工作。经过两年多的努力，于1964年7月草拟出民法草案"试拟稿"。不幸的是，民法典草案被再度搁置。

党的十一届三中全会后，第三次民法典起草工作拉开了序幕。1979年底，金平再次受邀参加，并被任命为"所有权组"的负责人。

经过十个月的辛勤工作，民法典起草小组于次年8月草拟了一个民法草案征求意见稿，开始向部分经济单位和政法部门征求意见。

在民法典制定的潮起潮落中，金平始终坚守着一个民法人的信念和追求，他高声疾呼"中国一定要有自己的民法"。

金平的开山弟子、中国政法大学民商经济法学院院长王卫国说，先生所处的那个年代，正好是我国民法能否破茧而出的生死存亡时期，可谓艰苦卓绝。没有佟柔、金平等老一辈民法学者对民法科学的开拓性研究，就不可能有现在中国民法学的繁荣和中国特色的民法体系的初步建立。

虽然以金平教授为代表的老一辈民法人殚精竭虑，但我国民法典的出台却步履维艰。

然而，金平先生对于我国民事立法的贡献是毋庸置疑的——他不仅通过参与我国前三次民法典的起草工作为我国后来的民事立法奠定了坚实的基础，而且还通过对民法调整对象、物权制度、合同制度、精神损害赔偿制度等诸多重大民法问题上所提出的远见卓识，为我国民事立法，特别是被誉为中国"人权宣言"的民法通则的制定与传播作出了历史性的贡献。

民法学理论重要奠基者

如果我们要书写我国的民法发展史，那定无法绕开金平先生，特别是无法绕开他在民法调整对象问题上率先提出的"平等说"理论。

平等观念，如今看起来异乎平常且早已深入人心，但在改革开放之初，"平等"二字却来之不易。它不但冲破了当时刑法中心主义的藩篱，而且正确定位了民法在整个法律体系中的地位。

尤其重要的是，平等理论作为民法的灵魂，成为整个民事立法的基石，贯穿了以后作为民法重要组成部分的物权法、合同法等所有重要法律的制定。

1985 年，金平、聂天贶、吴卫国、赵万一共同在《法学研究》第一期上大胆而鲜明地提出："我国民法所调整的对象是人与人之间平等的财产关系和人身关系。"

1986 年，他又系统而有力地阐明了我国民法调整的对象应该是人与人之间，也就是公民之间、社会主义组织之间，以及他们相互之间平等的财产关系和人身关系的重要观点。

"平等说"的提出在我国民法发展史上无疑具有里程碑意义。

1986 年 4 月 12 日通过的民法通则第二条直接采纳了该学说，不仅确立了中国民事立法的基本价值定位和基本制度框架，也为我国民法理论研究指明了方向，开辟了道路。

金平是最早倡导立法应当肯定精神损害赔偿制度的学者之一，虽然争议不断，但是民法通则第一百二十条还是采纳了金平的观点，明确了精神损害赔偿制度的地位。此外，他还是最早提出完整物权概念，并竭力主张应当加强物权法的研究和立法的学者之一。

金平对民法渊源问题的思考也很深刻。在参与民法草案的起草和民法通则的讨论中，他曾多次建议承认习惯和法理的法律地位，赋予法官以司法自由裁量权。遗憾的是，这一具有超前性的观点却没有被民法通则所采纳。

我国法学教育拓荒者

从教四十多年来，金平培养了研究生七十余人。在他的门下，不仅聚集了包括王卫国、赵万一、谭启平、张秀全等在内的一大批学术骄子，还会聚了包括周强、伍载阳、卫国、谭玲等在内的一大批政界精英和商界成功人士。

他是一名成功的教育家。在金平的教育思想中，有着儒家文化"修身、齐家、治国、平天下"的脉络，注重品格和爱国主义思想的培养。

他曾目睹中国的积贫积弱，目睹日本侵华战争的残酷，因而凝练了对国家、对民族厚重的责任感。

他时常勉励学生："作为国家的高层知识分子，你们负有引领国家、民族的发展方向的义务，对国家、民族的发展负有重要的责任，在考虑有关国家和个人利益问题时，必须把国家和民族的利益置于首位。"

他经常以"从政只为强国梦，育人严守德为先"寄语自己、同仁和弟子。

他的学生周强，至今仍然念念不忘恩师赋诗勉励的话语："许国不畏身家累，除弊应如金石坚。" 2008 年，在时任湖南省省长周强的主导下，湖南省出台了全国首个行政程序条例，成为我国行政程序立法的里程碑，"让权力在阳光下运行"。

作为教师和教研室主任，金平甘当人梯、无私奉献，积极组织教师、学生撰写学术论文，提高团队的整体科研实力。早在 1984 年，当时还在攻读研究生的王卫国就在他的指导下，完成了那部被公认为我国侵权法研究领域的第一部专著——《过错责任原则：第三次勃兴》。

而作为一名法学教育家，他最大的成功，却是策划创办了被誉为"新中国民法人才之母""改革开放后中国民法学的黄埔班"——全国首届"民法师资进修班"。

1982 年，随着改革开放不断推进，我国商品经济不断繁荣，而民法人才却极度匮乏。金平审时度势，积极争取司法部的支持，在西南政法学院举办了"全国法律专业师资进修班民法班"。

在他的奔走号召下，佟柔、江平、赵中孚、谢邦宇、林诚毅等一大批当时的一流"民法人"会聚于歌乐山下、嘉陵江畔，亲执教鞭为来自五湖四海的百余名学员传经布道、授业解惑。

为了能让更多的人享受到此次进修班的成果，金平一面抓教学，一面组织人员整理授课内容，编写出了当时国内最早的民法参考教材《中华人民共和国民法讲义》（上、下册）。

此书一出，即告售罄。许多老师如获至宝，感慨万分："有了这本书，我们就敢上讲台了。"

周大伟则这样评价进修班的意义："金平先生的这次成功策划，对民法学界今后不断走向团结兴旺可谓功不可没！"

"林籁结响，泉石激韵"。当民法精神已蔚然普及于平民大众，当民法通则、合同法、物权法、侵权责任法等民事法律已渐次融入老百姓的日常生活，再回顾我国民事立法之路的坎坷历程，不得不感念金平等老一辈民法学家在那个艰苦卓绝的年代里对法治信念的坚持。

"严谨与务实，仁爱与奉献，谦虚与低调"——这是人们对金平的一致评价，但金平却说："这不是我一个人的，这是我们这一代民法学者身上共同的东西，希望能一直传承下去。"

桃李有言

王卫国（81 级研究生，中国政法大学民商经济法学院院长）：金老师给了我学术的生命，人格的生命。金老师是我的榜样，使我在二十五年的执教生涯中不敢有丝毫的懈怠和造次，否则便无颜以对老师，无颜做金门大师兄。我甚至也不敢离开学术界，选择做老师是最无愧于老师的方式。

如果沈家本等人是中国第一代法学家，民国法学家是第二代的话，那么金老师他们就是第三代法学家，同时也是最艰苦卓绝的一代，他们身上最可贵的是信念和坚持；作为第四代民法学人，我们的任务不仅应当把知识，而且更应当把第三代民法人的精神、人格传递给第五代。

周强（82 级研究生，中共湖南省委书记）：好的大学靠的是好的老师和良好的学风与校风。我们作为已毕业的学生，在校期间最难忘的就是导师、老师对学生的关怀与培养，他们的敬业精神和渊博学识使我们终身受益。因此，金平法学教育基金会的成立是一件很有意义的事情，它对于推动我国的法学教育，促进法学的繁荣和发展，对于推动我国的民主法治建设和服务重庆的社会经济发展都具有重要意义。

吴卫国（83 级研究生，重庆市人大常委会副秘书长、研究室主任）：当我还是学生和教师时，金老师教育我："学者只服从真理，学者要追求真理。"当我转入机关工作，金老师告诫我"要学习政治家做大事、做实事以造福于民众，不要学政客只追求当大官"。金老师的教导，成为我做人、做事、做学问的经典。

赵万一（83 级研究生，西南政法大学民商法学院院长）：我从 1983 年开始系统接触民法。是金老师带我走进神圣的民法殿堂。经过近三十年的耳濡目染，我不仅从他那里学到知识，更体会到他深邃的思想、坚强的信念、严谨的操守和完美的人格。作为我国民法的先驱，金平教授的民法思想和观点不但引领了西南政法大学，而且影响了全国；不仅功在当代，更会惠及子孙后代。

谭玲（84 级研究生，广东省高级人民法院副院长，法学教授）：在读本科时，常听师兄师姐谈论校园里一些知名老师的"丰功伟绩"。金平教授的传奇故事，令我无限崇尚且心生敬畏。正是怀着对老先生渊博学识的仰慕和自己对民法学与日俱增的热爱，激励我成功通过研究生考试，如愿拜师于老先生门下。三年的学习生活，诲人不倦的恩师更像慈父，既传授知识，更畅谈人生，使我受益终身。

江伟

中国人民大学法学院教授，当代著名法学家和法学教育家，我国民事诉讼法学的重要奠基人之一。

── 作者手记 ──

2017 年 6 月 27 日，检察机关提起公益诉讼明确写入新修改的民事诉讼法和行政诉讼法，标志着我国以立法形式正式确立了检察机关提起公益诉讼制度。

曾经民事诉讼法第一百零八条的规定，让公共利益处于无人救济或救济不能的尴尬境地。我有幸作为记者见证了公益诉讼从现象到尝试到制度确立的发展历程。我曾赴河南省方城县采访了被法学专家们称为"公益诉讼鼻祖"的案件，这是 1997 年由河南省方城县检察院办理的一起国有资产流失案，检察院根据宪法规定以原告身份向法院提起诉讼。之后，全国多省检察机关纷纷效仿，初步改变了公共利益无人保护或保护不力的现状。然而 2005 年初，随着最高人民法院的一纸批复，法院不再受理检察机关作为原告提起的国有资产流失案件，所有检察机关提起的公益诉讼都被叫停，公益诉讼再次陷入立法不足的缺位遗憾中。

于是我采访了《民事诉讼法（修改建议稿）》课题组主持人、中国人民大学法学院江伟教授和《行政诉讼法（修改建议稿）》课题组主持人、中国政法大学马怀德教授，他们均提出建立以检察机关提起为主的公益诉讼制度应是最佳选择，有望通过修改两部法律得以实现。

陷入立法不足的尴尬境地　公益诉讼何去何从

——建立以检察机关提起为主的公益诉讼制度应是最佳选择

这些年，一个法律术语走进人们的视线，那就是"公益诉讼"。如被媒体炒热的郝劲松事件、孙国胜诉雀巢奶粉事件、李刚诉天津市市政工程局收取"进津费"事件等。他们以个人名义进行的带有公益性质的诉讼活动，都被媒体冠以"公益诉讼"而备受关注。

严峻现实需要有人提起公益诉讼

据国家统计局资料披露，近几年国有资产以年均 5% 的速度流失。进入 20 世纪 90 年代后，每年流失 1000 亿元，日均流失 3 亿元。

在最高人民检察院和国家国有资产管理局共同调查的一起案件中，一笔价值 1 亿元的国有资产，竟被以 300 万元的价格转让给私有企业。

在环境污染方面，酸雨、沙尘暴、水土流失、土壤沙化等生态问题无一不与违法行为有关，且已经相当严重地影响了经济与社会的协调发展。

除此之外，诸如关乎老百姓切身利益的一些部门随意涨价、违约、部门利益至上、暴利经营等失信于民的行为时有发生，严重侵害了社会公共利益。公共利益处于救济不足的尴尬境地，已经越来越成为影响构建和谐社会的重要因素。

但在我国，对于这类公益保护尚没有明确的法律规定，应由哪个人或哪个机构提起诉讼来依法维护。现行民事诉讼法（作者注：此为1991 年民事诉讼法）第一百零八条规定，原告是与本案有直接利害关系的公民、法人和其他组织。也就是说，只有直接利害关系人才具有提起诉讼的资格。所以，目前真正由个人提起的公益诉讼是不能被法院受理的。

"面对公益诉讼，尽管从感情上作为法官我支持他们，但从法律上，有些起诉必须驳回。现行诉讼法规定，只有行为的直接利害关系人才有起诉的权利。"这是很多法官提起个人公益诉讼时都表示无奈。

民事诉讼法第一百零八条的规定让真正的个人公益诉讼无路可走，而事实上，即便是个人提起的带有公益诉讼性质的诉讼也多以失败而告终。

应该由谁来提起公益诉讼

在英美法系国家，如美国，公益诉讼的原告有两类：一类是检察总长；一类是公民、企业和各种公益团体。在大陆法系国家，民事公益诉讼由国家机关（主要是检察机关）提起，原则上不允许公民提起民事公益诉讼。法国、德国、日本的民事诉讼法律制度中都规定了检察院作为国家和社会利益的代表，对特定的涉及公益的案件，有权以主当事人的身份提起诉讼，也可以作为从当事人参与诉讼，并可以上诉。

在我国，多数专家将公益诉讼的概念解释为特定的国家机关和相关的组织和个人，根据法律的授权，对侵犯国家利益、社会利益或不特定的多数人的利益的行为，向法院起诉，由法院依法追究其法律责任的活动。

无论是英美法系国家还是大陆法系国家，对涉及公益的诉讼都建立了相应的诉讼机制。而我国现行的法律框架里，并没有公益诉讼制度的存在。但是，在实践中我们却并不缺乏这方面的探索，在法律无明确规定的情况下，无论是公民个人还是检察机关都有人矢志不渝在为"公益"而诉讼着。

建立以检察机关提起为主的公益诉讼制度应是最佳选择

《民事诉讼法（修改建议稿）》课题组主持人、中国人民大学法学院江伟教授，《行政诉讼法（修改建议稿）》课题组主持人、中国政法大学马怀德教授，他们最近透露：我国有望通过修改民事诉讼法和行政诉讼法确立公益诉讼制度。

《民事诉讼法（修改建议稿）》规定，在受害人没有提起诉讼或者很难确定受害人的情况下，检察院、其他国家机关为维护公共利益，可以对实施侵害人提起禁止侵权、赔偿受害人损失的民事诉讼。社会团体在得到受害人授权的情况下，也可以提起公益诉讼。《行政诉讼法（修改建议稿）》规定，针对行政行为影响某些公共利益而无人起诉的问题，允许检察机关或与行政行为只有一般（公共）利益关系的公民或组织起诉。

江伟说，法学理论界和实务界对于应否赋予检察机关提起民事诉讼的职能已经没有太多争议。保护公益，虽然需要赋予检察机关以民事诉权，但如果检察机关对民事诉讼过多干预，则与民法私权自治、契约自由的基本精神相背离，况且，任何一种机制都有被滥用的可能，检察机关提起民事公益诉讼也不例外。所以，检察机关提起民事公益诉讼的范围应该严格限定在为维护国家利益和社会公共利益中。对于检察机关提起民事公益诉讼的范围，除应该在检察院组织法和民事诉讼法中作出上述概括性规定外，还应在相关实体法中予以列举。检察机关发动民事公益诉讼的程序应在国家利益和社会公共利益遭受不法侵害，受害人没有提起诉讼或很难确定受害人的情况下提起。江伟认为"受害人没有提起诉讼"包括三个方面：一是受害人无法起诉。二是受害人放弃诉讼，不愿起诉。三是由于受害人人数众多等原因没有起诉。"很难确定受害人"则指损坏公用设施、破坏自然资源等案件，具体的受害人不明确，自然无人起诉。如果就同一侵害行为已经有合法主体提起公益诉讼，检察机关就不得另行提起，但可以作为从当事人参加诉讼。

马怀德认为，依我国现状，为了诉讼经济和防止滥诉，应主要将行政公益诉讼的起诉权交由特定机关，主要指检察机关，以公益代表人的身份提起；某些情况下，公益性社会团体或自治性组织对行政机关侵害社会公共利益的行为也可提起诉讼。检察机关对行政公益诉讼的发动可以有两种途径：

一是应公民的起诉请求而发动。检察机关必须依照法律和法定程序对公民的起诉请求进行审查，而不能专断独行。其审查范围主要包括行政主体的行政行为是否违法，社会公益是否遭受了行政行为的侵害或有侵害之危险，以及是否超过一般行政诉讼的范围等。检察机关起诉后，便与普通行政诉讼的原告一样，享有相同的诉讼权利，履行相同的诉讼义务。

二是直接依职权主动向法院提起诉讼。当检察机关认为某行政行为侵害或可能侵害社会公益时，可依法主动向法院提起行政公益诉讼，但此项职权的行使，必须受到法律的严格限制，以免造成司法权对行政权的过分干预，而降低行政效率。

江平

中国著名法学家、教育家、社会活动家，中国政法大学终身教授。2012年9月被中国法学会授予"全国杰出资深法学家"称号。

—— 作者手记 ——

江平，他已经成为这个时代的一个精神象征。每个人心中都有自己的江平，我心中的江平老先生更多的是一个精神标杆，一个思想启蒙者。虽不敢说前无古人后无来者，但在我心中他是中国第四代法学家中独一无二的人物，他的经历、他的言行、他的精神，都将成为这个时代的财富。所以我选取的是浓缩了先生的整个法治人生的长篇人物通讯《江平，为法治奋斗的传奇人生》。

这是报社"改革开放40年40人"策划报道中的一篇，也是我最艰难的一次写作，因为江平难写。平常写稿都是采访完就动笔，而这一次我花了半个月的时间采访，花了一周的时间来酝酿感情，再花了一周的时间来一气呵成，在酝酿和写作的半个月里我的世界只有两个字"江平"，那是我的与他的思想和灵魂对话的过程，只有这样才能传神地写好他。好在功夫不负有心人，这篇报道出来后反响很大，得到了法大校友和法律圈的一致好评，也获得了法制日报总编辑奖。

江平，为法治奋斗的传奇人生

"您的格言是什么？"

"'只向真理低头'和'生于忧患，死于安乐'。"

"您给自己的评价是什么'家'？"

"我认为自己算不上一个法学家，我给自己的评价是法律教育家和法律活动家。"

……

读到这些对话，也许很多读者已有似曾相识的感觉，头脑中渐渐跳出一个形象——身材高大、腿脚不便但充满活力的老人，饱满的额顶头发以根计数，睿智的双眸多数时候犀利得可以割人，偶尔又如儿童般纯真、开朗。

就是他，江平，中国政法大学前校长、终身教授，七届全国人大常委会委员兼法制工作委员会副主任；一个只要提到中国当代法治就无论如何也绕不过去的人物。他不仅是改革开放 40 年的见证者、推动者，更是我国法治建设的亲历者、开创者之一。他本身就是故事和传奇，戏剧般的人生经历又深深镌刻着时代的烙印。

改革开放 40 年最核心的问题有两个，

一是市场，二是法治，两者相辅相成。就法治而言有两个任务，

一是完善市场经济的法律制度，二是制约政府权力

"改革开放首先从开放市场开始，市场要从计划经济转到市场经济。"提到改革开放，江平马上提到市场和市场经济，认为国企改革是 40 年最核心的问题之一。

从国企改革一开始，以江平为代表的法学家就顺应了这一历史潮流，他们的任务就是要从法律层面解决国企改革面临的难题，最重要的是明确国家与企业的财产权利关系。

长时间的论争，最终于 1988 年 4 月通过的全民所有制工业企业法确立了"国家享有所有权、企业享有经营权"的国企经营模式。不过，这在企业经营实践中的效果并不理想。

"于是，时任国务院副总理的朱镕基再开一个药方，决心再搞一个《全民所有制工业企业转换经营机制条例》，亲自主持召开了四次会议，我参加了其中一次。"江平回忆道。

这一条例虽然把给企业的经营权扩大到 14 项内容，"但由于这个条例对现实的种种妥协，效果大打折扣，仍然无法挽救国企改制的困境。"江平黯然地摇头。

"直到 1993 年 12 月公司法通过，才彻底解决了国企作为公司这种现代企业的产权结构问题。"江平说。

国家作为股东对公司享有股权，公司享有其财产的所有权。何曾想到这个现在全社会熟知的基本常识，在改革开放过程中却经过了 15 年的摸索。这就是中国的改革历程，没有先例，只有摸着石头过河。

向市场经济转轨不到 5 年的时间就诞生了公司法，这让江平和同时代的法学家们感到欣慰，"这是市场经济也是改革开放对法制的呼唤，我们的汗水没有白流，我们在它上面砌过砖、加过瓦"。

江平说，正是改革开放的契机，中国进行了 40 年符合现代化需要的配套立法，引起了国际法律界的瞩目。中国改革开放的历史，也是法律现代化的历史。

"在民法慈母般的眼睛里，每一个个人就是整个国家。""法律之母"——民法首先迎来改革开放私法的复兴。

民法"四大名旦"——佟柔、王家福、魏振瀛和江平作为立法专家顾问参与了民法通则的起草，为私法奋斗，为私权呐喊也贯穿了江平的一生，成为他的坚守。

"以当时的时代背景和对后世的影响，我想无论对民法通则给出多高的评价都不为过。当时国外称它为中国的民事权利宣言。"江平说。

民法通则确立的四个核心原则：主体地位平等、权利本位（私权神圣）、过错责任和意思自治（契约自由）一直沿用至今，奠定了今天民商法的基础。而当时这四个原则的确立却是多么艰难，江平说，直到 1990 年前后还有一位著名经济学家批评这是资产阶级自由化。

后来物权法的出台就更加曲折。

由经济学家郎咸平 2004 年一场讲演引发的"第三次改革开放大论战"，到北大学者巩献田的公开信，让正在审议中的物权法卷入"姓社姓资"争论的旋涡。直到 2006 年 3 月全国"两会"上，中央领导强调"改革方向绝不动摇"，立法才驶入快车道。2007 年 3 月 16 日，历经七次审议的物权法获得通过，打破立法机关审议同一法律次数的纪录。

在改革开放中还有一部江平认为应该大书特书的法律，具有划时代的意义，那就是"民告官"的行政诉讼法。

江平毫不吝啬地给予这部法律诸多赞美之词，称其为"中国法治建设中具有里程碑式的一页"，称其"一部法律创设一个崭新的制度……结束了中国几千年来没有'民告官'的历史，给中国民主政治添上浓浓一笔"。

有意思的是，行政诉讼法虽属于行政法，但立法却由全国人大常委会法工委民法室负责，让并不研究行政法的江平担任行政立法研究组组长，行政法专家罗豪才和应松年担任副组长，因为这和民事权利保障有密切关系。

江平说，"改革开放 40 年最核心的问题有两个，一是市场，二是法治，两者相辅相成。就法治而言有两个任务，一是完善市场经济的法律制度，二是制约政府权力。中国改革需要制约公权力，否则就无法建立市场经济，也无法保障私权"。

对于改革开放 40 年的实践和法治建设，江平给予很高评价，认为对私权的扩大、公权的限制是非常重要的进步，从"法制"到"法治"是重大飞跃。

"中国政法大学有一种精神，就是只向真理低头的精神，

这种精神，是江平先生用他的言行为我们打造的，

他永远是我们中国政法大学的一面旗帜"

尽管被社会各界冠以"法学泰斗""著名法学家"的头衔，江平却总说自己没有读过也没有写过多少法学专著，算不上真正的法学家，只能算法律教育家、法律活动家。

江平自 1956 年底留学回来到北京政法学院（中国政法大学前身）任教就开启了他的教书育人生涯，1982 年到 1990 年担任中国政法大学副校长、校长，他被很多学生称作"永远的校长"。

那时江平留给学生的印象是"骑自行车的校长""在地震棚办公的校长"。85级学生张则麦幽默地说:"看到江老师在简易棚里办公,我们心理就平衡了。"

但大家都爱回忆那时校园朝气蓬勃的氛围,说校园民主自由的气息弥补了艰苦办学条件带给大家的失落感,说江校长功不可没。

江平于1988年7月到1990年2月担任中国政法大学校长,签有他名字的毕业证书只有85级一届。

在85级学生的记忆中有这样一幕,毕业典礼上,每个学生眼含热泪听江平的毕业致辞,哽咽着高唱《国际歌》久久不愿离去……

1992年中国政法大学校庆,当主持人讲到参加典礼的还有江平时,礼堂内响起潮水般的掌声。

事实上,后来大家都知道,江平出席与否,已经成为衡量一个法律圈、校友圈活动是否成功、是否有规格的重要标准之一。

为什么大家如此看重江平?也许他给学生的题词就是答案,"只向真理低头""生于忧患,死于安乐"。

这是江平践行的人生格言,也是留给青年学子的精神财富。

江平人生中曾经的坎坷、不幸与不屈,足以让他成为青年人的励志导师。

刚刚意气风发学成归国,便遭"划右派"、离婚、断腿三祸并行,著名法学家郭道晖称"人生逆境,莫此为甚",但江平只向真理低头,绝不向命运低头。

1981年之后,江平坚持讲真话、求真理,以其人格精神和学术思想对一代学子进行启蒙。中国政法大学的学生甚至拿他与蔡元培相比,"江校长为我们确立了一种知识分子的人格精神和气质标准"。

值得一提的是,2010年9月18日,在江平口述自传《沉浮与枯荣:八十自述》的首发式上,时任中国政法大学校长黄进讲道:"中国政法大学有一种精神,就是只向真理低头的精神,这种精神,是江平先生用他的言行为我们打造的,他永远是我们中国政法大学的一面旗帜。"

中国政法大学教授、中国商法学会会长赵旭东说："江老师极度珍惜自己教育家的角色，无私而勤勉地投入教育和传播法治理念与知识的事业中。"

1983 年春，江平为司法部在西南政法学院（现西南政法大学）举办的全国高校民法师资班培训班讲授商法，其学术与思想的星星之火成燎原之势。"那次培训班把我的教师身份扩大到全国，这是我最大的荣光。"江平告诉记者。

江平在很多场合表示，"如果有来生，还做一名大学教授"。

江平桃李满天下，博士成林。在担任中国政法大学终身教授之后，江平的主要工作就是带博士生，已经有一百多人。赵旭东、孔祥俊、龙卫球、周小明、王涌、施天涛、申卫星……这些目前中国顶尖的民商法专家都出自"江门"，更让江平欣慰的是，"江门弟子"多数留在高校，接棒法学教育培养法律人才。

2000 年底，江平发起设立"江平民商法奖学金"，激励优秀学子，开法学界先河。中国台湾地区法学翘楚王泽鉴捐出 20 万元稿费"共襄盛举"，成为美谈。

"将私有财产权绝对化是对物权法的曲解。同时，在世界任何一个国家，法院的最后裁判都是不可动摇的，这是最高权威"

"您为什么总在呐喊？"

"如果意见比较容易被采纳，就不必呐喊了。"江平尴尬地笑了笑，说："但是，我现在能为社会做的只能是呐喊，呐喊还是能起到一些作用吧。"

去职后的江平没有隐去，没有淡出，反而声名更盛，并远远超越了法律界。这，源于他坚持不懈地呐喊。而且他推出的两部重要文选均冠以"呐喊"二字，分别为《我所能做的是呐喊》和《私权的呐喊》。

进入新千年之后，江平更加关注转型中国的一些具体社会问题，以呐喊为使命，为私权呐喊，为法治呐喊，为中国改革开放和思想解放呐喊……

在 2004 年"郎旋风"引发的"第三次改革大论争"后，经过长时间思考、沉淀，江平在 2005 年 10 月的一个活动上做了题为《中国改革成败得失的法律分析》的讲演。江平从六大方面为改革进行法律的辩护。

江平呐喊的方式除了撰文就是讲演，这使中国法律界诞生了一名社会活动家和讲演家。

2001 年，江平与吴敬琏高调宣布经济学与法学的结盟，在此后近 10 年的时间里，两大泰斗围绕"法治与市场经济"的多场公开"对话"引起各方关注和热议，"市场经济就是法治经济"的观点更加深入人心。

著名财经作家吴晓波这样评价其意义，"这样的对话具有极强的启蒙气质和破冰意义，它在中国思想界打开了一扇窗，表明中国思想界已经开始在一个更广阔的学术背景下理性而独立地思考建设现代中国的路径"。

江平的活动和讲演足迹遍布全国，许多学术活动、社会活动都以邀请到江平参加并做学术讲演为荣。

有人问，为什么江平的讲演那么受欢迎？

有人答，作为知识分子，江平从未放弃自由之思想、独立之精神的道德和尊严。

作为一名独立思考者，江平不媚权，也不讨好舆论。

"当年物权法刚通过时曝出的重庆'钉子户'事件，再后来的杨佳案，您都站在了舆论的相反方而遭遇舆论批评甚至围剿。"记者说。

"将私有财产权绝对化是对物权法的曲解。同时，在世界任何一个国家，法院的最后裁判都是不可动摇的，这是最高权威。我不会为讨好某一个群体说话。"江平答。

他在多个场合勉励青年学子，"千万不要丢掉赤子之心"
"理想比现实重要"

江平的一生都是故事，就连"江平"这个名字都有故事。

他原名江伟琏，为南下工作革命需要改名江平；

他是学霸，却有足以秒杀现在网络偶像的英俊外形和多才多艺；

他是我国第一批公派留苏学生，是列宁、高尔基、托尔斯泰的校友……

堪比戏剧的人生，每一幕戏都写着"赤子"二字。

如果不是赤子家国，怎会十几岁就投身共产党领导的学生运动，争民主争自由，并把它贯穿一生。

他是真正的才子，无论生在哪个时代都注定会成为大家、大师。

想当记者，就读燕京大学新闻系，却被组织安排学法律，成为一代法学大家；没有受过诗词方面的教育和训练，却在苦难岁月中"诗书丛里觅快活"。2005年，江平出版自己的诗词选《信是明年春自来》。

"平生最爱是放翁"，他每次去绍兴必去沈园怀古，说，"陆游这位爱国又多情的诗人和我有些相同遭遇"。

是啊，爱国又多情！

如果他不是这样的人，也许他就没有这么坎坷的遭遇；如果他不是这样的人，也许就成就不了他大写的人格和人们对他的尊敬。

他在多个场合勉励青年学子，"千万不要丢掉赤子之心""理想比现实重要"。

他寄语中青年法学家，"凭良心说话。可以不说，可以少说，但不能昧着良心说"。

"大人者，不失其赤子之心也。"江平以一颗赤子家国之心，追求真理，无畏无惧，不仅照亮了中国民商法的今天，也成为这个时代当之无愧的法治布道者。

李昌麒

西南政法大学教授、我国经济法学科的奠基人之一、全国五一劳动奖章获得者。2019 年 5 月被中国法学会授予"全国杰出资深法学家"称号。曾给中央政治局集体学习讲课。

—— 作者手记 ——

读硕士期间，正好李昌麒教授应邀给中共中央政治局集体授课讲"农村法制建设"。他是我国经济法学科奠基人之一，他一直心系"三农"，并提出了经济法的"需要国家干预论"。后来读博士时，李老师给我们讲授经济法，有时我也会去经济法班蹭课。和蔼可亲的老人，是全校学生心中神一般的人物，有一件印象很深的事可以佐证。2008 年西政 78 级入学 30 周年，也是西政恢复招生 30 周年纪念大会，当主持人介绍到李昌麒教授时，学生们报以了全场最热烈、最雷鸣、最持久的掌声，须知，当天的大会到了多少"西政 78 级"神一般的人物和多少电视上才能见到的大领导，事后很多西政老师也说想不到，并以此为美谈。

李昌麒：心系农民的经济法学者

2009 年的最后一个冬月，山城重庆略带寒意。由农业部官员、经济学家、法学家共同参加的首届"中国农村法治论坛"在这里召开。这是中国法学界第一个以农村为专题的法学论坛，它承载了一位 73 岁老人一直以来的情怀与责任。

这位老人就是我国著名法学家、西南政法大学教授李昌麒先生。

李昌麒是中国经济法学最热忱的拓荒者、推动者和传播者，是一派经济法主流学术观点———"需要国家干预论"的提出者，是我国经济法学的奠基人之一，他对于经济法学科的热爱、执着和贡献，深深地感染了他的同行和学生。

难以割舍的"三农"情怀

李昌麒，1936 年出生于重庆市潼南县农村，家庭也算是书香门第，他的父亲当过地方小吏，是一个典型的"迂夫子"，他相信一个人的名号会决定其一生，想通过取名对子女寄予希望。儿时的李昌麒乳名为"凤翔"，因属"昌"字辈，取学名为"昌麒"，寓意为"鸟兽之王"；号"孟鲁"，似有尊孔之意。这表明家庭从小就对他寄予厚望，对于父母的苦心，他一直铭记在心。从小至今，他学习刻苦自不用说，做其他事，也从不甘落后。

1955 年，李昌麒考入西南政法学院法律专业，毕业后被分配到贵州省民政厅从事收发、测绘、社会救济等工作。后来，调至贵州省建筑工程学校和贵州省建筑工程管理局从事教学和宣传工作。在此期间，做过"五七干校"学员，后又被作为"黑秀才"而"隔离反省"。

他先后辗转了几个地方，20 年就这样"折腾"过去了。与那个时代的大多数知识分子一样，他以一种非正常的方式历经了磨难，走向了成熟和理智。上天总会厚待赤诚之人，熬过特殊的年代，中国迎来了法治的春天，就在此时，他萌发了回到母校投身法学教育的冲动，希望自己能学以致用。1979 年底，44 岁的他只身回到母校任教，教鞭一执便是 30 年。

"回母校是我人生最大的转折，我很庆幸这一选择。如果不是站上这三尺讲台，可能就不会有后来的研究，更谈不上有所成就。"李昌麒说。为了把过去耽误的时间"抢"回来，他近乎拼命，每天至少要用 8 个小时阅读、写作和备课，根本没有时间去顾及自己的身体，以致后来积劳成疾。

"我经常告诫青年学子，勤奋是应当的，但是从事教学科研还必须要有一个健康的身体，绝不要去透支生命。我在经历过两次病危、差点去见马克思之后，就真的感觉到一年比一年力不从心了。"李昌麒感慨道。

生于农村，长于农村的李昌麒，对农民始终有一种难以割舍的感情，他认为中国最大的问题是农村问题，因而他的研究视野中始终牵挂着农村，并倾注了很大的精力进行农村法制建设的研究。1999 年，63 岁的他为中央领导同志作了《依法保障和促进农村的改革、发展与稳定》的法制讲座，受到了中央领导同志的好评。

"做学问、搞研究，不能坐在书斋里凭空想象，你得深入生活，从实践中来，到实践中去，发现社会到底发生了什么，又需要什么。"李昌麒说。对他而言，他最看重的是自己的所见、所闻、所思能够通过一定的渠道反映出来，以便对中国现实问题的解决有所助益。

平等倾听与包容

挚爱学术、平等相待、耐心倾听、宽容异议、鼓励创新，是李昌麒教育哲学思想的真谛。

李昌麒指导的博士生甘强至今还保留着李老师批阅过的硕士学位毕业论文，其中包含着李老师对论文甚至注释中的错别字和标点符号的修改。甘强说："李老师有宽容的学术态度，崇尚学术民主，他很注重学生的个性发展，并鼓励学生大胆创新，不迷信权威。"甘强还回忆，在他攻读硕士学位期间，发表了一篇与李老师观点并不完全一致的学术论文，李老师不但未加指责，反而鼓励他继续思考，并建议他作为博士学位论文的研究方向。

生活中的李昌麒是平易的、和蔼的。"开始与我接触的学生，有时会感到拘束，但在不经意之间，这种感觉很快就消失了。"李昌麒笑着说："其实，我的家门不是很难进，一敲就可以进来。"不仅如此，谁的饭冷了，可以拿到李老师家里去热；谁要熬药了，可以到李老师家去熬；谁在生活和学习上遇到什么问题，总是乐意与李老师交流；一到过节，一大帮学生来了，大家一起动手，包饺子、吃火锅……"和年轻人打成一片，自己也觉得年轻了许多。"对于这种融洽的师生关系，李昌麒倍感欣慰。

让学生们感动的是，李昌麒在2006年底重病住院和康复期间，还坚持经济法教材的编写和对研究生的指导。跟随李昌麒从事学科建设20年，后来成为他的博士生的卢代富说，李老师对于经济法学科的热爱，对于将经济法学科建设为一流学科的信念和执着，深深地感染了他的同行和几代学生，西南政法大学的经济法学科能够成为国家级重点学科，并取得了其他多项荣誉，与李老师呕心沥血的付出是分不开的。

李昌麒一直强调博士教育应是精英教育，他常说"博士者博学之谓也"。在李昌麒指导的博士学位论文中，有1篇获得全国优秀博士学位论文提名奖，5篇获得重庆市优秀博士学位论文，以专著形式出版的博士学位论文有5部获得省部级一、二等奖。在他指导的研究生中，已有12人晋升为教授，10人被遴选为博士研究生导师。

李昌麒说："我不是权威，不要迷信我，做学问，不能人云亦云，一定要有自己的独立思考。"他说，"教师和体育教练一样，对弟子最没有嫉妒心。哪个教练不希望自己的队员拿冠军？哪个教师不希望看到自己的学生成才？学生成才是老师的幸福"。李昌麒最感欣慰的是"青出于蓝而胜于蓝"。他时常为学生的成就而感到自豪。

寻求经济法真谛

无论是对教学还是对研究，李昌麒总是希望做得好一点儿。他谈到这样一件事：重庆市教委曾委托他审定重庆市的中小学《法制读本》，尽管家人对此并不理解和支持，但他欣然接受了这项任务。在他看来，他已经主编了包括大学专科、大学成人教育、大学本科以及法律硕士等在内的各个教学层次的大学经济法教材，如果能承担中小学《法制读本》

的主审任务，这就完美了。

"我对学校、对经济法学科、对学生有很深的'情结'，如果还有一点儿余热的话，能做点儿什么就做点儿什么。"李昌麒说，他一直满怀对教育的忠诚，"望生成才"是他最大的愿望。

西南政法大学民商法学院院长、博士生导师赵万一虽然不是李昌麒的弟子，却对其感之入微，他说，"先生是经济法学科最热忱、最执着的传播者、宣讲者，是西政精神的灵魂人物"。

本科、硕士、博士阶段一直师从李昌麒的单飞跃教授在李昌麒七十寿辰庆典上动情地说过这样一段话：

"经济法学是中国新兴的法学事业，也是老师毕生为之奋斗的事业。中国经济法学事业发展尽管潮起潮落，但老师是这项事业最早的倡导者与缔造者，也是最坚定的追求者与捍卫者，无论是人声鼎沸还是万马齐喑，老师都在用执着、朴实的学术支持和支撑着中国经济法学的发展，'需要国家干预论'也正是诞生在中国经济法学最困难的时期、最需要接受历史考验的时期。一个偏居国土西隅的学校，能够诞生一个国内排行第一的经济法学科，这无疑是学术大师与学术领袖的无上魅力。"

在自选论文集《寻求经济法真谛之路》的"人生述怀"中，李昌麒说了这样一句话："尽管岁月的年轮一步一步地把我逼近古稀，但我并没有因为老之已至而暮气沉沉，反而觉得更应该在有生之年为经济法的发展再做点儿什么……"

应松年

> 著名行政法学家，现为中国政法大学终身教授，中国行政法学研究会名誉会长，享受国务院政府特殊津贴。2019年5月被中国法学会授予"全国杰出资深法学家"称号。

—— 作者手记 ——

对应松年教授的采访还算比较多的，但我没有收录对他长篇的专访，而是选取了下面这一篇篇幅并不长的事件报道，是因为这篇报道在当时起到了一锤定音、立竿见影地反转舆论的作用。

那年春节期间央视播出了"三亚强拆贫民窟"事件，一时舆论哗然。应松年教授在听到我对客观事实的准确介绍后发表了意见，马上如"定海神针"般平息了议论，引导舆论正确认识"依法强拆"，认为违章建筑可以依法强拆。

这是一个体现专家价值的典型案例，也期待更多的专家学者能像应松年教授一样，不迎合舆论，勇敢地、专业地、及时地为一些重大问题、敏感问题发出正确的声音。

三亚政府明确"强拆"的是违建，行政法学家应松年称违章建筑可依法强拆

三亚"强拆"事件引起了社会的强烈反响和关注，舆论一片哗然，对被拆者给予同情，对强拆方给以谴责和质疑。

三亚市政府强拆的这个地方到底是不是违章建筑？强拆程序是否违

法？方式是否妥当？是否应当进行强拆后的补偿……

政府：拆除的是非法占地违章建筑

三亚市政府新闻发言人介绍，被拆的凤凰镇芒果村、西瓜村的养猪窝棚区，为南航部队三亚机场建设用地。从 20 世纪 90 年代末开始，陆续有外来人员到这里自行搭建简易窝棚养猪，没有经过任何部门的审批，属非法占地违章搭建行为。这些人主要来自儋州市，且渐成规模，拆除前违章搭建户 308 户，窝棚面积近 3 万平方米，常住人口 2000 余人，且仍有逐步扩大的趋势。他们除了非法占地以养猪为业，还在三亚湾等区域从事非法拼装三轮车营运、占道摆摊卖烧烤等活动。据了解，这里"两抢一盗"频发，而且环境卫生条件恶劣，存在大量消防安全隐患。

从 2010 年 9 月开始，三亚市委、市政府就多次对该窝棚区问题进行研究，确立完善解决方案。2010 年 11 月 23 日，三亚市综合执法局和凤凰镇政府联合向该养猪窝棚区所有养猪户下发了自行拆除并搬离的通知，给其两个月的搬迁时间。机场部队方面也向养猪窝棚区养猪户发出通告，要求住户在限定时间内自行搬离部队用地，同时派出工作人员深入窝棚区对养猪户开展思想宣传工作。经过反复劝导，有些住户已在政府规定的时间前主动搬离，但仍有一些养猪户拒不搬走。2011 年 1 月 19 日，凤凰镇和综合执法局组织力量到达现场，一方面对已经搬空的窝棚进行拆除，另一方面继续在现场组织高价收购生猪，促使养猪户搬离。对有老人、小孩以及尚未将生猪卖掉的住户宽限时间拆除，并于当天给他们再次下发了限期拆除通知书。2011 年 1 月 27 日，三亚市政府再次对该养猪窝棚区进行清理拆除，但仍未强行全拆。

专家：是否违建应由独立机构判定

著名行政法学家、国家行政学院教授应松年表示，根据城市规划法的规定，违章建筑是可以强行拆除的。"但这也涉及两个问题：第一，谁来判定该建筑是否违章，不是去拆除的机关认定是就是，中间应该有一个独立的机构来判定，不服的可以申请复议、听证，等等。第二，'强拆'要程序合法，首先要告知，让其自行拆除，在这个过程中还要不断敦促其尽快搬离，腾空房屋。"

应松年说，他在最初看到该报道时，和大多数人的感受是一致的，"因为说是在趁别人回家过春节的时候偷袭'强拆'的，感到不能容忍。虽然认定为违章建筑从报道来看没什么问题，但是'强拆'也是有程序的"。

"不过，如果三亚市政府所说的情况属实，事前下发了自行拆除并搬离的通知，并给予了两个月的搬迁时间，还高价收购生猪予以补偿，那么不仅'强拆'程序合法，而且已经做得非常到位了。"应松年说。

应松年介绍，对于强拆的补偿问题他认为应该把握两点：如果违章建筑是当时相关部门同意的，只是缺少了审批手续，那就属于建筑方和相关部门同时都违法。一方是没批准就搭建的违法，一方是看到了不制止的违法，两个违法行为竞合产生的损失应该双方都要承担；而如果是纯粹的违章建筑可不予补偿。对于三亚方面关于政府没有义务给予安置或赔偿的立场，应松年表示理解，认为现在的地方政府还没有财力为不请自来的外来人口提供安置。

王保树

著名法学家、商法泰斗,清华大学法学院复建后首任院长,被评为"国家级中青年有突出贡献专家"。

—— 作者手记 ——

已经作古的中国商法学会原会长、中国商法泰斗王保树前辈,我在读博士的时候就有幸认识他,那是 2002 年秋天在成都举办的商法年会上,那些书本中神一样的人物就这样出现在身边,而且都是那么和蔼可亲、毫无架子。因为我拟定的博士学位论文题目与清华大学法学院主办的"21 世纪商法论坛"那一届的题目接近,王保树老师、朱慈韵老师、施天涛老师都亲切地邀请我去学习、搜集资料,更幸运的是我博士毕业答辩时王老师又恰是我的答辩导师组组长。我进法制日报社后更是经常请教、咨询、采访王老师,他总是很有耐心地一一解答,还和我国台湾地区商法泰斗赖源河前辈为我的专著《公司并购中少数股东利益保护制度研究》作序,但非常遗憾的是我竟然没有他的专访,于是节选了他对被称为"改革开放 30 年来影响最大的国际商战"——达能与娃哈哈的诉讼中相关问题的分析,以及那篇宝贵的书序。

书序

公司是对市场经济发展反应最灵敏的一种商人,因而市场经济发展的需要常常最快地反映到公司运营之中。开始,公司大多是以单体运营的,进入现代特别是 20 世纪末期,公司的集团化发展很快,公司的规模也大多不以股东对本公司直接投资的方式实现,而是以公司的名义通过营业受让或公司合并实现。与此相适应,公司法的关注点也从单个公司的设立与运营扩展到公司组织的变动和公司集团的发展。同时，公司法的研究也指向了公司重组（或者广义的公司并购）、公司法与证券法的交叉之处，甚至是公司法与竞争法交叉之处等领域。吴晓锋博士所著《公司并购中少数股东利益保护制度研究》就是在公司法与证券法交叉之处进行的一种探索。

我国尚无形式意义的企业购并法，但实质意义的购并法还是存在的，譬如公司法中的合并、分立规范，证券法中的收购规范，反垄断法中规制经营者集中的规范等，可以构成一个法域。就这一法域而言，它的政策目标无疑是追求经济效益。但是，这不意味着企业购并法域就漠视传统公司法、证券法、反垄断法等相关法律的政策目标，甚至放弃这些政策目标。相反，作为企业购并法域的政策目标结构，还应包括诸如公司法对以股东权利为中心的利害关系人利益的保护，证券法对投资者利益的保护，反垄断法对社会公共利益与消费者利益的保护等。

如就企业购并法域中的公司法规范而言，其所保护的利害关系人，主要是股东、债权人和职工。公司是一个利益的平衡体，虽然说公司治理的第一目标是保护股东利益，但仅仅保护股东的利益，忽视债权人利益、职工利益，公司这个利益平衡体就失去了平衡，不仅难以达到它的目标，甚至无法维持下去。公司组织和公司的资本结构处于静态之时如此，公司组织与其资本结构变动之时更是如此。而就股东利益的保护而言，毫无疑问，由于控股股东在公司具有支配地位，他们通过资本多数在关于购并的决议中实现了自己的意志，因而无须对他们有所顾忌。所以，公司购并中的股东权保护，就其根本意义而言，主要是少数股东权利的保护。

近几年，讨论股东权保护的著述比较多，但将保护少数股东利益放在公司并购中进行讨论的著述并不多。因此，《公司并购中少数股东利益保护制度研究》所讨论的问题是有积极意义的。更重要的是，作者广泛借鉴国内外相关理论，密切结合我国公司并购的实践，并提出了自己的见解，应该受到读者的关注。

以上，寥寥数语为序，并祝贺《公司并购中少数股东利益保护制度研究》的出版。

达能与娃哈哈的诉讼战役中相关问题的分析

随着娃哈哈、达能集团的合资之争由口水战逐步转向法律战，早些时候媒体热议的话题，如"强行并购""反垄断""保护民族品牌"等开始转为"出资是否到位""商标转让协议是否有效""阴阳合同的法律效力""商标局的内部答复是否构成具体行政行为""出资形式可否由商标转让变更为商标独占使用"等法律问题上来。

由于娃哈哈商标本身的知名度以及媒体的密集报道等原因，娃哈哈合资纠纷已经演变为社会各界广泛关注的公众新闻。

对经济界来讲，"达娃之争"是典型的商战范本；而对法学界来说，"达娃之争"的若干法律问题也引起了广泛关注。

由中国人民大学商法研究所主办、法制日报社协办的商法前沿论坛"娃哈哈/达能合资纠纷学术研讨会"召开，多名法学界名家出席，就娃哈哈合资纠纷中的焦点问题展开了探讨。

再签一个独立的商标转让协议？该合同是否有效？

王保树：我认为浙江娃哈哈集团作为出资人没有按照在杭州娃哈哈食品有限公司合同与附录 B 的承诺，将作为出资的娃哈哈商标过户到合资公司名下，长达 10 年的时间，应该说是没有履行出资义务。浙江娃哈哈集团在附录 B 中承诺立即停止使用商标，并在商标转让协议签订 30 天之内清除在自己的业务中提及商标的地方，但事后没有做到。这个事实本身就说明，不是做的时候遇到了困难，而是没有依约定履行出资义务。合资公司合同签订之后虽然又签订了商标使用许可合同，但没有事实表明合资公司放弃了要浙江娃哈哈集团履行办理商标专用权转移手续的权利。出资义务的履行与一般债务履行不同，只要公司存在，没有履行出资义务的出资人仍应履行出资义务。

依照公司法的规定，仅以商标出资可以不签订商标转让协议，只要在设立公司的合同和章程中作出以商标出资的表示，就可以拿着合法有效的合同和章程到商标局办理过户手续。当然商标应是出资人所有的，并且是特定的。娃哈哈纠纷案有些特殊，娃哈哈商标估价为 1 个亿，其中，5000 万元的价值作为出资，5000 万元的价值作为转让，考虑到商标作为一体，还是可以签订一个转让合同。

法院是否可以强制娃哈哈完成商标出资义务？

王保树：出资人没有出资，对于其他出资人来说是违约，但对于合资公司来说，从团体法的角度来看，成立一个合资公司是一个组织，出资是向公司出资，如果想以货币出资替代商标出资，也应取得合资公司的同意。否则，如果想不将商标过户到公司，而用 5000 万元代替，公司答应的话，当然可以；公司不答应，仍然要商标，则还得继续履行。

商标转让手续办结之前双方又签订的独家商标许可合同与此前的转让协议是否矛盾？签订许可合同后，娃哈哈集团是否应视为已经履行了出资义务？

王保树：这个合同有两个意思，一个是股东之间签订的合同，还有一个是合资企业。合资企业一直没有被出资到位，就会仍然要求出资到位。如果从事实上，一直没有把商标专有权转到合资公司名下，合资公司没有办法合法地去使用，然后就弄出一个许可合同的措施。这应该和有关事实结合起来看。

梁慧星

著名民法学家，中国社会科学院法学研究所研究员，中国社会科学院学部委员，被授予"有突出贡献中青年专家"称号。曾任全国政协委员、全国人大代表。

——作者手记——

大家都知道著名法学家梁慧星教授是一个很有个性的知识分子，我采访过他几次，多数是在全国"两会"上，他是全国人大代表，深受媒体追捧，因为他爱"放炮"，是一个有良知的学者。本书收录了两篇稿件，一篇是人物通讯——《梁慧星：为坚守良知而"放炮"》，另一篇是我在评论版创办的一个专栏——《观点1+1》的对话实录。这个专栏，是我作为主持人，邀请一位专家就该周的一个热点话题展开对话。这个栏目得到了各领域专家们的支持，而且参与热情很高。开栏的第一期就邀请了著名法学家梁慧星教授就当时著名的赵作海冤案进行分析。该对话见报后，记得时任社长贾京平先生说，"其实这一篇应该打破常规放到一版显著位置（评论版在后面），好不容易请到梁慧星这种重量级人物开口了，可能也正好是他对这个问题憋了很久，忍不住要说了"。这篇文章特收录于此书，以做个历史的记录。

梁慧星：为坚守良知而"放炮"

他被媒体誉为"五大炮手""十大言者"。他是梁慧星，我国民法学泰斗级人物，第十届全国政协委员和第十一届全国人大代表。在各大媒体2010年全国"两会"热点问题的预测调查中，"反腐"问题仍在其列。

许多人期待着来自梁慧星的声音。

直言不环顾左右

"有良知的知识分子"是法律圈人士对梁慧星的一致评价。

"直言"是有良知的知识分子的一种态度。所以，梁慧星的"放炮"，对于圈内人来讲虽是意料之外，却也在情理之中。

十多年来，梁慧星一直关注司法动向，到各地法院做讲座，对司法实践有理性的认识："当前法官裁判水平在不断提高。枉法裁判毕竟是少数，这个问题不是法院单方面的问题，而是整个社会的问题。"

"我建议学术界在对法院进行批评的时候一定要慎重，在对法院工作进行肯定的时候也一定要慎重。"

十多年来，梁慧星关注着司法改革。当一起起惨案在看守所发生时，梁慧星开始重新审视以往关于羁押场所的法律制度。

2008年第十届政协会议上，梁慧星在提案中建议道："将羁押犯罪嫌疑人的看守所，划归司法部管辖，根除发生刑讯逼供的体制根源！"

2009年十一届全国人大期间，梁慧星提出：要从源头上解决刑讯逼供的问题，要将看守所归由司法行政部门。

"独立思考，独立判断"一直是梁慧星的治学格言，也是他观察世界的方式。

他从不以社会活动家自居，认为自己只是一个"专业知识分子"。

面对社会的严峻问题，梁慧星总能适时站出来，不环顾左右，发出一个知识分子独立的声音，并一语中的。

这是一个有良知的知识分子的可贵品格。

约法因为选择正义

很久以前，梁慧星就和自己"约法三章"——不参加当事人一方召

开的专家论证会，不代理任何案件，不参加任何商业活动。

为什么？为了正义。

1994 年，包括梁慧星在内的多位法律学者被邀请参加一个专家论证会，根据大部分专家意见出具了一份"专家法律意见书"，并交给承办法院。最后，法院判决却没有采纳这份"专家法律意见书"。

后来，梁慧星才得知，这方当事人当时并未完全对论证学者们交代对其不利的材料。

十多年来，"约法三章"从来没有被打破过。

十多年来，梁慧星始终守卫着法律人心灵中的那方净土。"因为选择了法律，就选择了正义！"

关注司法，才能最终解决法律正义、社会正义的问题。

2003 年，梁慧星将视线投向了司法改革，发表《关于司法改革的十三项建议》，包括法院改制、审级改制、法官弹劾制等方面，被有关部门评为"对我国将来司法体制的进一步改革有重要的参考价值"。

梁慧星经常去各地法院讲座，共同探讨疑难案件，传播他的法律正义观。

"法律的正义性对裁判案件非常重要，裁判的目的就是在当事人之间实现正义，不是抽象的正义、一般的正义，而是具体的正义。"他强调，"程序正义只是手段，实质正义才是目的"，强调个案正义。

对于当下的司法改革，梁慧星也有着一丝忧虑。他感到"之前的改革因为大量移植西方的模式，有些地区食洋不化，整个司法走入了一种绝对化的境地"。梁慧星提醒，"对法官来说，公正才是应追求的核心目标"。

关注司法的同时，梁慧星始终立足社会民生问题，履行着法律人对于社会正义的坚守。

2004 年，梁慧星发表《完善社会主义法制的两个问题》，包括宪法修正案关于征收、征用的规定和关于立法程序及民法典制定问题。梁慧星呼吁道，使用国家征收制度必须要有严格的条件限制：第一，必须以社会公共利益为目的；第二，必须遵守法定程序；第三，必须给予公正补偿。

2009 年底，梁慧星建议：国务院应废除《拆迁管理条例》。他认为，2001 年国务院出台了《城市房屋拆迁管理条例》，与 2004 年宪法修改和 2007 年物权法中关于"为了公共利益的征收征用"的规定不一致，《拆迁管理条例》因在宪法修改和物权法实施前出台，应自动失效。

敢"放炮"只在不能容忍时

自由、平等、公正，这是民法学者不变的信仰。

"在我的民法思想中，社会公平、正义，保护弱者，是最重要的。"梁慧星说。

自 1988 年起，梁慧星就参与国家立法，受立法机关委托先后负责起草过统一合同法、物权法和民法典三部法律草案。

2003 年 3 月"两会"期间，作为全国政协委员的梁慧星提交了一份《关于纠正民法典立法任意性的建议》的提案，指出法律的逻辑性和体系性实则是法律的生命线，并建议废弃"汇编式"民法典草案。梁慧星认为，"制定一部体系混乱、不讲逻辑的民法典可能给中国造成的弊害将比中国没有民法典更甚千万倍"！

2003 年 8 月，这个"中国民法典"的主要推动者在一次访谈中公开发表"三不原则""不再参加国家的立法工作；不再参加民法研究会；不再参加各种学术会议（我担任临时会长的中日民商法研究会除外）"。

这一访谈刊发后，对整个民事立法、民法学会组织和学者研究态度，都产生了较大的影响，也间接地影响了民法典草案之后的立法模式调整、民法学界新格局的形成。

物权法作为民法典的基础，作为中国社会主义市场经济重要的法律，其立法之路注定不会平坦顺利。

2005 年 8 月，北大某学者的一篇文章《一部违背宪法和背离社会主义基本原则的〈物权法〉草案》在网上流传开来，指责物权法草案贯彻合法财产平等原则，是"私有化"、是"保护少数富人"、是"违反宪法"。社会各界对物权立法的大讨论进入宪法层面。物权法的审议被搁置起来。

作为物权法最早的倡议者和起草人，梁慧星先声而出，撰文《是谁在曲解宪法、反对宪法？》之后，中国法学会民法研究会在中国人民大学举行题为"物权法与社会主义和谐社会"的研讨会，被认为是民法学界对物权法草案之争正面、高调的集体回应。

2007 年 3 月 16 日，十届全国人大五次会议，物权法最终以 2799 票赞成高票通过。

梁慧星说："在这场争论中，中国民法界经受住了考验，经受住了前所未有的、严峻的、来自意识形态的考验。"

《观点 1+1》

从赵作海案看刑讯逼供

震惊社会各界的佘祥林冤案并非绝版，"杀人犯"赵作海入狱 11 年后，被害人"复活"，一时间舆论哗然。

"一个冤案就有一个刑讯逼供。"那么，在赵作海案中是否同样如此？刑讯逼供是不是造成这类冤假错案最根本的原因？如何杜绝这类悲剧的再度上演？对此，《观点 1+1》约请著名学者梁慧星先生就此发表评论。

吴晓锋：这段时间，舆论对河南赵作海冤案的成因进行了深入反思，您认为造成这个冤案的根源是什么？

梁慧星：赵作海案酿成冤案无论有多少法内法外的原因，根源还是公安机关办案民警的刑讯逼供。一个无罪的人，却要作出有罪供述，为什么？是公安部门的刑讯逼供、暴力取证。检察院、法院对此也心知肚明、心照不宣，于是也就这样起诉了，也就这样裁判了，最终导致了冤案的发生，但根源是在公安机关，是公安机关的刑讯逼供。如果这个根源不解决，我看以后还会出现这样的问题。杜培武、佘祥林等人的冤案一再为我们敲响警钟，然而冤案仍在发生，这是制度的问题，不是之后处分几个人就可以解决的。制度比人更重要，制度比人的教育更重要，如果制度违背法律科学，那么一切将是防不胜防，因为制度给人的行为留下了可能性。

吴晓锋：您指的这个制度是什么？是您在提案议案中所指出的问题吗？

梁慧星：是的。刑讯逼供，禁而不绝，必有其体制上的根源，这就是，犯罪嫌疑人被控制在拥有刑事侦查权和负有证明责任的机关手中。我们曾经在全国人大法律委员会讨论国家赔偿法的时候，一些领导就讲他们出国考察时问别人拘留所打死人怎么赔，对方听了很吃惊，说这是不可能发生的事呀。拥有刑事侦查权和负有证明责任的机关，就不能再控制犯罪嫌疑人的人身。

公安机关具有刑事侦查和看守行政管理的双重职能，使得采用刑讯逼供、暴力取证手段，以获取犯罪嫌疑人的有罪供述，再以此有罪供述作为获取其他证据的手段成为可能。因此，刑讯逼供和暴力取证等行为，大多发生在公安机关。同样的问题也发生在检察机关。看守所虽然不归检察机关管辖，但它有权将犯罪嫌疑人从看守所提到本机关或者别的地方审讯。相反，法院和归司法行政部门管辖的监狱和劳改、劳教场所，就没有刑讯逼供和暴力取证的行为，因为他们不承担证明其犯罪的职责。

可见，禁绝刑讯逼供和暴力取证行为的有效途径，必须使拥有刑事侦查权和负有证明责任的机关不能控制犯罪嫌疑人的人身，控制犯罪嫌疑人人身的机关不具有刑事侦查等权、不承担证明责任。这正是现代法治国家杜绝刑讯逼供和暴力取证违法行为的成功经验。

吴晓锋：就像老百姓常说的一句话"你总不能跑到我家里打人吧"。

梁慧星：是的。法律科学也来自人之常情、社会常理。你警察总不能跑到我司法部管理的场所刑讯逼供吧。

吴晓锋：但是，在真相大白后，商丘市公安局副局长赵启钟说："公安、检察院、法院都有错，有一个环节把握住了，就不会出现错案。"

梁慧星：我不赞成这种思考问题的方法，必须抓住根源，从源头上治理。但是，不是说其他部门就没有责任了，检察院和法院都是可以纠正的，为什么没有纠正？不当的行政干预是其中的问题之一。但是，反过来讲，我还是认为那个源头才是最重要的，没有那个源头，也不会出现本案的行政干预。

吴晓锋：由于人所共知的体制性问题，司法机关抵御行政干预的力量很弱，此案的公诉人郑磊对媒体坦承，当时他也感觉到公安机关的证据不足，但"上面都定了调调，作为公诉人员要不选择起诉，要不就辞职不干了，最后我还是妥协了"。

梁慧星：这个案件是对公检法的整体责问。他们都知道这个案子有疑点、有问题，但是，他们都没有坚持，都不敢说话。我们没有形成坚持正义、坚持真理的风气。检察院和法院为什么不向上级乃至最高检、最高法还有中央政法委报告，这是人命关天的问题啊，什么比生命更重要？这不是疑罪，连死者身份都没搞清楚，一个刚出道的实习生都明白，为他做无罪辩护，这是显而易见的错案。他们应该摸着自己的良心问问：我是怎么对待法律的？

吴晓锋：应该说，这样骇人听闻的冤假错案，严重打击了人们对法律、对司法的信仰。

梁慧星：我觉得现在有个很大的问题就是不信仰法律，这是最可怕的！其实，多数的案子都是公正的，但是一个冤案就足以让所有的法律工作者蒙羞。所以，党和国家应该断然采取措施，这个事件再次证明，司法体制到了非改不可的地步了。司法体制需改革的内容很多，以权力制衡的手段，彻底禁绝刑讯逼供和暴力取证。

佘祥林案出来以后，2006年"两会"期间，我和一些政协委员有了这个提案。"躲猫猫"事件后，2009年"两会"，我和其他委员又联名提了这个议案。这次我受到了鼓舞，看到了希望，因为中央政法委给了我回复，称提案很有建设性，将结合当前的司法体制改革一起进行。

张玉敏

现任西南政法大学知识产权学院名誉院长，资深法学教授，"2011年度全国知识产权保护十大最具影响力人物"之一，2012年入选首批国家知识产权专家库专家，中国知识产权法学研究会副会长。

—— 作者手记 ——

我的博士生导师张玉敏教授，20世纪60年代北大高才生，少有的女性知识产权法专家，西南政法大学知识产权学科的创始人。"2011年度全国知识产权保护十大最具影响力人物"之一，2012年入选首批国家知识产权专家库专家。生活上就像我们的妈妈，关怀我们学习的同时，带我们参加体育锻炼、爬歌乐山、打羽毛球。她既是一位学者，又是一位运动达人，70多岁的她仍然神采奕奕地主持重大课题，参与各种知识产权领域的学术活动。"知识"和"锻炼"是老师给予我们的两大最宝贵的终身财富。老师长期跟踪研究我国商标法，每次商标法的修改都牵动着老师的心，这次选入本书的是针对商标法第四次修改老师提出的建议。

我国商标注册审查方式的改革设想

——访西南政法大学民商法学院博士生导师张玉敏教授

我国同世界上绝大多数国家一样，采取商标权注册取得原则，一件商标只有通过注册，才能取得稳定的商标权，受到法律保护。随着经济全球化程度日益加深，商标对企业的生存发展发挥着越来越重要的作用。

但是，由于诸多方面的原因，我国商标注册申请的审查批准期限却越拖越长。究其原因，在于我国目前的商标注册程序过于复杂、冗长。虽然2013年修改商标法对异议程序进行了重要改革，但整个注册审查程序仍然烦琐、重复。

如何解决我国商标注册申请大量积压这一问题，记者吴晓锋采访了在这一领域深有研究的著名知识产权法学专家张玉敏教授。

吴晓锋：您作为长期跟踪研究我国商标法的学者，能否给我们介绍一下我国商标注册申请积压问题的背景？

张玉敏：我国商标注册申请的审查批准期限从20世纪80年代的8—9个月变成现在的30个月以上。2007年底，我国积压的商标注册申请接近200万件。近几年，每年的商标注册申请量为70万件左右，而审查能力最多40万件。这就是说，如果没有特别的措施，积压量还将大幅度增加。商标评审的情况更令人担忧，2007年底，评审案件积压超过5万件，商标异议案件从受理到审结平均需4—5年；商标评审案件中，单方当事人的案件约需3年，双方当事人的案件从受理到审结长达6—7年。这种状况严重影响到企业竞争力的培育和提升，引起申请人的广泛抱怨。基于这种严峻的形势，国家《知识产权战略纲要》将"提高商标审查效率，缩短审查周期，保证审查质量"列为一项重要的战略任务。

吴晓锋：根据您的研究，为什么我国商标注册申请积压问题会如此突出？

张玉敏：导致注册申请大量积压的首要原因是申请量的大量增加。2000年我国商标注册年申请量为22.3万件，2001年至2006年申请量以每年10万多件的速度增加，自2006年起，年申请量超过70万件。自2002年以来，我国商标年申请量已经连续6年居世界第一，增势之迅猛世所罕见。与此同时，商标确权纠纷案件也迅速增多。2001年，我国商标异议年申请量为5999件，到2006年时，已经达到16879件，是2001年的2.78倍。2001年我国商标评审案件年申请量为6166件，2006年增加到14960件，是2001年的2.43倍。

审查工作量成倍增加，审查人员却没有相应增加。虽然审查人员超负荷工作，还是无法应对成倍增加的申请量，而且，审查质量也不可避免地受到一定影响。评审案件数量的激增在一定程度上说明审查质量存在问题。

注册申请大量增加固然主要是由于我国经济的快速发展和人们商标意识的增强，但是，恶意抢注、恶意异议、盲目申请和商标囤积行为无疑也起到了推波助澜的作用。

商标工作上的偏差是导致注册申请大量增加的又一重要原因。为了提高人们的商标注册意识，我们采用各种形式、手段宣传商标的价值，宣传注册的重要，甚至把注册商标的数量和被认定驰名商标的数量作为考核地方官政绩的一个指标，好像商标只要注册就可以推动经济发展，就会产生财富。而对于商标的使用、商标财产价值的来源，商标与商誉的关系等这些实质性的问题则涉及甚少。商标管理工作的重点也放在推动注册，增加注册数量上，而对于商标的有效运用，商誉的培育则关注较少。我国商标注册申请量持续保持高速增长，已经连续十余年位居世界第一，2015年还首次实现了"商标累计申请量、商标累计注册量、有效商标注册量"三个超千万，却没有几件世界级的驰名商标。

吴晓锋：据了解，我国高度重视商标注册申请积压问题，并在2013年对商标法进行了修改，您觉得2013年修改后的商标法是否彻底解决了商标注册申请积压问题？

张玉敏：商标注册审查最大量的工作是对相对事由的审查。不废除依职权审查相对事由的全面审查原则，商标审查的效率不可能有实质性的提高。而且，依职权全面审查难以避免做无用功的问题，也难以保证审查质量。

对符合形式要求的商标注册申请进行全面审查，是商标注册审查中工作量最大，也最容易与申请人发生纠纷的工作，是导致商标注册周期过长的主要原因。而且，由商标局依职权对申请注册的商标是否与他人在先权利相冲突进行审查并作出结论，其科学性、合理性均受到质疑。商标法第三次修改过程中，曾有一种意见主张废除全面审查原则，改采不审查主义。这种意见的主要理由是：驳回注册的相对事由属于私权之间的冲突，私权应当由权利人通过法定程序寻求保护，如启动异议、无效程序阻止在后商标注册或者撤销其注册。

应当说，主张废止全面审查原则的理由既符合商标权的私权属性，又有欧盟成员国的先例可供借鉴，是克服全面审查原则弊端的值得赞许的主张。但是，该建议没有得到学术界的积极响应和支持，最终反对废除全面审查原则的意见占了上风，此后的各修改稿和最终通过的2013年商标法仍然坚持了全面审查原则。这是第三次商标法修改中的一个最大的遗憾。

吴晓锋：减少垃圾商标申请，提高商标申请过程中的审查效率，有效抑制商标领域的不正当竞争行为，实属简单易行，究竟应该采取什么样的改革措施来彻底解决我国商标注册申请积压问题？

张玉敏：我国商标法应尽快废止全面审查原则，改采不审查主义、先异议后注册的商标注册审查制度。即审查机关只依职权对申请注册商标是否有驳回注册的绝对事由进行审查，不主动对是否具有驳回注册的相对事由进行审查，相对事由的审查留待异议程序解决。这是一种"革命性"的改革方案，可以最大限度地简化审查程序，缩短审查周期。而且，可以避免审查员主动审查相对事由所带来的无用功问题和用实际上并不存在冲突的商标驳回注册申请的问题，有利于企业方便、快捷地获得商标注册。

商标注册是民事法律行为，审查机关对注册申请的审查应遵循意思自治原则。驳回注册的绝对事由事关公共利益，由审查机关依职权进行审查是必要的，审查的目的是防止有损国家尊严和民族团结，违反公认的社会道德和公共政策，侵占公共表达资源，欺骗、误导消费者的商标注册。驳回注册的相对事由是申请注册的商标与他人在先权益之间的冲突，涉及的是私人利益，私权的保护首先是权利人自己的事情，审查机关不应当越俎代庖。只有在权利人请求公权力帮助时，公权力才可介入。正如欧盟内部市场协调局局长乌博·德·鲍尔在为《欧盟商标审查体系：新商标申请与在先权利的冲突解决——相对驳回事由的审查》（以下简称

《欧盟商标审查体系》）写的序言里所说的，商标注册后，基本上是由权利人自己负责防御的，"没有一个国家是由公共当局承担权利防御的职责，在注册以后，（商标权）就是一项私权。这不仅仅对于侵权，对于注册程序来说，也具有很大意义"。实际上，在后商标注册是否会损害在先权利人的利益，在先权利人自己最清楚，依照私法自治原则，应当由权利人自己决定是否采取措施阻止在后商标注册。全面审查原则要求审查机关依职权审查相对事由并作出决定，既耗费了大量的行政资源，延长了审查期限，其所作出的决定又不一定符合市场实际，被批评为"依职权介入甚至挑起前后商标权人之纠纷"，是一种费力不讨好的制度安排。从理论上分析，这种制度安排违反商标注册行为的性质，违背意思自治原则。而废止全面审查原则，只依职权审查绝对事由，既可以大大提高审查效率，缩短审查周期，节约行政资源，又符合商标注册行为之民事法律行为的性质，符合意思自治原则，同时，可以避免全面审查原则所产生的一系列问题。

吴晓锋：采取不审查主义也可能导致一些新问题，如何解决这些衍生问题呢？

张玉敏：废止全面审查，注册机关只依职权审查驳回注册的绝对事由，是否会发生大量抢注他人商标，导致商标注册质量严重下降，如并存注册增加，造成消费者混淆的问题，确实值得关注。

我国商标领域存在的严重的不正当竞争问题，与商标法本身存在的缺陷有关。我国商标法只关注对于侵权行为的打击，并不断强化打击力度，但是，对于在注册申请、异议、无效程序中发生的抢注、恶意异议、无效等行为却十分宽容，没有任何制裁措施。结果是，实施严重损害他人在先权利和利益行为的人即使在这些程序中输了官司，也没有任何损失，他所失去的只是他本来不应该得到的东西，而且，他可能已经在市场上收获了他想收获的东西。而受其恶意行为骚扰的申请人或注册人即使耗费巨大的人力和财力成本打赢了官司，也只是拿到了本来属于他自己的东西，对于因此所受的损失，得不到任何补偿，尽管他在市场上的损失可能是巨大的。这样的制度显然是不公平的。这说明，诚实信用原则和公平原则并没有在商标法中得到全面贯彻，这是商标领域恶意行为愈演愈烈的重要原因。因此，商标法应当在体系化思维的指导下，通过整体设计，解决这些问题，同时，也就可以解决人们对废止全面审查原则可能发生的问题的担忧。

此外，强化对注册商标的使用要求，对异议人和无效申请人课以证明引证商标实际使用的义务，即要求其提供据以提出异议、无效申请的注册商标近三年内实际使用的证据。如果申请人不能提出实际使用的证据，也没有不使用的正当理由，其请求将被驳回。这也可以起到抑制恶意异议和恶意申请无效的作用。

相信在这一系列制度的规范、引导之下，抢注行为不会大量增加，还可能逐步减少。相应地，因抢注带来的并存注册增加以及消费者混淆问题，也会得到较好的解决与控制。

吴汉东

曾任中南财经政法大学校长，中国法学会知识产权研究会名誉会长。2009 年、2011 年两次入选英国《知识产权管理》（MIP）杂志评选出的年度"全球知识产权最具影响力 50 人"名单。

—— 作者手记 ——

2019 年 4 月 23 日，第十三届全国人民代表大会常务委员会第十次会议审议通过《关于修改〈中华人民共和国商标法〉的决定》，对于商标法作了第四次修正，充分回应了近年来社会各界对适用商标法所面临难题的意见和建议。

这让我不禁想起了商标法第三次修改的过程……那次修改，被寄予了太多的情感与期盼，与 1993 年和 2001 年不同，这次修改不是被动移植、外力强加的结果，而是主动性的安排，是站在战略全局的高度，致力于商标法律制度完善，以期实现通过法律制度的现代化促进社会经济的发展。概言之，商标法的现代化是第三次修改的目标和方向。然而，对于商标法的现代化有各种不同的解读，我当时在《法治周末》的《法辩》专版做了一期专题讨论，题目为《中国商标法修改如何走向现代化 学者共议〈商标法〉的第三次修改》，有幸邀请到了时任中南财经政法大学吴汉东校长、西南政法大学张玉敏教授等对此问题进行分析。现收录于此，也可看到商标法修改演进过程中的学术探讨。

国际变革大势与中国发展大局中的商标法修改

我国商标法修改应立足本土，顺应国际发展趋势，在实体规范上遵守国际公约关于最低保护标准的基本规定，在程序上借鉴国外立法先进经验，注重本土化与国际化的协调。

目前，商标法的第三次修改工作已全面展开，其目标在于确保商标法既符合中国国情，又达到国际水平。有鉴于此，本次商标修法不仅要明确指导思想，具有国际视野和时代胸怀，兼涉促进经济与社会发展的战略政策考量；还要把握修法重点，在程序优化、权益冲突的协调以及对商标权的保护方面多做文章。

一、指导思想

（一）国际视野，中国立场

知识产权保护已经成为当今经贸领域的国际规则，区域化、趋同化和国际化是知识产权制度发展的整体趋势。

在商标法国际化的潮流中，中国作为相关国际条约的成员国，理应遵守公约；但作为发展中国家，商标修法也应考虑本国的经济、科技与文化发展水平。中国现在是商标申请大国，但远非品牌强国。商标从数量上看相当可观，但附加值低，影响力小，高质量的驰名商标乃至国际知名品牌甚少。笔者认为，我国商标法修改应立足本土，顺应国际发展趋势，在实体规范上遵守国际公约关于最低保护标准的基本规定，在程序上借鉴国外立法先进经验，注重本土化与国际化的协调。

（二）时代步伐，中国现实

当代商标法深受网络技术的影响。网络技术的发展给商标保护带来许多新问题，例如，商标权地域性与互联网国际性的冲突，商标分类保护与网上商标权排他效力的矛盾，超文本链接、关键词搜索引起的商标侵权问题等。对于这些问题，我国现行商标法少有涉及或涉及不够，难以有效解决。其次，当代商标法重视对商标权的合理限制，即商标权与他人的正当权益或公众利益发生冲突，法律为了维护他人的合法权益，协调商标权与公众利益的关系，对商标权人权利的行使和保护作出的必要限制。目前，相关国际公约和国外立法例对商标权限制制度多有涉及，而我国商标法则鲜有规定。再次，当代商标法日益注重程序的优化和效率的提高。《商标法条约》的宗旨是通过简化和统一商标注册程序，使各国和地区的商标注册制度更加简洁。目前，我国商标申请周期漫长，商标纠纷解决机制过于烦琐，严重影响了对商标权的保护力度和运用水平。

（三）战略发展，中国目标

2008 年 6 月，国务院颁布了《国家知识产权战略纲要》（以下简称《纲要》）。《纲要》在"战略目标"中提出："到 2020 年，把我国建设成为知识产权创造、运用、保护和管理水平较高的国家。知识产权法治环境进一步完善，市场主体创造、运用、保护和管理知识产权的能力显著增强。"知识产权保护水平的提升和法治环境的优化有赖于知识产权法律法规的健全与完善。为此，《纲要》于"战略重点"中明确要"进一步完善知识产权法律法规。及时修订专利法、商标法、著作权法等知识产权专门法律及有关法规"。商标权是经营领域最重要的知识产权，商标法的修订应配合知识产权战略的实施进程，围绕《纲要》提出的战略目标，起到制度支撑与保障作用。

二、修法重点

（一）优化程序

商标法的修改要致力于相关程序的优化。一是简化审查程序。我国商标注册的申请量连续 7 年保持世界第一，而商标的注册审查周期则长达 30 个月左右，商标审查积压和注册周期延长已成为影响我国商标事业发展的重要问题。这一问题的解决有赖于商标审查制度的合理修订。从域外立法例看，1993 年通过的《欧共体商标条例》将欧共体商标注册申请的审查范围限于第 7 条规定的驳回注册的五项绝对理由。瑞典与英国先后于 2006 年和 2007 年开始不审查相对理由，采用类似立法例的国家还包括法国、德国等。对此，我国商标法可以借鉴。

二是简化确权程序。商标确权程序包括行政确权程序和司法确权程序。我国 2001 年的商标法对于商标申请驳回、异议、撤销三类案件，规定了行政二审和司法二审的四审程序。为此，必须简化商标确权程序，降低法律实施成本。从国外立法例来看，目前不少国家对注册申请的驳回不设行政复审，一些国家如德国对异议也不设行政复审程序；而德国、英国、日本等国的商标法则将不服一审判决的上诉范围限制在法律问题之内，使得多数商标司法确权案件只需一审即可结案。

（二）协调冲突

商标法的修改要注意协调商标权与相关权利或利益的冲突。其中，权利冲突表现在商标与商号、地理标志、域名以及其他商业标识之间的冲突。关于商标权与商号权的协调问题，国家工商总局的执法意见和最高人民法院的司法解释均有所规定，但由于效力低、制度化不足，难以从根本上解决二者之间的冲突。因而有必要在商标法中增加相关的协调性条款。就地理标志而言，虽然商标法第十六条和商标法实施条例第六条将其作为证明商标或集体商标加以保护，但是地理标志具有不同于商标的特殊性，如此简单规定无法协调商标与地理标志的冲突。而在网络商标权保护领域，域名与商标的冲突最烈，如何缓解二者的冲突，也是本次修法的重要任务。此外，商标权与他人的正当利益，特别是社会公众利益之间也存在冲突。这一冲突引发了限制商标专用权的制度诉求。无论是国际公约、区域性协定还是他国立法均有关于商标权限制的规定，这些规定有助于规范商标权使用、保护他人合法权益和社会公共利益，具有合理性和正当性。

（三）加强保护

商标法的修改要加强对商标权的保护。就商标的行政保护而言，虽然商标法、商标法实施条例和知识产权海关保护条例分别就工商行政机关和海关关于商标的行政执法作出规定，但依然存在不少问题，如违法形式多样，驰名商标的行政认定缺乏透明度，著名商标与驰名商标形成冲突等。解决这些问题需要从立法上建立健全商标权行政保护机制。就司法保护而言，其所存在的问题如对侵权行为类型的列举不够、商标司法审查的范围过宽、期限太长以及关于诉权禁令的规定不详等，也亟须立法修订予以完善。对此，必须改革行政保护程序，完善司法保护程序，并注重两个程序之间的协调，突出司法保护的主导作用。申言之，要重视商标司法保护与行政保护的双轨并行，协调好二者的关系，以司法保护为主导，辅之以行政执法保护。

陈忠林

曾任重庆大学法学院院长，中国刑法学会副会长，享受国务院政府特殊津贴，第十届、第十一届全国人大代表。

——作者手记——

2010 年，最高人民检察院、公安部印发的《最高人民检察院、公安部关于公安机关管辖的刑事案件立案追诉标准的规定（二）》规定：公司、企业或者其他单位的工作人员利用职务上的便利，索取他人财物或者非法收受他人财物，为他人谋取利益，或者在经济往来中，利用职务上的便利，违反国家规定，收受各种名义的回扣、手续费，归个人所有，数额在五千元以上的，应予立案追诉。

该规定一出，即引起社会的关注和热议，为此引发了拍"苍蝇"还是打"老虎"的争议。如何看待非国家工作人员和国家工作人员受贿问题，我在《观点1+1》栏目中邀请到了时任全国人大代表、中国刑法学会副会长、重庆大学法学院院长陈忠林教授。他明确亮出自己的观点：要拍"苍蝇"更要打"老虎"。几年之后，大家都看到了中国开始了"打虎"行动。印象中陈忠林教授有过很多精彩论战，如与清华大学张明楷教授"客观主义与主观主义"的争论，与北京大学贺卫方教授"司法职业化与民主化"的论战等。

拍"苍蝇"更要打"老虎"

最高人民检察院、公安部印发了《最高人民检察院、公安部关于公安机关管辖的刑事案件立案追诉标准的规定（二）》。根据这个规定，公司、企业或者其他单位的非国家工作人员受贿数额在五千元以上的，将被立案追诉。如何看待非国家工作人员和国家工作人员受贿问题？是拍"苍蝇"还是打"老虎"？为此，《观点1+1》邀请著名刑法学者陈忠林教授对此进行点评。

吴晓锋：非国家工作人员受贿五千元立案标准，本身并不是一个新规定，而这一次却引起了巨大的反响，根本原因是否是民众认为当下对国家工作人员的反腐败标准越来越宽呢？

陈忠林：我想，这主要有两方面的原因：

其一，长期以来，许多人视"不规范"为非国有企、事业单位运行的基本模式，一些严重破坏市场经济秩序，危害人民群众基本利益的商业贿赂等行为，也被错误地视为市场经济的"润滑剂"，甚至是民营企业的"活力所在"，所以在司法实践中此类案件处理得很少。因此，当司法机关这次明确相关规定时，不少人竟然认为是出台了新的法律。

其二，尽管我国刑法规定国家工作人员的受贿数额不到五千元人民币也可能受到刑事追究，但是在司法实践中，有的地方国家工作人员受贿罪的实际立案数额要求是数万元。如果全国统一执行非国家工作人员受贿五千元就必须立案的标准，很容易使人产生"民重国轻"，即国家工作人员处理过轻，对非国家工作人员处理过重的感觉。

吴晓锋：长期以来，人们在心理上总是趋向于把反腐的目标指向手中握有公共权力的官员，这样很容易就认为非国家工作人员的受贿充其量就是"小苍蝇",而该打的其实是"大老虎"。

陈忠林：其实,非国家工作人员的受贿,已日趋成为一个严重的社会问题,不仅我们国家重视,世界各国也纷纷将其纳入刑法调整的范围。我国早在 20 世纪 90 年代就制定了惩治企事业单位人员受贿的法律规定,2003 年我国参加了将私营部门的腐败现象与国有单位相提并论的《国际反腐败公约》,2006 年刑法修正案（六）将人民群众反映强烈、严重危害社会经济秩序的公司、企业以外有关单位的非国家工作人员的贿赂行为也纳入刑事惩治的范围。

事实证明,非国家工作人员受贿行为的存在,不仅严重败坏社会风气,使"不花钱就办不成事"成为许多领域不得不遵循的"潜规则",并且随着越来越多的国家机关、国有事业单位转为一般的企事业单位,商业贿赂在许多事关国计民生的行业和领域滋生蔓延,更是从根本上威胁到我国的市场经济秩序和人民群众的基本利益,成为阻碍社会经济健康发展的一大因素。这次有关非国家工作人员受贿罪立案标准的规定如果能正确理解、执行,对转变当前整个社会的贿赂之风,减少由此诱发的腐败与经济犯罪行为,维护人民群众的基本利益,保障我国市场经济的健康发展都有非常积极的意义。

吴晓锋：虽然是这样,但在实际执行中,就像您所说的,很多地方国家工作人员受贿罪的实际立案数额标准是数万元,这样大家就认为不公平,也就是您谈到的"民重国轻"的感觉。而在人们的观念中,大家更加痛恨国家公务人员的腐败,甚至一些国家和地区对此是"零容忍"态度。

陈忠林：尽管非国家工作人员的受贿行为应当打击,但是,我们绝不能忘记：国家工作人员,特别是国家机关工作人员的腐败,对我们国家和社会的危害最为严重,也是人民群众最深恶痛绝的行为,在任何时候都应该是我们打击的重点。因为这类人员的犯罪行为直接侵害的客体是国家机关正常管理活动,其结果是损害了国家公务的廉洁性,破坏了国家的管理制度。

历史上新加坡和中国香港特别行政区曾经为腐败现象所困扰，大大阻碍了社会经济的发展，他们启用反腐败"零容忍"理念后，腐败现象很快就得到了抑制，并促进了经济快速发展。只有营建一个真正对国家工作人员腐败行为"零容忍"的社会环境和法律制度，非国家工作人员受贿等现象才可能从根本上得到遏制，更有助于全社会预防腐败观念的形成，从而有力推动反腐败工作的良性发展。

吴晓锋：在目前的格局下，如何执行这个已经出台的立案标准？关键在于不能采用两个标准，"民重国轻"势必将反腐败引向歧途。

陈忠林：所以我认为，各地在执行最高检和公安部制定的立案标准时，必须注意非国家工作人员与国家工作人员受贿罪立案标准的平衡问题。我们应该认识到：最高检和公安部的这个解释只是相关犯罪立案的起码要求，并不意味着所有非国家工作人员受贿五千元以上都应该作为犯罪处理。各地在具体掌握最高检和公安部的这个立案标准时，不仅要注意与自己经济社会发展水平相适应，更要注意考虑与国家工作人员受贿罪立案标准的平衡问题。就具体的数额而言，国家工作人员受贿罪的立案标准无论如何也不能高于非国家工作人员受贿罪立案所要求的数额。无论从哪一个角度看，国家工作人员受贿都是一种比非国家工作人员受贿危害更大的行为。

我还想强调的是，非国家工作人员受贿是一种相当普遍的社会现象，这就要求我们在处理相关案件时要有统一的标准，不能搞任意选择性的打击，想抓谁就查谁，一查就定罪。这样不仅不能起到抑制相关犯罪的作用，甚至可能成为新的滋生腐败的温床。

杨立新

教育部人文社会科学重点研究基地中国人民大学民商事法律科学研究中心主任、法学院教授，中国民法学研究会副会长，曾任最高人民检察院民行厅厅长。

—— 作者手记 ——

杨立新教授是中国为数不多的由"官"到"学"，纵跨法律实务界和理论界的代表。他曾经官至最高人民检察院民事行政检察厅厅长，之前还有法官的经历。其实 2005 年我在采写公益诉讼的稿件时就采访过杨教授，更熟悉还是 2008 年我们一起去江西上饶，参加中国人民大学民商事法律科学研究中心和上饶市中级人民法院联合主办的"司法走近民众、民众走进司法——司法协助理论与实务高级研讨会"，同行的还有人大的张新宝教授、姚辉教授等。我本想选取那次活动的相关报道《中国基层法院正在让司法回归大众》，但是后面有选录对沈德咏大法官的同一主题的对话专访，所以此处选取的是 2008 年国际金融危机对跨国商事法律研究的意义。本文为节选。

金融危机与跨国商事法律研究

金融危机、跨国并购、反倾销、贸易壁垒、跨国公司贿赂门、知识产权纠纷、反垄断……这些全球化带来的经济现象，纷纷成为媒体盘点 2008 年的行业"关键词"。

2009 年 1 月 5 日，持续两年多的"达娃之争"终极战役在瑞典斯德哥尔摩打响，听证会将持续数周；2009 年 1 月 7 日，劲量公司"709 无汞碱锰电池专利"案，经过长达五年的诉讼以中方胜诉终告结束；德国西门子公司 2008 年 11 月 24 日在其股东大会上承认，已经找到其下属六个部门行贿的证据，涉及在华三个子公司；中国平安海外并购比利时富通失败；中铝斥资 900 亿阻止必和必并购力拓；韩资企业集体欠资潜逃；世贸专家委员会裁定中国汽车零部件进口规则违反世贸规则……

针对金融危机，全球化对立法、执法、企业学法用法带来的冲击与机遇，特邀请杨立新教授对此问题进行探讨与解读。

吴晓锋：席卷全球的金融危机无疑是 2008 年最受关注的话题之一，这场来势汹汹的危机将引发全球性的经济衰退，而且很难预测什么时候结束。它带给我们的影响也是非常重大的，包括在华韩资企业集体欠资潜逃，企业大规模裁员、举债，等等。那么反映在商事法律研究与实务中，有什么样的影响呢？

杨立新：金融危机的肇始是由于不诚信，可以说是长期的贪婪、欺诈在金融市场上的积累与放大后，遭遇经济衰退，酿成危害全球的经济危机。这场美国式的非诚信现象，与我国现今的"不诚信现象"不同的是，它是机构性的欺诈，而不是个人的。这场危机是经济学家和金融家设计的高度隐蔽的、危害性也极大的，对民众与社会的欺诈。它给我们带来非常深刻的教训。

现代社会是诚信社会，市场经济是诚信经济。对于诚信体系的建设，我国正在进行包括建立和完善社会征信体系的体系性制度建设。但是，这些都是针对个人的。相反，对于机构可能的"不诚信"则缺乏认识，相关的监督机制也不健全，只能通过机构自律与纪律监督，相关的法律也处于缺位状态。因此，这方面的法学研究是迫在眉睫的。这个领域是专业性非常强、非常具有前瞻性的研究领域。

吴晓锋："抄底说"还主张要"抄"人才的"底"，即认为金融危机是为企业引进人才的大好机会。那么企业在人才"抄底"的过程中是否有法律风险？另外，我们法律界事实上是没有"资产"可抄的，有没有人才抄底的机会呢？

杨立新：在海外深造回国的法律学者、律师不在少数，并不是每一个人走上工作岗位后立即就能作出成绩的。法学研究、政府、企业都需要实务人才。

我们目前成立的跨国商事法律研究所，它隶属于中国人民大学民商事法律科学研究中心，是专门研究跨国商事法律的部门。关于研究中心的学术地位，应该说它是国内研究民商法的研究机构当中最高的机构，是教育部设立的、国家拨款的八所法律科学研究机构之一，今年是它成立的第八个年头。民商事法律科学研究中心承担了很重要的任务，例如，我国所有的民商事法律的起草工作都有它作出的重要贡献。跨国商事法律研究所成立后，将进行一系列的调研、征集、研讨、交流的工作，将更多的企业样本及实际案例纳入我们的研究中来，我们直接向企业、法律工作者发放问卷，进行面谈、调查，等等，收集第一手的案例信息、观点、建议，进行实证性的研究，更好地为我国的法治建设服务。

童之伟

华东政法大学教授，著名宪法学者，中国宪法学会副会长。

—— 作者手记 ——

认识童之伟教授的时候，他已经步入了"大V"学者行列，经常为一些媒体写专栏文章。后来他在自己的博客上系统地研究并完成了重庆"打黑"专题报告后，也被不少人冠以"社会的良心"称号。我和童教授的访谈和互动还是比较多的，有的公开发表了，有的就是纯粹的对一些热点问题或公共事件的请教、交流、探讨，没有什么目的性。选录的这篇是2010年时谈暴力拆迁问题，这也是童教授长期关注的问题。回望2010年，暴力拆迁导致的恶性案件触目惊心，可喜的是，近年来这种流血事件基本得到了遏制，为法治建设的成就喝彩。

暴力拆迁何以再度疯狂

近年来，城乡房屋拆迁的规模越来越大，从一户户到整片、整村、整个街区地拆，这个过程充斥着太多的暴力和血泪。仅2010年元旦以来，暴力拆迁导致自杀、自焚、被杀、杀人的案件就可以列出长长的清单，近来更是愈演愈烈。难道我们只能眼睁睁地看着暴力拆迁的悲剧不断上演？为此，特邀请童之伟教授对此问题发表看法。

吴晓锋：近年来，暴力拆迁从来就没有停止过，血案一件接一件发生，强拆者对公民的财产和生命、对法律似乎没有丝毫的敬畏。面对暴力拆迁，

那些一夜间失去财产的公民，没有任何可以求助的救济程序吗？

童之伟：企业和老板要追逐利润，地方政府和官员要创造政绩，他们都要钱，老板要钱追加投资，政府和官员要增加财政收入上新项目。他们承受的压力都很大，因而互有需要，干柴烈火似的结合在一起，只要出现助燃的火星，马上就会爆燃。这里涉及体制问题。我们的官员，前途是由上级决定的，上边要用发展这个硬道理衡量他们的政绩，发展的指标中最容易看得见摸得着的是 GDP，还有各种工程，他们只能在这些方面下工夫。他们不可能带领百姓过平和安稳的日子，尽管那样老百姓满意，但他们会因此失去升迁的机会。

马克思在讨论资本原始积累时，曾这样描述资本的本性：资本惧怕没有利润或利润太少，就像自然惧怕真空一样。一旦有适当的利润，资本就胆大起来。如果有 10% 的利润，它就保证到处被人使用；有 20% 的利润，它就活泼起来；有 50% 的利润，它就铤而走险；为了 100% 的利润，它就敢践踏一切人间法律；有 300% 的利润，它就敢于犯任何罪行，甚至冒绞首的危险。资本的秉性不因在中国而有所不同。渴求升迁的地方官员对上边认可政绩的渴求，正如资本对于利润的渴求，谋求利润的行为和谋求政绩的行为受相同规律的支配。我国的政商关系，政是主导的方面。因此，拆迁中暴力和血泪不止的根源，其实主要在于民意和选票不起作用。

吴晓锋：几乎每一个暴力拆迁的背后都有地方政府的影子。要从根本上遏止暴力拆迁，就必须要让失职官员为暴力拆迁承担责任，同时，司法对遏制不法拆迁行为要有所作为。

童之伟：从我国目前的情况看，驱动暴力拆迁的力量虽然很多，但只要掌握公权力的机构有足够决心，是完全可以从根本上加以遏止的。有人热衷于谈论中国模式，我看，如果真有所谓中国模式，其最大特点，应该是在经济生活领域广泛运用公权力。所以，暴力拆迁可以视为公权力过度运用的一个直接结果。

如果追求立竿见影的治标效果，遏止暴力拆迁最好的办法是追究拆迁主导者的政治责任。既然野蛮拆迁是为了追求政绩，那么，只要有证据显示出现暴力拆迁的情况，不管有没有致死、致伤的后果，就将当地主要党政领导和分管领导降职或免职，看谁还敢强拆！江西省宜黄县县委书记、县长的乌纱不是拿掉了吗，那里继任的县委书记、县长还敢强拆吗？估计短期内他们是不敢了。但这样严肃究责的事例还太少，警示作用仍然有限。

从迄今为止发生的强拆事件看，许多强拆者的行为是应该以侵犯公民人身权利或侵犯财产权利方面的罪名被追究刑事责任的，还有相应的民事责任，但实际上历来少见有被公诉的案例，追究民事责任成功的案例也属罕见。如果能够严格依法追究强拆主导者应承担的法律责任，对于遏止强拆必然产生明显效果。

吴晓锋：千呼万唤的物权法出台后，让人们看到了保护私有财产的希望，但遗憾的是，物权法的明文规定也未能阻挡住暴力拆迁。于是，舆论再去攻击《城市拆迁管理条例》，而且一度传出这个条例将废止，由新的法规取代。经过激烈的博弈，被公众寄予厚望的"新条例"出台却遥遥无期。

童之伟：拆迁补偿实际上是征收行为，应该由全国人大及其常委会制定法律加以规范。新"拆迁条例"也有这个问题。拆迁总是由政府牵头搞的，几乎每一次强拆的背后都有个别地方政府或明或暗的支持。现在的有的地方财政很大程度上是卖地财政，拆迁与政府的关系太密切了，所以国务院一直抓住新"拆迁条例"的制定权不放手。新"拆迁条例"就是那么几页纸，关键处不过几行字，怎么那么难以定稿？无非这种"零和博弈"性质的利益关系难以平衡：卖地财政要持续，地方官员出政绩要靠拆迁，他们要尽可能地压低征地成本，抬高卖地价格。但另一方面，公民出于生计考虑，希望争得一个较好的拆迁条件，避免财产缩水，最好有所增值。中国拆迁工作做得平和的城市也有，如上海总体较好。这固然与上海法治发展水平有关，但似乎与地方政府手里有钱而且愿意出较好的价钱关系更大。上海的百姓大都很愿意被拆迁，甚至还有主动要求被拆迁的，有利可图嘛。

如果我国把 GDP 增长幅度适当调低一点儿，把拆迁需求降下来，多让些利给被拆迁户，同时完善立法、建立公平的纠纷裁判机制，下重手打压违法违规拆迁者，暴力拆迁风是完全可以制止的。

朱慈蕴

现为清华大学法学院教授、著名商法学者，中国商法学会常务副会长。

—— 作者手记 ——

第一次见清华大学朱慈蕴教授是在成都的商法年会上，觉得她的人跟她的名字一样美，一样清丽脱俗，像极了很早以前的一个电影明星——八一电影制片厂厂长王晓棠少将。后来还和朱老师聊起，朱老师说也有别人这么说过。进报社后我和朱老师经常见面，很多活动都会在一起，尤其是清华大学主办的"21世纪商法论坛"，我每届都参加。朱老师亲切随和、细致周到，既是很好的东道主，又每每能带来精彩的主旨发言。我们一起策划了多次专题报道，都非常成功。离开报社总部去地方记者站之后就再没有参加过清华商法论坛了，遥祝越办越好！

公司投资合伙企业最大风险：
债务追偿的首选目标
——访清华大学法学院博士生导师朱慈蕴教授

新修订的合伙企业法于2007年6月1日起施行。相较于1997年合伙企业法，修订后的合伙企业法在制度上有许多调整。

公司可以参与合伙即是其中较为重要的创新之一。公司成为合伙企业的合伙人将面临一些新的问题。在清华大学法学院举办的"21世纪商法论坛"的间隙，记者吴晓锋采访了对这一领域深有研究的清华大学法学院博士生导师朱慈蕴教授。

法理基础：公司的权利能力

吴晓锋：原合伙企业法不允许公司法人成为合伙企业合伙人，修订后允许了。前后不同规定的立法背景和目的是什么？

朱慈蕴：早在1997年颁布的合伙企业法立法过程中，就曾对这个问题进行过比较广泛的讨论。当时采用了模糊立法的方式，但从合伙协议应当载明的事项之第三项"合伙人的姓名及其住所"的规定中可以推知，原合伙企业法是不允许公司等法人出任合伙人、投资合伙企业的。

这种立法结果是基于如下的理由：第一，普通合伙人对合伙企业债务承担无限连带责任，而法人本身的责任形式是有限责任。第二，法人成为合伙人会使法人的经营活动受制于全体合伙人，使得法人失去作为法人的独立性。第三，普通合伙人对合伙企业的债务是承担无限连带责任的，如果允许法人作为合伙人，一旦合伙企业经营不善、陷入危机，则很有可能危及法人的生存。第四，法人加入合伙，意味着法人财产的转投资，使法人的债权人难以得到可靠的财产保证。

当然，最重要的原因是因为当时我国法人实体中以国有企业或者国有企业改制的公司为主，出于对我国国有资产可能流失的担心，采取禁止法人投资合伙企业的立法选择是能够理解的。

但是，原合伙企业法的规定实际上与我国的民法通则第五十二条关于企业、事业单位可以采取联营的形式，其中包括合伙型联营的企业集团的规定是相冲突的，也与大量存在的合伙型联营的实务相冲突。因此，在2006年修订合伙企业法时，于该法第二条明确指出："本法所称合伙企业，是指自然人、法人和其他组织依照本法在中国境内设立的普通合伙企业和有限合伙企业。"至此，对是否应当允许公司出资合伙企业的争论落下帷幕。

吴晓锋：新合伙企业法也对国有企业、上市公司等作出了限制性规定，请问具体是怎么规定的？立法用意何在？

朱慈蕴：立法机构也注意到我国法治尚不健全，有些国有企业存在经理（厂长）损公肥私的严重问题，如果允许国有企业成为合伙人，可能造成国有资产流失。所以，合伙企业法又在第三条规定，国有独资公司、国有企业、上市公司以及公益性的事业单位、社会团体不得成为普通合伙人，但不禁止其作为有限合伙人出资合伙企业。这种限制是为了避免以上企业参与合伙企业成为无限责任合伙人后可能面临使企业全部财产承担连带责任的风险。

吴晓锋：公司投资合伙企业甚至作为普通合伙人设立合伙企业的法理基础是什么？

朱慈蕴：首先，公司是一个独立的商事组织，有充分的权利能力处分自己的财产，有权按照自己的意志决定其生产经营活动，当然也包括对合伙企业的投资行为。若阻止公司成为合伙人，实际上是对公司的权利能力加以不合理的限制。

另外，公司以其全部财产对自己投资合伙企业的行为承担责任，与自然人合伙人并无两样，并不涉及公司之成员股东责任的扩大。具体到公司法人与合伙企业来看，当具有独立责任能力的公司设立合伙，成为合伙企业的普通合伙人时，它一方面与其他普通合伙人并无两样，在以其所拥有的全部财产对合伙企业债务承担责任这一点上不存在任何障碍。从这一角度讲，合伙企业的非独立责任与公司法人的独立责任并不矛盾。

最大好处：合伙企业不缴纳所得税

吴晓锋：公司参与合伙有什么现实意义？如果公司要选择投资合伙企业，其最为看重的是哪一点？

朱慈蕴：公司参与合伙对我国的经济发展具有不容忽视的积极意义。允许公司充当合伙人至少有以下好处：

一是为公司法人提供多种投资机会和渠道。

二是合伙人之间可以相互取长补短，发挥不同企业的各自优势，优化组合，充分实现社会资源的最优配置。

三是有利于法人制度与合伙制度的相互借鉴。

四是当公司作为普通合伙人时可以直接参与合伙企业的共同事务之管理，可以对自己的转投资财产的运用进行直接控制。

五是利用合伙企业非法人身份的税收优惠之好处。这是公司法人选择投资合伙企业的最重要的根源所在。

因为如果公司转投资到其他有限公司或者股份公司，虽然可以享受有限责任制度的好处锁定自己的投资风险，但是，由于公司都是法人，需要以法人独立身份纳税，税后利润分配给公司法人股东时，公司法人要再次纳税。显然，双重征税大大降低了公司投资其他公司的吸引力。而公司法人加入合伙企业，就可以享受到合伙企业非法人不独立纳税的好处。

最大风险：成为债务追偿的首选目标

吴晓锋：公司出任普通合伙人将面临什么风险和责任？

朱慈蕴：公司的所有经营活动都会有风险，公司出任普通合伙人的最大风险莫过于：当合伙企业的财产不足以清偿债务时，由于公司是一个社团组织，其聚积资本的功能往往使其具有较大的财产实力。而合伙人之间的连带责任往往会使公司成为合伙企业债权人债务追偿的首选目标。但是，如果其他合伙人缺乏偿债能力或者无力清偿，那么被首选作为合伙企业债权人追偿对象的公司的责任无疑被扩大了。特别在我国目前市场信用体系基本没有建立或者非常薄弱的情况下，合伙企业陷入债务危机的概率以及自然人合伙人恶意合谋向公司普通合伙人转嫁风险的可能又大大增加，从而可能增加公司的风险。

管理风险：代理人的道德风险及知情权

吴晓锋：依照合伙企业法的规定，公司作为普通合伙人应当参与合伙企业的经营管理事务。但是，公司是法人，无四肢、无大脑，不能自己亲自行为，那么，这又将带来什么新的问题？

朱慈蕴：第一，公司需要向合伙企业委派自然人代表，由此可能产生委托代理成本。自然人代表在执行、管理合伙事务时被视为公司合伙人的代理人，可能产生委托代理风险。自然人代表完全有可能不尽勤勉义务，甚至损害公司及合伙企业的权益，产生道德风险行为。

第二，是否应当赋予其他普通合伙人对公司合伙人的知情权和监督权？在公司出资的合伙企业中，其他普通合伙人不仅将为公司合伙人的行为承担巨大风险，还有可能因公司合伙人操控合伙企业攫取自身利益而蒙受损失。因此，应当赋予其他合伙人一定的知情权，以解决在合伙经营过程中有可能出现的各种风险。这样一来，又与公司法人自己管理自己事务，只有公司内部股东、董事、经理和监事等才能享有知情权或者监督权相矛盾。

吴晓锋：您认为应当怎样来解决上述问题？

朱慈蕴：这些问题既然是源于公司普通合伙人的法人组织自身，所以要解决这些问题我认为也应当以公司制度的自身完善为主。

第一，通过公司章程约束公司出任合伙人特别是普通合伙人的行为。如果公司董事、经理未经股东会审议批准而擅自决定投资参与合伙企业并给公司带来不利后果，则该董事或经理应对公司承担赔偿责任。

第二，在公司对投资合伙企业的决议上，为防止公司大股东滥用表决权，与合伙企业具有关联关系和利害关系的大股东应当适用表决权回避制度，另外，对公司转投资合伙企业有异议的股东可以行使异议股东回购请求权。

第三，要求公司在作出投资合伙企业的决定时，允许异议债权人选择担保措施或者提前偿债措施。如果公司不能为有异议的债权人提供有效担保或者提前偿债，则公司不可以投资合伙企业，特别是不能出任普通合伙人。

第四，通过公司章程约定公司合伙人参与合伙企业共同事务管理时对合伙企业其他合伙人的信息披露范围，防止其他合伙人滥用权利。

何勤华

曾任华东政法大学校长、著名法制史专家，享受国务院政府特殊津贴，被评为"中国十大杰出中青年法学家"。

——作者手记——

和何勤华教授见面的次数不多，印象却很深刻，因为我为他写过一篇人物通讯。我写过的人物通讯并不多，总感觉难度很大而有畏难情绪，所以凡是写过的人，都感觉是熟悉的，懂他（她）的，毕竟深入挖掘过。何勤华教授当时是华东政法大学校长，外法史专家，著作等身。他如何在"治校"的同时"治学"，而且两项同样优异，这是我感兴趣的，也是读者关注的。那么请读这篇人物通讯《学者何勤华：修行在红尘》，他就是那个旁人眼中自律、严格又和善的修行者。需要说明的是，此文当初见报的标题是《何勤华教授访谈：喜欢办公室氛围的学者》，对于这个标题的改动还有个小故事，但是何老师来电话说还是喜欢我原稿的标题，所以在此书中改回来。通过此事，我也更深刻地领悟到一个道理：人物专访的记者、编辑必须与受访者有心灵的碰撞才能达成共识。

学者何勤华：修行在红尘

在旁人眼里，何勤华是一名严格而又和善的修行者，他常常说，法学是一门古老而又博大精深的学问，需要一大批学者为此献身。

几年前和何勤华教授初次见面时，就凭直觉把他归入了江浙才子一类——儒雅、清瘦、文气，还操着轻柔温婉的江浙普通话。

几天前再次见面交谈，证明我的感觉是正确的，何老师出生于上海市川沙县（现浦东新区）。但让我吃惊的是，何老师居然是 1955 年生人，比我想象中大了足足十岁的样子。

人显年轻大约可以归结为两个原因：一是善于保养、生活规律；二是淡泊宁静、心底纯真。而我一直觉得，搞法制史的人一定是淡泊宁静之人，这样才坐得住"冷板凳"，守得住"象牙塔"，远离尘世喧嚣，在历史的尘埃中寻找思想的光芒，也擦拭自己的心灵。

作为外国法制史学科的传承者与开拓者，何勤华教授应该就是这样吧。

痴爱法制史研究

在中国，对外国法律制度的研究，包括"外国法制史"课程，早在清末（20 世纪初）沈家本从事立法改革时就已经起步，但外国法制史研究获得真正意义上的发展，则是在 1978 年改革开放之后。

"起步的艰辛是难以想象的。"何勤华说，"外国法制史这门课程，在我们 1978 年刚入学时，还没有教材，由嵘老师来上课时，就带了一卷地图，对着地图给我们讲解古代西亚和西方法律的起源和发展等，等到我们快结束这门课程时，才发下来学校内部印刷的讲义《外国国家与法律制度史》，其内容主要是 20 世纪 50 年代出版的苏联编写的《国家与法权通史》教材的翻印。"

何勤华说，外法史的第一代学人就是在此时扛起大旗的，以陈盛清、林榕年和徐轶民等教授为代表。1982 年 4 月，他们发起并召开了在武汉大学全国外国法制史研究会成立大会暨第一届学术讨论会（年会），随后编写出版了该学科第一本统编教材《外国法制史》。

1977 年考入北京大学法律系的何勤华对异域之邦的法制文明产生了浓厚兴趣，于是 1982 年 1 月投身华东政法学院（现华东政法大学）徐轶民教授门下攻读外国法制史专业的硕士研究生。

由此，何勤华开始了在外国法制史领域的学术攀登。1986 年，出版了《东京审判始末》一书。1988 年 4 月至 1989 年 4 月、1993 年 4 月至 1994 年 10 月，受国家公派，何勤华两次赴日本东京大学法学部进修日本法制史。他不仅尽量多地收集日本法和法学发展的文献资料，而且还广泛涉猎英、美、法、德等西方发达国家的法制发展史料，从而在回国以后的三四年中，发表了涉及多国多领域的三十多篇论文，还出版了《当代日本法学》《西方法学史》等专著，填补了我国在这一研究领域里的空白。

在老一辈学者的带领下，何勤华又为学生们开设了《罗马法》《日本法讲座》《外国民商法导论》等课程。他在外国法制史研究领域的辛勤耕耘，硕果累累，也得到了学界的认可。1999 年，何勤华从第二任会长林榕年教授手里接任了全国外国法制史研究会会长职务，也就在这一年，他被评为第二届"中国十大杰出中青年法学家"，同样也在这一年，他执掌华东政法学院帅印，担任校长职务至今。

与他同时期的第三代外法史学人不乏我们熟悉的大腕儿，一个个在法学界闪亮的名字经常被何勤华如数家珍般地提起：梁治平、贺卫方、高鸿钧、夏勇、米健、方立新、曾尔恕、叶秋华、郑祝君等，他们彼此辉映，成为我国外法史研究的第三代传人。但是，有的人后来转向了别的领域发展，比如，人权、宪政、司法改革，等等。但何勤华依然痴痴地在故纸堆中耕耘着，成为第三代外法史的领军人物。

何勤华说，每个国家的法制都有其闪光点，也有其不足和缺陷，这可以为中国的法制建设提供经验和教训。这是外国法制史这门学科的价值和贡献所在。

著书领军外法史

已经功成名就的何勤华丝毫不敢懈怠，兴趣一旦成为理想，执着一旦成为习惯，便会伴随一个人的终身，浸透在他的一言一行中，融入他的品格气质中。

何勤华又率领一批青年学者,在外国法制史研究的道路上继续前进。

华东政法大学学报主编李秀清,是何勤华带的第一批外法史博士生。她说,何老师跟他们在一起,无论在聊什么,总会聊着聊着就聊到学术,就聊到外法史。

更有一个片段让李秀清和第一届弟子们刻骨铭心,并且每次聚会都会提起。

2001年,李秀清他们入学后与何勤华吃首次"迎新饭"。师生都情绪高涨,壮志凌云,大有为中国外法史研究事业而如何如何的决心、信心。

觥筹交错中,何勤华从包里拿出一摞纸,同学们目瞪口呆——原来是导师早已为他们准备好的90多个博士论文选题。

这可是一份特别而隆重的"见面礼"啊!

在选就各自的主攻方向后,弟子们跟随导师,和其他各地的青年学者一道,致力于编写一本高水平的外国法制史教材。

他们编写的《外国法制史》,连续多次修改增补,2006年出的第四版成为国家级"十一五规划教材",至今已经印刷了17万多册。2004年,该教材在我国台湾地区出版了繁体字版,向港、澳、台地区及海外华人社会发行。

除了编写各类教材,何勤华又主持编写(翻译)了"世界各主要国家的法律发达史系列""西方法制史系列"和"世界法学名著译丛"。

这三套丛书在外延和内涵上拓展了外法史学科,前者共有十二卷,涉及世界各主要国家和地区的法律发展;"西方法制史系列"对西方宪法、民法、商法和刑法的历史第一次进行了系统的梳理;而后者,则将柏拉图的《法律篇》、格劳秀斯的《战争与和平法》、布莱克斯通的《英国法释义》等第一次翻译成中文,引进中国学术界。

同行评价,何勤华开创了西方法学史的研究,何勤华于1996年出版了《西方法学史》,将西方历史上的法律学说和法律智慧也纳入了西方法律史的研究范围,从而大大拓展和丰富了外国法制史的学科内涵。

勤奋影响着弟子

对于长期担任一校之长的何勤华来说，为什么能在公务缠身的同时，笔耕不辍，成果等身，我想答案除了勤奋还是勤奋。

何勤华曾在他的自选集《法律文化史论》的前言中，深感敬佩地描述了日本同行的敬业精神："虽然不坐班，但是每天都到办公室工作，中午不回家休息，一直工作到深夜……"

而他自己呢？

据他的学生介绍，他们晚上9点以后就不敢再给何老师打电话，因为他都是晚上9点睡觉，早上4点起来治学，日复一日，年复一年；如果你星期六和星期天要找何老师，就给他办公室打电话，他一定在那儿；何老师大年三十和大年初二（包括之后几天）也在办公室，只有大年初一会回浦东老家看望母亲。

而最让郭光东记忆犹新的一件事是，有一年的大年初一给何老师拜年，他却在办公室，原因是那天他不用去看望母亲。

"他就像佛教中修律宗的修行者，我们觉得他对自己严苛得近乎残忍！"郭光东说，"我们经常劝他，他表面也答应，但还是那样子。我们觉得苦，他却乐在其中，完全是一种痴迷的境界。"

上海外国语大学法学院院长助理张海斌博士同样如是感受，他说，"何老师特别珍惜时间，有一股不舍昼夜只争朝夕的精神。做了校长以后，由于行政事务繁忙，每个双休日，他一般都在办公室看书写作，我们每次去找他，也都是双休日到他办公室去，谈完事后便离开，绝不敢浪费他的时间"。

何勤华的弟子们都说自己是幸运的，因为跟何老师在一起的时间算是最多的，他们的活动，何老师都会尽可能地安排时间参加。

而在出行的路上，何老师总是要跟他们聊自己最新的研究心得与研究计划，也询问他们最近的研究情况和阅读情况。"偶尔他也会讲起过去经历的一些艰难却有趣的事，海阔天空，无所不及，讲到开心处，便会像孩子般舒心而有些内敛地笑起来。"

晚上下榻酒店以后，用完晚餐，何老师总要先回到自己的房间，要么打开笔记本写作，要么从包里取出事先带来的书看。

学生们则喜欢聚在酒店的包房里唱歌，"唱到高兴时，便去力邀何老师。他婉拒不过，往往也会上场唱一首。"张海斌说，"何老师的歌唱得很不错，节奏感很强，抑扬顿挫，有点美声的味道"。

对于学生的这种评价、关心和体贴，何勤华也总是深受感动。

他认为学生的赞誉和尊敬，是他人生的最大乐趣，也是他能持之以恒地坐"冷板凳"的最大动力，和学生在一起谈学术聊家常搞活动，是最为开心的事。

他常常说，法学是一门古老而又博大精深的学问，需要一大批学者为此献身。"所以，我要好好地培养学生，我们的生命是有限的，再长寿的人，过若干年后都要离开这个世界，但是通过一代代学生，我们的学术理想和学术生命就可以无限地延续下去。"

吴弘

华东政法大学教授，经济法学院院长，全国优秀教师，享受国务院政府特殊津贴。

—— 作者手记 ——

2004年我在上海写博士学位论文期间，经常去华东政法大学向顾功耕教授、吴弘教授请教。进报社后，也与上海的高校和法院保持了密切联系。认识吴弘教授的时候他是华东政法大学经济法学院院长、上海金融法研究会会长，所以经常采访他有关金融证券方面的法律问题，吴老师总是知无不言，言无不尽。其实对顾功耕教授的采访也较多，但都散落于各篇报道之中，没有一个单独的较长篇幅，所以没有收录进本书，在此也向顾功耕教授致谢、致敬。

法院判决能否纳入个人信用征信系统？

2009年1月22日，中国人民银行重庆营业管理部透露，与经济生活相关的法院个人判决信息被正式载入个人信用记录，2月16日的《北京晚报》报道，北京的程先生状告中国农业银行北京朝阳支行，要求其取消不良信用记录。近年来，越来越深刻影响人们生活的"个人征信"问题又被推到了舆论的前沿。

市场经济催生了我国从熟人社会向陌生人社会的蜕变，使得信用在社会交往中逐渐取代了信任。比照发达国家的公民都有一份"个人信用档案"的做法，我国近年来也开始致力于个人征信制度的建立，从2000

年 2 月上海出台《上海市个人信用联合征信试点办法》开始，许多地方如深圳、北京等都进行了相关方面的有益尝试。到 2006 年，由中国人民银行承建的全国统一的企业和个人征信系统建成并正式联网运行。截至 2008 年底，该系统已经为全国 1400 多万户企业和 6.3 亿多自然人建立了信用档案，成为世界上最大的个人征信数据库。而且，人民银行总行已与最高人民法院、国家质检总局、国家环保总局、工业和信息化部、住房和城乡建设部、人力资源和社会保障部联合发文，采集法院强制执行信息、企业产品质量信息、企业环保处罚信息、企业和个人电信缴费信息、个人住房公积金信息、企业和个人参保信息等。人民银行还和公安部、国家质检总局联合在金融机构开通了联网核查公民身份信息和企业组织机构代码信息。可见，个人征信系统的应用已经不再局限于信贷，而其在多方面的拓展也必然会对人们的生活产生影响。

与个人征信系统因扩大采集范围和应用范围而深刻影响人们生活形成对照的是，我国的个人征信系统运作仍然处于起步阶段，因此个人征信系统的运转不良损害公民合法权益的案件也时有发生。

如果说个人征信制度的建立是必要的，那么这种制度建立的必要性究竟体现在哪些方面；如果说现有个人征信系统在运作中的确构成了对公民权利的损害，那么如何使该制度在人权保障的原则下良好运行正是我们需要关注的问题，这就涉及哪些信用信息属于个人征信系统的收集对象，尤其是那些与信贷无关的非银行信息，如垄断性收费及法院判决等是否可以作为收集对象，以及信息出错如何救济等问题。为了厘清这些问题，特别邀请了华东政法大学经济法学院吴弘教授对此发表看法。

焦点一：个人信用征信制度的建立有何必要？

吴晓锋：个人信用征信方面的实践在我国已经开始，通过采集、整理、保存个人信用信息以建立个人"信用档案"，为金融机构提供个人信用状况查询服务的个人征信系统也早在 2006 年就开始运行。《征信管理条例》

也已列入 2009 年国务院立法计划，可见政府对于个人信用征信制度的重视。个人信用征信制度的建立究竟有何必要呢？

吴弘：首先，建立个人信用征信制度是我国建设诚信社会的要求。目前，我国正处于改革开放、发展社会主义市场经济高速发展的阶段，各经济主体逐利动机日益强烈，都在寻求自身利益的最大化。仅凭道德和自我约束来规范经济主体的逐利行为无疑是苍白无力的，建立良好的信用制度才是规范的根本。个人征信制度中的失信惩罚措施等对于人们的警示效应，都可以有效督促人们完善其个人信用度。其次，建立个人信用征信制度是提高个人金融服务水平、促进经济发展、提高社会福利的要求。在征信体系比较发达的美国，良好的信用有助于个人在购买房屋、车辆等物品上获得大量贷款，提高个人生活质量。反之，如果没有信用或存在不良信用记录，就会导致个人在申请贷款上受阻从而影响其日常生活。发展征信的目的是验证个人的信用状况，使其在更大范围内从事经济金融交易，与现代经济发展的需要相适应。最后，建立个人信用征信制度是提高我国竞争力的需要。个人信用制度的好坏会影响企业信用的表现，并进而影响我国在世界舞台上的地位。

焦点二：哪些信用信息应属于个人征信系统的收集对象？

吴晓锋：个人征信系统是一个庞大的体系，它所建立的个人信用信息数据库是由征信机构把分散在银行和社会各个方面的个人信用信息进行汇总、加工形成的。征信机构是按照什么标准来选择性地收集个人信息呢？哪些信用记录应该进入个人征信系统呢？

吴弘：我要提醒大家注意一点，征信范围广泛并不意味着毫无界限。个人征信不能"一网打尽"，应当"抓大放小"。因为，个人征信体系在资源上是有限的，所以重点应该关注一些严重侵害市场经济基础的失信行为，如制售假冒伪劣、诈骗、欺诈等危及广大民众的财产和生命健康安全的行为，这样才能有利于个人信用征信制度功能最大化的发挥。其次，将社会生活的各个方面都纳入个人信用征信系统内也是不切实际的。

焦点三：银行能否将非银行信息记录在案？

吴晓锋：2009年1月22日《重庆晚报》刊登了专题文章，报道"央行拟将采集非银行信息，用于建立个人信用档案"。对于非银行信息进入个人信用征信系统，很多民众表示了怀疑和异议。银行究竟能否将非银行信息记录在案呢？

吴弘：对于这个问题不能简单地下定论，应当视非银行信息的具体类型而定。与个人信用息息相关的非银行信息应当记录，如社保基金、个人税收的缴纳情况等，这一类信息能够反映出个人的真实信用情况，有助于银行在已有信息的基础上对信贷业务信息进行更全面、更准确地核查，保障贷款安全和银行本身的正常运作，也易为人们接受。但将有些不够准确、受不可预见因素影响的信息记录在案，则容易引起公众的疑虑，因此就该类信息而言，排除其中的误差，保障信用信息的真实、准确及被记录的合理性，就显得十分重要。

焦点四：垄断性收费能否纳入个人信用征信系统？

吴晓锋：从2006年4月，中国人民银行和信息产业部联合发布的《关于商业银行与电信企业共享企业和个人信用信息有关问题的指导意见》首次指出将电信用户缴费信息纳入个人征信系统起，以电信费用信息为起点，自然垄断行业收费（以下简称垄断性收费）信息纳入个人征信系统，并不断扩大该范围。

对于垄断性收费纳入个人信用征信系统的做法迄今仍有争议。那么，这一做法究竟合适吗？

吴弘：由于垄断性收费在合同性质、收费系统、服务质量和申诉程序上的特殊性，我们在处理这类信用记录时应当注意以下几点：

第一，垄断性收费的依据多为格式合同。格式合同的服务提供方相对于消费者来说处于优势地位，消费者对于合同条款往往只能被动接受，条款内容不能完全体现当事人的意思自治，由此导致了垄断收费的外在强制。因此在记录此类信用信息时，要考虑消费者意志的合理延伸，以保护消费者的合法权益。

第二，垄断性收费的计费系统不公开。垄断性服务行业的计费系统一般由企业单独构建、独立控制，又疏于与消费者沟通，消费者对于收费信息不能及时获知，对欠费事实并不知晓的现象较普遍存在。这就使得个人信用的真实准确缺乏基本条件。

第三，垄断性收费的对价有时并不可靠。由于具体服务中出现的各种不可预知情况，自然垄断行业服务往往不能达到预期的质量，如手机信号差、短信延迟发收等，但收费往往依然按照一般的标准进行，将此种情况下的消费者若迟交或不交费用也作为个人信用记录的话显失公平。

第四，不合理收费缺乏经济的救济途径。一般消费者日常消费支出多为小额费用，遇有不合理收费因投诉成本高而选择放弃救济。因此，付费与不付费的信用记录都可能失真。

总之，垄断性收费的记录只有被剔除其多种局限后才能准确地反映个人的真实信用情况，才有条件进入个人信用征信系统。

焦点五：法院判决能否纳入个人信用征信系统？

吴晓锋：除垄断性收费外，法院判决能否载入个人信用征信系统也是一个颇受争议的问题。2009年1月22日，重庆市人民银行营业管理部透露，目前已有8例与经济生活相关的法院个人判决信息被载入信用记录，法院报送的8例判决均是与个人经济生活有关的信息，如欠账不还、经济纠纷等。如何看待法院判决载入信用记录的问题呢？

吴弘：我是赞成将法院判决记入个人信用记录的，因为它具有很强的可信度和权威性，具有天然的公信力。目前，我们上海高院提供的信息主要有两大类：一类是经济犯罪案件、诈骗犯罪案件的生效刑事判决信息；一类是在民商事案件中拒不履行生效判决的人员名单。如果当事人不履行法律义务，那么在申请贷款、就业、出境等许多方面都会受到限制。基于司法是维护社会公平正义的最后一道防线这一意义，将判决融入征信系统中，一方面可以提高银行等系统对失信者的警惕性，在审查时加大力度，防范骗贷、欺诈等行为的发生；另一方面也起到社会威慑作用，促使人们保持自己良好的信用记录，以免在社会上因为缺乏诚信而寸步难行。

焦点六：个人信用记录出错应如何处理？

吴晓锋：在我国，个人征信系统的建立还处于起步阶段，因此还存在许多问题，其中最为突出的问题就是信用偏差。近年来，因此发生的纠纷也比较多。以发生在 2007 年的首例撤销信用不良记录案为例：北京市购房贷款人包先生的还款账号因银行系统升级而发生变更，导致银行无法划拨还款，包先生因此有了"信用不良记录"，对其生活产生许多负面影响。包先生因此将银行告上法庭，法院最终判决银行撤销包先生涉案的"信用不良记录"。该类案例说明，信用记录有可能出错或者不能真实表示信用程度，并由此对个人权利产生损害。应当如何处理个人信用记录出错的问题呢？

吴弘：公民应当珍视自己的信用评价，有关部门在记录信用状况时亦应尊重公民的信用而谨慎行事。征信系统的个人信用记录是一种客观记录，具有参考价值，虽不直接具有权利意义，但是因涉及公民的名誉权，也会影响其他相关权利的实现，所以必须对信用信息的准确性加以规范，要求信息必须客观、真实和完整，信息的采集与使用必须是善意的。案例中包先生碰到的记录出错是制度不完善及实施中的问题，我们不能因为这些问题而质疑制度本身。

孙宪忠

第十二届全国人大代表，中国社会科学院法学研究所研究员，被授予"全国十大杰出青年法学家"称号。

—— 作者手记 ——

第一次采访孙宪忠教授是在 2016 年的全国"两会"上，作为民法总则的主要编纂者，我请他谈了他的议案《民法总则应该规定"客体"一章及该章编制方案》。作为全国人大代表的孙宪忠，从 2013 年开始提出编纂民法典议案，到 2014 年 8 月全国人大常委会讨论他的第 9 号议案，到 2015 年全国人大法律委员会明确正式开始民法总则的编纂，他连续 4 年提出了 5 次建议，而且内容越来越细化，从最初建议，到民法总则的编制体例，到 2016 年民法总则应规定权利客体。本书收录的是孙宪忠教授对民法典分编编纂最新的建议。

民法典分则编纂应坚持现实性和
科学性相结合原则

《中华人民共和国民法典》被称为"社会生活百科全书"，是民事权利的宣言书和保障书。

2017 年 3 月 15 日，《中华人民共和国民法总则》由第十二届全国人民代表大会第五次会议通过，自 2017 年 10 月 1 日起施行。民法总则制定完成后，民法典分则各编的制定工作也在紧锣密鼓地进行，并备受关注。

不少学者建议，民法典分则的编纂应该坚持现实性与科学性相结合的原则，一方面要应现实之需发展我国民法，另一方面也要遵循民法的基本逻辑，只有这样，我国的民法典才能成为发展和保障市场经济体制建设和人民权利的法律。

那么在民法典分则编纂工作中，究竟该如何准确把握现实需求和遵守科学性原则？为此，特邀请孙宪忠教授对此问题进行分析。

吴晓锋：社会普遍认为目前正是中国民法典编纂最佳的历史时期，政治稳定、经济发展、宪法确定的依法治国原则获得社会全面认可，尤其党的十八届四中全会作出《中共中央关于全面推进依法治国若干问题的决定》之后，我国法治进程全面加速并取得了重大成就。但同时，目前的中国又处于百年未有之大变局，社会转轨，各种新生事物层出不穷。那么，民法典分则的编纂该如何准确把握目前中国的现实性需求？

孙宪忠：第一，我国法治建设取得的巨大成就为民法典的编纂创造了良好的条件。尤其是我国公权力机关依法运行的制度和实践取得显著成效，这一点对于民法典编纂具有决定意义。公共权力运行纳入法制机制，不但是依法治国的关键，也是民法功能实现的前提。

第二，市场经济体制发展速度加快，促使我国社会行为规范趋向于民法化。可以看到，我国社会不论是组织社会事务的各种行为，还是从事交易的各种行为，都已经自觉不自觉地遵循了民法的规则，我国社会已经开始民法化。应该看到我国的民法立法不能满足现实需要，比如分则中的物权法、合同法、亲属法等都有大量需要迫切解决的问题，不能回避。

第三，经济基础法治发生重大改进。如中央在 2016 年 10 月颁发的"平等保护产权意见"，解决了长期以来涉及经济基础法治思想认识问题，铲除了民法发展的重大障碍。但该意见体现的精神并没有在 2007 年物权法中充分体现，所以急需在修订时予以反映。

第四，我国社会全面进入信息社会，因为信息的利用和侵权问题，成为民法必须解决的大问题。如当前社会热议的信息泄露的侵权责任问题，在我国民法相关法律中反映不足，现在特别需要修订。

第五，婚姻家庭关系发生重大变化对婚姻和家庭法提出了挑战。养老，非登记的婚姻、同居式两性关系，"家务"中的财产关系等和现行法律立法背景相比已经发生重大变化，必须予以认真对待。

吴晓锋：立法科学性原则的贯彻对于确保立法质量是一个关键的因素，请分析总结民法的立法科学性原则包括哪些内容？

孙宪忠：从民法立法科学性的角度来看，现在需要解决的问题之一，是完善整合现有立法体系，使其成为内部和谐统一的整体。民法学作为社会科学，它的立法科学性原则有以下几个方面：

第一，公法和私法相区分的原则。

公法和私法的区分，是大陆法系成文法国家确定法律体系建设普遍遵守的基本原则。

公法和私法的相互区分在民法分则编纂过程中之所以应该首先得到尊重，原因就是我们必须首先确定，哪些内容属于公法哪些属于私法。虽然我们说民法属于社会百科全书，但是民法规范不能包揽社会管理的法律规范，也就是针对社会不特定多数人的公共行为的管理性规范。

第二，一般法和特别法相区分的逻辑。

一般法和特别法的逻辑，给我们确定民法典分则的立法内容提供了一个非常强大的分析武器。现代社会民法的体系规范十分庞大而且还在不断扩展，但是民法典不可能将其全部纳入，在这种情况下，我们就可以运用一般法和特别法、特别规则的逻辑，将大量的民法规范分门别类，只是将涉及一般主体、一般行为、一般权利和一般裁判规则的内容纳入民法典之中，其他的规范，可以纳入民法特别法（比如商事法、知识产权法、社会立法等），也可以将其纳入属于行政法的特别规则之中。比如，关于个人信息保护涉及的民法规则，就可以纳入个人信息保护法之中。

第三，法律关系的基本逻辑。

法律关系的基本逻辑，指的是民事主体、客体和权利义务之间的内在联系。民法科学性的基础就在于法律关系的基本逻辑。

民法对社会发挥作用的基本手段，就是利用法律关系主体明确肯定的原则，也就是主体特定性或者具体性原则，将民法整体的立法思想演化为针对具体人或者具体行为的规范，并且通过法律的贯彻，使得立法整体的进步思想成为现实。

但是我们必须看到，20世纪中期我国社会采纳的苏联法学，其违背法律科学性的要害之一，就是否定了法律关系的特定性或者具体性。所以唯一的出路是坚持立法科学性原则，清理苏联法学的消极影响。

第四，民法的规范性。

民法规范性，指的是民法的制度必须具体化，有明确肯定的可操作性，适用这些法律制度必然产生确定的权利、义务，或者法律责任的结果。民法科学性之一，是它的法律规范的确定性。它不是政治口号也不是道德规范，适用民法规范产生的权利、义务或者责任，最后甚至可能触及司法强制，而不是一种没有司法强制力支持的政策或者道德上的约束。

第五，区分原则。

在民法中，绝对权和相对权相区分、负担行为和处分行为相区分、侵权责任和违约责任相区分，可以说是贯彻民法始终的基本逻辑，甚至也是贯彻于全部财产转让法律制度的基本逻辑。

吴晓锋：您对目前民法典分则部分的编纂还有何建议？

孙宪忠：第一，全国人大常委会法工委应该继续坚持"两步走"的民法典编纂规划，在民法总则制定完成之后，稳定扎实地推进已经确定的民法典各个分则的整合工作。这个方案的编制既符合我国民法发展的现实，也符合法理。

第二，积极应对信息保护的社会需要，在我国侵权责任法修正时，增加关于信息泄露侵权规则。

第三，积极贯彻民法总则立法取得的成就，在物权编的修订过程中，能够按照特别法人制度的要求，从主体的明确肯定、客体的明确肯定和物权明确肯定的角度，改进我国公共所有权制度和集体所有权制度。

第四，物权法修订，应该接受我国已经建立统一不动产登记制度的现实，对相关制度作出全面修改。

第五，完善建筑物区分所有权法律制度，以此为核心完善居民小区法律制度。

第六，全面修改担保物权制度，承认市场国家普遍存在，我国也已经多有应用的多种担保制度，并修正涉及交易安全的一系列核心条款，比如物权法第一百九十一条等。

第七，积极应对我国已经进入老龄化社会的现实，在空巢老人、失独老人保护方面作出努力。

第八，积极应对婚姻家庭关系的重大变化，在亲属关系立法方面做出实质修改。比如，在血缘亲属关系立法上，打破旁系血亲二等亲的限制，采纳我国传统亲属关系制度。

第九，在继承法规则中，尽量扩大亲属关系，扩大继承人范围，尽量把民间财产留在民间。

孟勤国

武汉大学民商事法律科学研究中心主任，享受国务院政府特殊津贴，全国优秀教师，获得全国五一劳动奖章。

—— 作者手记 ——

2007年需要采访一个专家谈国有资产法的问题，国务院国资委研究中心的一个朋友推荐了武汉大学物权法专家孟勤国教授，说他从参与起草物权法草案开始就关注并研究国有资产法的立法进程，已经被业界称为"国有资产法专家"。选入的这一篇是给孟教授做的第一次访谈，而之后就一发不可收拾，经常都会就国有企业国有资产问题隔空采访，而他的观点和表达总是那么犀利。记得2008年国资法草案二审在即，中国政法大学李曙光教授与他的观点针锋相对，而华东政法大学的顾功耘教授又有了"第三条道路"，学术争鸣好热闹，欲知详情可在网上查阅我的报道《国资法草案二审在即，专家还原国资法立法争议始末》。

"千呼万唤快出来，国有资产法"

—— 访武汉大学法学院博导、物权法草案修改小组成员
孟勤国教授

近日，在南京举办的"2007城市国资论坛"上，国务院国资委研究中心咨询部部长张春晓一句话引起了全场共鸣："我们国资委在做国有资产监管的时候一直在思考和苦恼，苦恼什么呢？对此我们无法可依。"

为此，特邀请孟勤国教授对此问题进行探讨。

吴晓锋：我们现在正在起草国有资产法，那么，国有资产法和物权法是一个什么样的关系？有人认为，如果说物权法具有更多私法内容的话，那么国有资产法可能会具有较多的公法性质，是这样的吗？

孟勤国：国有资产法应该是一个专门以国有资产的保护、监管为对象的法律，它跟物权法是一个相辅相成的关系，两者必须结合起来。公法与私法只是一个大致的分类，只是一个立法技术的问题。现在公私法融合是一个普遍的现象，不能说公法只是公法，私法只是私法。所以我们在制定国有资产法的时候，并不意味着不能有私法的内容。我在想，我们要通过国有资产法的制定，把物权法没有规定全的、没完善的私法的内容，在国有资产法里面规定清楚，形成相辅相成的关系。国有资产法应该以公法为主，以监督管理为主，同时融入私法的内容。

吴晓锋：具体地讲，怎样才能做到使国有资产法与物权法形成相辅相成的关系？

孟勤国：第一，国家要更多地从出资人、从股东的角度而不是从行政监督管理的角度对国有资产去监管。比如，国有资产的转让必须要经过评估，这应该成为国资流通的限制性条件，物权法没有规定。但是，国资的转让不能套用一般主体的转让，因为国资在转让中容易被损坏，所以这应该在国有资产法中作出规定。第二，国家对管理国有资产的人的监管。所以在国有资产法律上我们应该明确有两种监管，一种是公法意义上的监管，一种是私法意义上的监管。我们的重点是要更多落实到私法意义上的监管，也就是说作为国有资产的所有权人，我们国家特别是我们国资委，作为出资人，他行使的监管更多的是私法意义上的监管。国有资产法只有公私法兼顾才能与物权法形成相辅相成的关系。

另外，国有资产法在立法级别上要提高到和物权法同样的层次，才会有同等的法律效力。一旦立法级别过低，司法实践中将会出现用物权法的规定来否定国有资产法规定的情况。

吴晓锋：国资委在未来国有资产法中处于什么地位，多年来一直是一个讨论的热点，您怎么看待国资委的地位？

孟勤国：这是一个非常重要的问题，我的看法是必须确立国资委的强势地位。

庞大的国有资产没有一个强势的管理人，会导致资产的流失。国务院授权国资委履行出资人的职责，从出资人的角度要确立国资委的强势地位，任何投资者对他的企业都是要进行控制的。国资委既然是一个出资人的地位，就必须是一个强势地位，这个"强势地位"是指作为股东的强势，凭股份说话的强势，积极有效地管理国资的强势。只有强势地位才能管好整个国有资产。

吴晓锋：听说在物权法立法过程中曾经讨论过一个问题，由谁代表国家行使所有权，有人提出不能由国务院代表，应该由全国人大来代表。对此，您如何看待，在国有资产法的制定中是否也有这样的争论？

孟勤国：这种观点看上去很有道理，国有资产是全民的，全国人大也是代表全民的，国务院只是行政机构，没有代表性，而且由此可能导致行政权力过大。这种观点看上去很公平，但实际上隐含着什么呢？削弱了国有资产监管的效率。全国人大不可能天天开会，不是每天都可以去监管的，国务院效率高，而提高效率是国有资产增值保值的必要前提，效率低下必然导致监管失控。物权法已经确立由国务院代表国家行使所有权，在国有资产法中也应该坚持这一点。

吴晓锋：近年来对国有资产内容的争议不断升温，国有资产到底只包括经营性资产，还是也包括非经营性资产？国有资产法将会作如何规定？

孟勤国：在我的课题里面，对国有资产作了广泛的解释，把非经营性资产包括在内。现在，非经营性的国有资产的流失是相当严重的，广东省一年补贴3500万元给省政府的幼儿园，还堂而皇之地纳入预算，交给人大去审议，可见国有资产已流失到熟视无睹、司空见惯的地步了。所以，非经营性的国有资产的占有和使用必须有一个规矩，要有正当性和合理性，首先是正当性。广东那样做就是不正当的，是用纳税人的钱，用公共财政的钱给少数干部谋福利，要补贴就应该给所有的幼儿园补贴。再如公车消耗，实际上是国有资产的严重流失。所以，一定要把非经营性国有资产纳入国有资产法中去，否则将是一个很大的漏洞。

吴晓锋：国有资产立法何时提出，现在进行到什么阶段了，还存在什么争议和障碍？预计到什么时候可以出台？

孟勤国：如果没记错，12年前国有资产立法就列入立法规划了，但是一直到去年物权法立法过程中，对国有资产的保护形成争议焦点，要把它从物权法推到国有资产法中去，这才意识到国有资产法的重要性。2006年，全国人大专门成立了一个小组来抓国有资产法的立法工作。但是，旷日持久的争论影响了立法的进行，每次一说讨论，就有十几个难题跑出来，为此争论不休，到现在连个大纲都没有。如果再这样讨论下去，我想十年也出不来。因此，当务之急，立法机关应该在统一认识的基础上加快步伐，先拿个稿子出来，甚至可以委托几个大学弄专家建议稿，有了稿子，才能讨论。否则再过十年八年，国有资产更流失得差不多了。

12年了，连个稿子都没有，到底是写不出来，还是指导思想的问题？我认为是思想问题。各级领导应明确中国是不可能没有国资的，而有国资是不能不去管理的，国有资产不同于其他资产，玩忽职守会造成它的流失，所以国有资产应特别立法。

制定国有资产法还有一个最大的功能是可以遏制腐败。我们腐败的根源是在国有资产这一块，挥霍国家的是不心疼的，而私人的总是会心疼的。所以总而言之，制定国有资产法是我们保护国有资产的一个重大举措。物权法已经是这个样子了，你说它好也很好，说它有缺陷也很多，短时期修改不容易，更多的是希望国有资产法能弥补物权法的一些内在缺陷，千呼万唤国有资产法尽快出台。

宋英辉

> 北京师范大学刑事法律科学研究院副院长、中国刑事诉讼法学会副会长，曾挂职最高人民检察院法律政策研究室副主任。

—— 作者手记 ——

以罚代刑，是行政执法领域中一度较为普遍的现象。那一年，我国在环境、食品药品等领域恶性案件频发，一些行政执法机关有案不移、以罚代刑现象普遍，导致屡犯、重犯现象频频发生，并最终酿成一些极端恶性事件。为了防止和纠正以罚代刑问题，最高人民检察院、公安部、监察部、商务部联合发文开展行政执法机关移送涉嫌犯罪案件专项监督活动，我在《观点1+1》栏目中特邀请宋英辉教授对此问题进行分析和探讨。

宋英辉：以罚代刑助长违法犯罪行为

最高检、公安部、监察部、商务部联合下发文件，开展行政执法机关移送涉嫌犯罪案件专项监督活动。近年来，我国在环境、食品药品等领域恶性案件频发，一些行政执法机关有案不移、以罚代刑现象普遍，这次专项监督活动及其工作方案能有效地解决行政执法中的有案不移、以罚代刑的问题吗？为此，特邀请宋英辉教授对此问题进行探讨。

吴晓锋：近年来，环境保护、食品药品安全等问题较多，然而每年大量的行政违法案件，移送公安、检察机关追究刑事责任的却很少。刑事打击力度的软弱，容易误导违法者，认为违法犯罪充其量只不过是罚款，严重的话也不过是吊销执照、许可证。这导致屡犯、重犯现象频频发生，并最终酿成一些极端恶性案件。

宋英辉：从依法治理环境保护、食品药品安全等问题的源头上看，行政执法机关显然处于第一线。每年我国都要查处大量的行政违法案件，但从实际数据上看，移送公安、检察机关的涉嫌犯罪线索却非常少。在查处一些重大的刑事案件后，我们有时会发现，为什么行政执法机关没有事先发现，及时制止？扼腕痛惜的同时，令人深思的是，犯罪人还荣获相当多的行政嘉奖和社会荣誉……直到一些涉及渎职犯罪的行政执法人员案发，才被披露：他们在行政执法中徇私枉法，明知行政相对人的违法行为已经构成犯罪，依法应当移送刑事司法机关追究其刑事责任，却大事化小，降格处理，以行政处罚代替刑事处罚。应当说，这对社会秩序的破坏力是深层次的。

吴晓锋：据我所知，近年来各级检察机关非常重视行政执法机关有案不移、以罚代刑的问题，也出台了很多规定，开展了多次专项行动，而且法律对此也有明确规定，但感觉还是存在"上有政策，下有对策"的不正常状态。

宋英辉：在解决有案不移、以罚代刑的问题上，我国行政处罚法第七条第二款规定，违法行为构成犯罪，应当依法追究刑事责任，不得以行政处罚代替刑事处罚。刑法第四百零二条规定了"徇私舞弊不移交刑事案件罪"。自2001年至今，先后颁布了《行政执法机关移送涉嫌犯罪案件的规定》《人民检察院办理行政执法机关移送涉嫌犯罪案件的规定》等，确定了在各级整顿和规范市场经济秩序领导小组办公室综合协调下的行政执法与刑事司法衔接机制。不过，从立法与实践来看，这一衔接机制尚有许多需要改进之处。它的框架主要由行政法规、部级规章以及若干规范性文件等搭建而成。虽然数量看似不少，但效力位阶都不高。从内容上看，许多部门会签的文件比较"务虚"，多是倡导性、原则性的条文，缺乏规范性、严格性和程序性规则，操作起来可行性不强。所以它在有案不移、以罚代刑上"失灵"。

吴晓锋：在我国，采取专项治理方式作为法律程序的补充，在解决现实问题、缓解社会矛盾等方面具有一定的效果。长期来看，要解决行政执法机关有案不移、以罚代刑的现象，必须建立行政执法与刑事司法衔接的长效机制。

宋英辉： 对此，一方面，应对有关行政法规、部级规章及规范性文件等进行统一化立法，明确行政执法移送刑事司法的实体标准、程序规定、证据标准等，增强规范的可操作性。近年来，一些全国人大代表积极酝酿，并向全国人大提交了《关于加强行政执法与刑事司法衔接的建议》等。学术界也开展了一些关于行政执法与刑事司法衔接机制的实证调查研究。

其中，很多意见都可参考并用以建立长效机制。譬如，在修改刑事诉讼法时，明确行政执法机关移送涉嫌犯罪线索的责任与义务；明确刑事司法机关的提前介入机制，引导行政执法机关收集、保全、移送收集证据，帮助行政执法人员把握罪与非罪的标准等；明确行政执法信息移送检察机关备案机制，利用网络技术手段实现检察机关及时了解行政执法机关执法信息，便于检察机关发现犯罪线索和实行案件移送监督等。

吴晓锋： 在一些重大环境事故、食品药品安全事故发生后，许多地方官员都后悔当初为何缺乏远见，盲目做了"保护伞"。应当说，部门保护、地方保护是行政执法机关有案不移、以罚代刑的重要原因，只有运用法律手段，才能解决此类行政违法行为"保护伞"的问题。

宋英辉： 在处理徇私舞弊不移交刑事案件罪时，一方面，有必要强化追究充当"保护伞"的官员的刑事责任、行政责任；另一方面，强化检察机关监督力度，加强上级检察机关对下级检察机关的领导力度。具体来说，要破除保护，必须赋予检察机关更加直接、刚性的监督权力。在衔接程序中，可明确检察机关有权查阅行政执法机关的立案文书、行政处罚文书及相应资料；明确检察机关发现行政执法机关和人员有案不移、以罚代刑，情节轻微的，有权向其主管机关直接发出检察建议，要求给予纪律处分并回复落实情况；对于行政执法机关有案不移、以罚代

刑的，经检察机关审查认为涉嫌犯罪的，检察机关可向行政执法机关直接发出《涉嫌犯罪案件移送通知书》，行政执法机关接到通知书后应当及时将案件移送刑事司法机关处理；对查处过程中阻力较大的案件，在检察监督遇到困难时，检察机关应当上下联动，建立一体化工作机制，发挥上级检察机关对下级的领导职能，以加大查处"保护伞"的力度。

赵旭东

中国政法大学教授、现任中国商法学会会长，教育部"长江学者"特聘教授，被授予"全国十大杰出青年法学家"称号。曾挂职兼任最高人民检察院民事行政检察厅副厅长。

—— 作者手记 ——

"长江学者"赵旭东教授作为中国商法学会会长、著名的商法专家，我挑选的却是他谈学者挂职"两高"的内容。因为这一举措曾引发社会各方广泛的关注和讨论，毁誉参半，而他正好是首批挂职最高人民检察院的专家，而且在挂职结束后他还对这一做法进行了深入思考并写下很多心得体会。鉴于本书中商法领域的内容已经非常全面丰富，这篇访谈正好为学者挂职"两高"这个特定的事件留下记录。听听当事人的讲述，就能更好地理解和评价那一举措。

学者挂职"两高"不是"花瓶"

——对话中国政法大学赵旭东教授

2006 年 7 月，赵旭东教授和另外两位高校教授被最高人民检察院任命为挂职的副厅长。

六年后，2013 年 1 月，随着薛刚凌等六名法学院校专家挂职最高人民法院，出任业务庭和直属单位副职，最高人民法院也走出了这历史性的一步。

这一举措的推出引起了社会各方的广泛关注和强烈反响，热情赞赏、充分肯定者有之，冷静观察、中性评价者有之，而疑虑担忧、反面抨击者亦有之。作为亲历者的挂职者本人如何看待这一举措呢？为此，特采访了挂职者赵旭东教授对此问题的看法。

学者挂职有重要意义

吴晓锋：学者挂职最高人民法院、最高人民检察院持续引起热议和社会反响，您认为这一举措有什么意义？

赵旭东：首先，它构建了政法机关与法学理论界直接交流沟通的新平台。以往政法机关与法学界也有各种交流沟通的渠道和方式，包括各种学会组织、专题研讨会议、专家座谈会等，但通常都是以一方主办、另一方做客，或共同举办与合作的形式。而学者挂职则是学者以相应的职务融入法院和检察机关，参与到具体业务工作之中。这种沟通交流较之其他方式更为直接、便利和深入。

同时，学者挂职可以更直接地利用学界资源和理论成果，为法院、检察院工作服务。法学界既具有实务工作能力较强的专业人才，也有丰富的理论研究成果。但由于院校与法律实务部门既有的人事管理方式和工作分工，使学界的人才和专家资源以及许多具有适用价值的理论研究成果在有效地服务于法律实务部门和转化为现实实践方面存在着各种障碍。学者挂职正是克服这种障碍的有效途径，可以为法院、检察院业务提供更多的理论论证和支持。

此外，它可以更有效地促进法律学者对法律实践的关注和理论问题的研究。对现实问题的漠视和脱离现实的主观论证是理论工作者最易出现的倾向，也影响了许多学者对法院、检察院工作的正确认识和判断。通过学者挂职，使学者能够接触最现实的第一手情况和资料，对许多问题有直接的感受，对最需要解决的理论和现实问题有全面的了解，使得法学研究更能面向法律工作实践，以务实的学风探究中国特色的法律理论和制度。

挂职学者不是"花瓶"

吴晓锋：当您和其他两位学者挂职最高检的消息一出来，舆论中就有一种声音把你们比喻为"花瓶"。您觉得您是"花瓶"吗？那两年是怎么过的？

赵旭东：人们对新生事物产生怀疑和各种想象是不难理解的。但我们三个人在最高检各司其职，各尽其责，根据各自的专业特点和特长，以不同的方式为检察业务建言献策，发挥了应有的作用，肯定不是"花瓶"。

我挂职民事行政检察厅副厅长，民事和行政案件的抗诉案件的审查和研究是民事行政检察厅最主要的工作职能，这正是我长期从事的民商法专业领域，而关注实务问题，尤其是司法实践问题又恰是我的学术专长，因此我快速进入角色并实际参与业务工作。

两年中，我几乎全程参加了厅里组织的案件审查和研究，并充分地发表自己的意见，尤其是在对案件存在不同的意见或案件本身涉及重要的法律原理时，我从学理角度提出的分析意见常常会得到与会者的认同，也常常会对案件处理意见的形成产生重要的影响。

在挂职的两年中，我承担了十多次全国性和地方性的检察系统干部培训授课任务，其中还根据高检院机关的学习安排，为高检院机关的法律学习讲座讲课。

在挂职过程中，适逢我国民事诉讼法的修改，高检院是参与民诉法修改的主要国家机关之一，为此，高检院组织了专门的民诉法修改工作机构，我被委以重任，牵头组织研究民行厅关于民诉法的修改意见，并参与高检院民诉法修改意见的研究和论证等。以往我也经常参与国家立法，但都是作为局外人或旁观者，此次以高检院机关人员的身份参与，发挥了不同于学者的特殊作用。

此外，我虽以民商法专家挂职高检院，但工作范围并不只局限于民行厅的民商事案件，在高检院办理的其他刑事案件中，也常有涉及民商法的问题，尤其是各种经济犯罪案件，犯罪客观要件的认定往往主要取决于民商法的实体法律适用，因此，在高检院其他相关部门需要时，我

也常常提供针对性的法律咨询和分析论证意见。

学者挂职既不"为荣"也不"折腰"

吴晓锋：除了对这个举措本身的意义和作用的质疑，还引发了另一个讨论,有关知识分子"学而优则仕"的讨论,有人说"再怎样自命清高、安贫乐道的学者,一旦接到橄榄枝,也是引以为荣,欣然接受的"。对此,您怎么看？

赵旭东：这也从一个侧面反映出中国社会的官本位意识还是比较根深蒂固的。其实,立功、立言应无所谓先后顺序和位阶上下。站在更高的境界观察,学者、官员都是高层次的社会职业,都要求很高的知识素养和专业能力,也都各有其特定的社会价值和人生价值,无所谓高下,也不应分优劣,学者挂职厅官既不"为荣"也不"折腰"。作为不同的职业和角色,学者和官员又确有其各自的职业要求和规则,人们的选择应该充分考虑其自身的特点和专长,出色的学者不一定能成为称职的官员,而优秀的官员不一定能做出学问。

吴晓锋：那么对于学者从政,您是什么态度？

赵旭东：我觉得对学者从政不应见怪,更不必贬责。一般学者顺势而为,在与人、与己、与社会都有益无害时改行从政,圆一个"从政梦",是完全正常合理的,虽然不一定要鼓励大家群起仿效,但完全可以给予赞许和支持。现在也有很多官员羡慕学者的独立、自由,想圆一个"知识分子梦",都以平常心视之吧。

学者挂职或为干部制度改革开启一扇新大门

吴晓锋：也许慢慢地人们就会对学者与官员之间的角色转换习以为常。2012 年,中央政法委和教育部联合实施《国家卓越法律人才教育培养计划》,其中一项就是要健全政法部门和法学院校、法学研究机构人员的双向交流机制，加强法治工作队伍建设。而最高人民法院也宣称学者到最高人民法院挂职的制度，是落实该计划的重要组成部分，同时最高人民法院法官也将到高校和研究机构挂职。可以预见，学者和官员之间的双向交流机制正在形成。学者挂职两高制度已经走过了十多年，您认为这一制度还可以怎么发展和完善？

赵旭东：我们都是任期届满各自都返回学校，继续做教授，也不保留或享受什么副厅级的待遇。这的确是建立学者、官员身份转换机制的实质突破，开启了干部制度改革又一扇大门。在继续尝试和保持这种形式的同时，如果把它往前再推进一步，加以完备，将挂职期限与一般机关干部任期同步确定，并且实行全职而非兼职工作，任职期间和任职后给予合理待遇等，这种挂职完全可以演变成一种新式的领导干部任用制度和机制。它与一般的改行从政不同，它不再只是学者向官员的单向流动，也不是只能上不能下，职级确定就终身享受，更不是一定终身的永久性改变。

吴晓锋：这种机制就干部制度改革而言，价值何在？

赵旭东：这种机制至少可以发挥两种主要的功效和作用：其一，建立学界和实务部门的密切联系，建立学者参政议政的多种渠道，实质性地推动理论与实践的结合；其二，选择具备政务能力和优良专业素质的专家学者进入国家机关，可以有效地改善国家机关的人员素质和管理水平；其三，让长于理论思考、热爱教学科研的官员来到高校，给他们一个自由的学术平台和充足的研究时间，将其从政中的所思、所行及所得进行法理上的整理和提炼，弥补高校实务研究的不足并形成与其他学者互补性的交流，于己是另一种人生价值的实现，于国家、社会何尝不是一种新的贡献。

王利明

著名法学家，中国民法学会会长。中国人民大学常务副校长、教育部"长江学者"特聘教授、"新世纪百千万人才工程"国家级人选，享受国务院政府特殊津贴。

——作者手记——

王利明教授是中国这一代民法学人的领军人物，中青年法学家的杰出代表，他有着民法学人和法学家的角色感、使命感。每次的会议、活动和采访，王利明教授给我的印象总是低调、认真、高效、严谨、守约，像给新生守行李的季美林的那种低调，那种云淡风轻。和他说好的事情也不需要你再次去催促提醒绝不迟延，所以他这种大神级的人物能这样反而让我感到意外，也想这就是性格决定命运吧，一个人之所以出类拔萃肯定是身上有很多优秀的特质，而且这在他的生活中已经成了习惯。选入的《民法四十年的中国道路与中国特色》是一个民法学家站在历史和国际的视角，向世界展示中国民法在改革开放 40 年以来坚持中国道路和中国法治特色的成功经验。另外，王利明教授写给《法治周末》的 2010 年新年献词，在网上已经找不到了，已成绝版，作为一个历史的记忆辑录于此，也可一看王利明眼中的 2009 年。

明日岁新　法学大家寄语

2009 年，我国的法制建设继续保持了良好的发展态势。随着侵权责任法等一系列法律的颁布，中国特色社会主义法律体系已经初步形成，公权力体系运转将更为规范，人民群众的私权保护将更加充分，社会经济生活环境将更加和谐有序。在法制建设的成绩面前，我们也要清醒地看待特色社会主义法学理论的建设，要实现从简单的比较法借鉴向创造性吸收、自发创造模式转变。唯有如此，才能为建设更高层次、更高水平的中国特色社会主义法律体系提供原动力。

最后，衷心祝愿法制建设事业健康发展，国家繁荣昌盛，人民幸福安康；祝愿全体法学界同仁阖家欢乐，万事如意。

王利明

民法四十年的中国道路与中国特色

中国改革开放四十年取得的伟大成就与民事立法的引领、推动和保障作用密不可分。伟大的时代产生伟大的民法，虽然中国民法最近四十年的发展之于西方民法几百年的发展只不过是短暂的一瞬，却取得了举世瞩目的成就。王利明作为四十年民法学理论发展的亲历者、见证者、参与者、创业者，见证了民法四十年来不平凡的发展历程，也对这个伟大历程进行了历史性的总结与回顾，他说："中国四十年民法发展历史就是一部浓缩了中国政治、经济和社会生活的变迁史。"

民族的，才是世界的。民法四十年，其中国特色与中国道路到底是什么？王利明教授接受了此次专访。

民法学的中国道路

吴晓锋：您多次谈到改革开放四十年中国民法学之所以取得了很大成就，是因为始终立足中国的实际，回应中国实践需求，解决中国的现实问题，坚持了民法学的中国道路。请您具体分析。

王利明：弹指一挥间，四十年过去了，民法学从一片荒芜的园地变成了百花盛开、枝叶繁茂的花园，昔日荒芜地，今朝春满园。四十年来民法学取得重大发展的重要原因是对中国道路的坚守，体现在如下几个方面：

第一，四十年来，我国民法学是伴随着我国改革开放进程的推进而不断发展的。"忽如一夜春风来，千树万树梨花开"，改革开放奠定了民法学发展的社会基础，改革开放的四十年，是经济快速发展的四十年，是社会全面进步的四十年，更是民法快速发展的四十年；经济发展与社会变迁为民法学研究提供了十分肥沃的土壤。例如，建设用地使用权、土地承包经营权等用益物权体系，都是伴随着改革的发展而产生和发展的。合同法中合同自由、私法自治原则等都是伴随着改革的深入而发展的，改革始终和民法学形成一种密切的互动关系，民事学伴随改革开放进程而发展和成长，同时也为改革开放和社会主义现代化建设提供了智力支持。

第二，民法学是伴随着我国市场经济的发展而不断发展的。市场经济就是法治经济，民法深深植根于市场经济，它是市场经济的基本法，可以说，没有市场，就没有民法的用武之地，而没有民法，也没有真正的市场经济。有观点认为，四十年的成就主要是经济政策推动的结果，法治的作用微乎其微，这种说法显然是不正确的。改革开放四十年的实践证明，经济发展每个阶段的进步都伴随着中国民商事立法的进步和作用的发挥，与法治特别是民事立法的保障作用是不可分开的。例如，世界银行和国际金融公司（IFC）2008年4月22日联合发布的《2008全球营商环境报告》中指出，中国大陆2007年因物权法的颁布大大改善了中国的商业环境，并因此将中国大陆列为商业环境改革前十位之一。特别是中国房地产产业的蓬勃发展，就与物权法的颁布密不可分，特别是该法第一百四十九条关于建设用地使用权期限届满后自动续期的规则，有着非常重要的关系。这项规则的出台首先是突破了七十年住宅使用权的限制，即到期后自动延长，更重要的是，它消除了很多老百姓购房后的担心，真正给老百姓吃了"定心丸"，对自己的房产形成了一种合理的预期。"有恒产者有恒心"，这就为蓬勃发展的房地产业创造了非常有利的法治化环境，提供了制度保障。而在 2018 年 10 月底，世界银行集团发布了《2018 年营商环境报告》，中国营商环境排名从上期的第七十八位跃升至第四十六位，首次进入前五十。其重要原因在于，中国在合同履行、投资者保护、商业纠纷解决等方面表现良好，这与中国的民事法律制度的保障作用是密不可分的。

第三，民法学的发展是我国立法和司法实践推进的结果。在中国四十年法治建设中，立法始终是法治成就的重要亮点。为适应发展市场经济要求，民法通则的颁布极大地提升了民法学的地位，奠定了民法作为市场经济基本法和私法基本法的地位，从此，民法学步入了发展的快车道。之后我国制定了海商法（1992 年）、经济合同法（1993 年）、公司法（1993 年）、票据法（1995 年）、担保法（1995 年）、保险法（1995 年）、合同法（1999 年）、物权法（2007 年）、侵权责任法（2009 年）等。自党的十八届四中全会提出编纂民法典以来，民法典的编纂也开始加速推进，2017 年颁布了民法总则，2018 年 8 月，民法典各分编也已经提交审议。此外，四十年来，中国的司法实践极大地促进了民法学的发展，许多理论的产生与发展都是同司法判例的推动作用密不可分。例如，债权人代位权的直接受偿规则、无权处分合同的有效规则、一般人格权的确立、死者人格利益的保护等，都是司法实践推动的结果。

民事法律制度的中国特色

吴晓锋：改革开放四十年来我国民事立法从中国实际出发，在广泛借鉴国外先进经验的基础上，形成了具有中国特色的民事法律制度。请您为我们具体阐释一下改革开放以来民事立法的中国特色包括哪些内容？

王利明：我国自清末变法以来，一直采纳潘德克吞体系，国民党民法几乎完全照搬德国模式。改革开放以来，我国民事立法从中国的实际出发，着力解决中国的实际问题。因此，民事立法的中国特色首先表现在体系上，比如，民法通则基于对"文化大革命"期间严重侵害个人人格权、践踏人格尊严的现象的反思，以专章的形式规定民事权利，并明确规定了人身权，具体列举和规定了公民所享有的各项人格权，这在各国民法典中可以说是重要的创新；比如侵权责任法，我国形成了独立成编的侵权责任法体系，突破了传统大陆法国家的债法体系结构，同时侵权责任法的体例结构的独特性，在大陆法系国家也是前所未有的；另外民法总则将代理与法律行为制度并列规定，诸多民事立法都开宗明义地规定了基本原则等都具有创新性，也为一些国家的立法所借鉴。

我国民事立法的中国特色还体现在诸多创新的制度上。比如，民法通则第一次集中规定民事权利，系统规定了人身权特别是人格权制度。民法通则还第一次以基本法律的形式确立了民事责任制度，这些都是制度的重大创新；比如，合同法在混合继受的大陆法和英美法经验的基础上，协调了不安抗辩和预期违约制度（合同法第六十八条、第六十九条）。合同法放弃了传统大陆法系的瑕疵担保责任和履行不能制度，将瑕疵担保责任纳入统一的违约责任之中，都是具有中国特色的合同制度；又如物权法，为全面维护社会主义基本经济制度并促进市场经济的发展，在物权制度方面作出了重要创新；侵权责任法在一般条款与类型化列举相结合的基础上，对于中国社会中大量存在的、迫切需要规范的特殊侵权作出了规定；民法总则没有采用传统大陆法系区分财团法人和社团法人的做法，而是采用营利法人和非营利法人的分类等。

民事立法的中国特色还表现在大量概念都是结合中国国情、吸收学理营养、总结司法实践经验的产物。例如，民法总则中规定的民事权益、自愿原则、营利法人、特别法人、非法人组织等；物权法中所规定的权利人、集体所有权、私人所有权、管理规约、建设用地使用权、土地承包经营权、宅基地使用权等。上述概念并非法律移植的结果，而是从我国实际出发的产物。

民事立法的中国特色还表现在立法理念上，比如，我国民事立法在主体制度中不仅确立了抽象的主体制度，而且也关注对一些特殊弱势群体权益的保护。

在新的历史时期，我们不能做西方理论的搬运工，要做中国学术的创造者，做世界学术的贡献者。我国民事立法的中国特色不仅符合了中国的国情，而且对丰富世界民法文化也作出了贡献。

努力制定一部具有时代引领意义的中国民法典

吴晓锋：四十年光阴如白驹过隙，未来已来，将至已至，编纂民法典应该是目前中国民法学界和民事立法的头等使命，如何在民法典中体现中国特色和时代特色？

王利明："但见时光流似箭，岂知天道曲如弓。"我们已经进入了新时代，改革也已经进入了"攻坚期"，市场经济的发展也已经进入关键阶段，我们民法学人责任重大，使命光荣。"聚万众智慧，成伟大法典"。既然推动民法典编纂的历史任务落到了我们这一代人的身上，我们每个民法学者能够亲身参与其中，可谓与有荣焉，我们有义务也有责任参与这样一项伟大的、举世瞩目的工程，这也是我们治学报国的最好机遇。

我们要制定的民法典并不是简单从事民事立法的汇编，也不是重起炉灶，完全推翻原有的民事立法，而是在全面、认真总结我国既有民事立法、司法实践经验的基础上，立足中国改革开放和市场经济发展的现实需要，充分借鉴国外的先进立法经验，制定出一部立足我国国情、面向 21 世纪的、科学的民法典。如果说 1804 年的《法国民法典》是一部 19 世纪风车水磨时代民法典的代表，1900 年的《德国民法典》是 20 世纪工业社会民法典的代表，那么我们的民法典则应当成为 21 世纪大数据、信息社会民法典的代表之作。因此，我们的民法典不应是照搬《法国民法典》《德国民法典》，而应回应 21 世纪互联网时代和高科技时代的现实需求，回应信息社会的挑战。我国正在编纂的民法典应当是一部强化人文关怀的民法典，是一部注重保障人的尊严、意思自治，弘扬私益与私权神圣的观念从而体现了时代精神的民法典，这样一部民法典不仅将是一部垂范久远的民法典，更将引领中国社会迈入一个"个人的自治、有尊严的生活"获得全面实现的美好社会。

如果说 19 世纪初的《法国民法典》和 20 世纪初的《德国民法典》的问世，成为世界民法发展史上的重要成果，那么 21 世纪中国民法典的出台，必将在民法发展史上留下光辉的篇章。

陈卫东

中国人民大学法学院教授，中国人民大学诉讼制度及司法改革研究中心主任，教育部"长江学者"特聘教授。

—— 作者手记 ——

"长江学者"陈卫东教授是刑诉法大咖，2018年《中华人民共和国监察法》颁布并实施后，频频可见他在各地讲授监察法与刑诉法的相关问题，再后来，刑诉法修改，他的重心又投入研究并宣讲监察法与刑诉法的衔接问题上。为落实宪法有关规定，做好与监察法的衔接，保障国家监察体制改革的顺利进行，刑诉法修正案调整了人民检察院的侦查职权。这是我国政治制度、法律制度建设中的一件大事，意义重大、影响深远，所以我特地就监察法与刑事诉讼法该如何衔接，监察机关与司法执法机关在办理涉嫌职务犯罪案件的移送审查起诉工作中该如何相互配合和制约等问题采访了陈卫东教授，并将此篇专访辑录于此。

办理涉嫌职务犯罪案件中监察法与刑事诉讼法如何衔接？

——对话陈卫东教授

2018年3月20日《中华人民共和国监察法》颁布并实施。2018年10月26日《刑事诉讼法》修正案公布并施行。此次刑诉法修改，一项很重要的任务就是完善监察与刑事诉讼的衔接。

2019年4月12日《中国纪检监察报》刊发中央纪委国家监委案件

审理室主任陈国猛署名文章，指出要进一步完善涉嫌职务犯罪案件的协作机制，加强与司法执法机关的相互配合和相互制约，做好涉嫌职务犯罪案件的移送审查起诉工作，坚决防止设定"零延期""零退查""零不诉""零无罪""零上诉"等不切实际的工作目标，积极配合检察机关退回补充调查工作。

监察法与刑事诉讼法该如何衔接？监察机关与司法执法机关在办理涉嫌职务犯罪案件的移送审查起诉工作中该如何相互配合和制约，针对实务中出现的问题，特采访了著名刑诉法专家、"长江学者"、中国人民大学法学院教授陈卫东。

应当鼓励提倡检察机关对监察案件适时的提前介入

吴晓锋：监察法规定"监察机关办理职务违法和职务犯罪案件，应当与审判机关、检察机关、执法部门互相配合"，您怎么理解这个"配合"？

陈卫东：互相配合对于监察案件顺利进入刑事司法程序至关重要。因为监察机关办理的涉嫌犯罪的案件是上游，办完了处置完之后，要移送司法机关，检察院审查起诉人民法院定罪判刑，这个配合就是要在坚持法定职责的前提下相互支持，不能去故意挑刺，但是涉及原则问题，涉及是否问题，对于事实的认证跟证据的判断有了问题，要相互制约，避免错案的发生。我想谈的问题是作为监察委员会和检察机关二者之间配合和制约是至关重要的，应当鼓励提倡检察机关对监察案件适时的提前介入。当监察调查终结以后移送审理部门审查的时候，这就是一个比较好的契机。我看 2018 年 4 月 16 日最高检和国家监委发布的衔接办法就有这个规定，书面通知检察机关组成一个办案团队介入监察。我想有司法经验的检察官去指导监察办案是一件好事。但是有另外一个问题，监察人员能不能到检察机关在审查起诉中协助办案？我觉得还需要我们进一步去探讨。

吴晓锋：监察法中的调查与刑事诉讼法中的侦查两个概念有什么区别和联系？

陈卫东：《刑事诉讼法》修正案将 106 条改为 108 条，修改为侦查，是指公安机关、检察机关对于刑事案件依照法律进行的收集证据查明案情的工作和有关的强制性措施。为什么把侦查的概念专门提出来并作了这样一种改动？重点是把以前"调查"这个词取消了，置换成收集证据、查明案情，这就意味着在刑事诉讼中没有"调查"，"调查"一词归监察专用，是监察三大职责之一。

调查的手段内容全部行使侦查的手段十二项，还要加上技术调查、留置、边控这三项，调查的手段变成了一共是十五种。调查具有专属性、权威性、独立性、不公开性。

监察法讯问和刑诉法讯问有重大差异

吴晓锋：调查措施中需要注意哪些问题？

陈卫东：讯问被调查人，就相当于刑事诉讼中的讯问犯罪嫌疑人被告人，大家一定要注意，尤其是检察院过来的同志一定要注意，监察法讯问和刑诉法讯问有重大差异，刑诉法讯问有着明确的规则要求，不得强迫任何人证实自己有罪，它引入类似于沉默权的精神，不强迫自证其罪。监察法规定很明确，有义务如实回答，带有一点儿强迫性。如果按照刑诉法，他一闭嘴你什么都办不下来，这是监察法的特点。当然我们讯问犯罪嫌疑人的过程中，监察法也作了很多人性的规定，不得威胁、引诱、欺骗，不得侮辱打骂等，而且要合理设置讯问的期限，保证必要的休息时间和饮食等。

互涉案件一般应当由监察机关为主调查

吴晓锋：监委与公安机关、检察机关互涉案件的管辖如何分工？

陈卫东：监察法第三十四条第二款规定，被调查人既涉嫌严重职务违法或者职务犯罪，又涉嫌其他违法犯罪的，一般应当由监察机关为主调查，其他机关予以配合。这个规定不同于刑事诉讼法关于互涉案件的

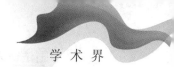

管辖原则。刑诉法对公检法机关办理的互涉案件规定是主要犯罪地管辖的原则,哪一个是主要的犯罪地就由哪一个机关办理。在刑事诉讼法中牵连管辖是在办理机关职能管辖范围内的牵连,比如,都是公安机关管辖的案件,在甲地盗窃在乙地杀人,这个案件要由乙地的公安机关一并办理。监察法不一样了,只要涉及职务犯罪一般以监察管辖为主,特别是检察机关管辖的司法人员职务上的犯罪,一般由监委统一调查处理,因为刑诉法在规定检察管辖的用语是"可以",不排斥监委的一并管辖,但涉及公安、国家安全方面的案件,监委一并管辖是有一定困难的,通常由公安机关、国家安全机关管辖。

留置案件检察院应当对犯罪嫌疑人先行拘留

吴晓锋:监察机关在强制措施、退回补充调查问题上如何与刑事诉讼法衔接?

陈卫东:这个问题是这一次刑诉法修正案中重点解决的问题,相关问题立法一一作了回应。首先是留置的案件移送到人民检察院以后,如何来衔接强制措施,这一次的修正案第十二条第二款是新增加的一个条款,对于监察机关移送起诉已采取留置措施的案件,检察院应当对犯罪嫌疑人先行拘留,留置措施自动解除。检察院应当在拘留后的 10 日,最长不能超过 14 日作出是否逮捕、取保候审,或者监视居住的决定,这个也是十分的明确。按照监委和最高检的那个衔接办法规定除非有特殊情况,一律应当逮捕。特殊情况是指罪行较轻,认罪态度较好,患有严重疾病,生活不能自理,或者怀孕的妇女,或者正在哺乳自己婴儿的妇女,这些情况下可以采取取保候审或者监视居住。

监察法的证据与刑事诉讼法的证据性质截然不同

吴晓锋:您认为监察法和刑事诉讼法相互衔接最重要的问题是什么?

陈卫东：我认为是证据问题。我们办案千头万绪归根结底就是一个证据的问题，而恰恰监察证据跟刑事诉讼法的证据性质截然不同。

第一，监察法规定的证据没有证据种类的限制，言辞证据和实物证据在内所有的证据都可以成为刑事证据。

第二，监察证据具有刑事证据的资格或者效力，仅仅意味着它可以在刑事诉讼中使用，并不等于可以直接成为定案的根据，到了刑事诉讼中司法机关照样要对这个监察证据进行审查。

第三，监察法第三十三条第二款规定，监察机关在收集、固定、审查、运用证据时，应当与刑事审判关于证据的要求和标准相一致。这是整个监察法最富有法治精神的一个条款规定，我十分推崇这个规定因为它体现了以审判为中心的理念。

监察法的非法证据排除不同于刑事诉讼法

吴晓锋：监察法第三十三条第三款规定，以非法方法收集的证据应当依法予以排除，不得作为案件处置的依据。这在实践中有很多疑惑，因为监察法第四十条规定，严禁以威胁、引诱、欺骗及其他非法方法收集证据，严禁侮辱、打骂、虐待、体罚或者变相体罚被调查人和涉案人员，那么如果监察案件办理过程当中出现这些行为是不是要作为非法证据排除？

陈卫东：我认为监察法的这一条不同于刑事诉讼法意义上的非法证据排除，监察法第三十三条的规定只适用监察机关办案，其用语非常明确地将范围限定在监察机关办理案件中。监察案件进入了刑事诉讼程序，涉及非法证据排除的情形，要按照刑事诉讼法第五十六条关于非法证据排除的规定来办理。值得注意的是，从监察法的规定来看，律师尚不能在监察调查阶段进行介入，刑事诉讼法也未就调查人员出庭作证作出规定，如此便可能对监察案件的非法证据排除带来困难，这有待今后立法、司法的进一步完善。

监察工作适用刑诉法认罪认罚从宽制度

吴晓锋：监察法中从宽处罚的情形以及决定程序，与刑事诉讼法确定的认罪认罚从宽制度如何衔接？

陈卫东：这是很重要的问题。我们这次刑诉法修改一半以上的条文是认罪认罚从宽的条文，这是我们这轮司法改革一个重大的成果。我国监察法也有预见，专门作出了规定，所以监察机关在办理案件过程中要善于使用认罪认罚法律武器，这样将使调查变得有效率而且案件质量有保证。

问题是我们认罪认罚一定要体现从宽的精神，我们有一种司法"极左"的情绪，认为越狠越重就越公正。监察案件在移送起诉意见书中一定要记载认罪认罚。现在实践中对于侦查环节、审查起诉环节一直到最后审判环节认罪认罚优惠是不一样的，越早优惠越大，一些地方探索在侦查、审查起诉、审判不同环节，分别优惠 30%、20% 和 10%，依此类推，监委调查环节享受侦查这个待遇，优惠至少 30%。所以认罪认罚从宽这个跟我们监察工作密切相连。

缺席审判是对腐败犯罪分子的极大震慑

吴晓锋：刑事缺席审判也是这次刑诉法修改的一大亮点，请分析一下这对于监察工作有什么重要意义？

陈卫东：我觉得这是对腐败犯罪分子一种极大的震慑。过去你逃到天涯海角我也要把你找到，现在不用了，你爱去哪儿去哪儿，我照样可以对你判刑，这是我们反腐败追逃追赃工作的又一个法律上的重大举措。现在的问题是，直到现在我都没有听到缺席审判第一案在哪里，哪个法院开了这个庭。源头在监委，监委要把这类案子的工作做好，符合条件的，应积极移送检察院并向法院提起公诉。

韩大元

著名宪法学者，中国宪法学会会长，曾任中国人民大学法学院院长，教育部"长江学者"特聘教授、"新世纪百千万人才工程"国家级人选。被授予"全国十大杰出青年法学家"称号。

—— 作者手记 ——

"长江学者"韩大元教授作为著名宪法学家，我选择了一个别的宪法专家谈得很少的新鲜主题——宪法哲学与人生，这是一个很有意义的题目，是韩老师给某级人大法学院学生上的最后一堂课，有毕业致辞的意味。所谓"宪法哲学"，本来所见甚鲜，我觉得只有既懂宪法又懂哲学的大家才有资格谈，韩大元教授正是这样的大家。

宪法哲学与人生

宪法是国家的根本大法，宪法与我们每个人的生活息息相关，像保护神一样伴随着人的一生。但是，在多数人心中它更多停留在高高挂起的印象中，是法律，是"沉睡的"规范，而中国宪法学会会长、中国人民大学法学院教授韩大元却把这"沉睡的"规范唤醒，给它装上哲学的翅膀，指导我们的人生。为此，特专访了韩大元教授。

吴晓锋：听说您曾经给即将走出大学校园的您的学子上的最后一堂课是宪法哲学与人生，为什么想在这个时候上这一堂课？

韩大元：那一年因为刚好要去参加一个国际会议，我不能出席该年度毕业典礼，这也是我从教三十余年第一次不能出席毕业典礼。学生会在毕业生中组织了毕业前最想听的最后一次课程活动，学生选了宪法课程，并邀请我上课。所以，我那次给他们讲的最后一课，有点像毕业典礼前的致辞。

对于毕业以后未来的工作和生活，毕业生们都有许多期待，在漫长的人生与规划中，必然会有各种挑战与不确定性。社会这所大学入门不容易。比如，理想与现实的冲突，校园里学生看到的世界与校外的生活是有差距的，学生们要面临与心中的理想不同的现实。那么，这些走出校门的莘莘学子该怎样去面对挑战与考验，怎样把握好自己？我想宪法生活会让他们安定心灵，以稳健的步伐走出校园。最后一次宪法课，也许能让他们增强对未来人生、未来法治的自信。面对任何挑战，我们需要回归宪法，抓住宪法！把宪法提升为人生的哲学，在未来的生活中遇到任何困难，都可以在宪法中找到精神的动力。

吴晓锋：什么是宪法？为什么宪法可以提升为人生哲学，二者之间有什么关系？

韩大元：宪法是国家的根本法，凝聚着人权、自由、秩序与安全的价值，是共和国的最大价值共识。宪法文本的每个字的背后都包含着令人自豪的共和国的历史与价值观。宪法是用文字写的，但是文字表达的是我们的历史、现实与未来，它是我们未来人生的教科书。

宪法是一部历史教科书。宪法生长于历史之中，记载了人民争取自由、独立、民主的灿烂历史与文化，承载着国家的基本价值观与人民对幸福生活的期待，维护着国家核心利益与社会共识。作为国家独立与尊严的象征，拥有一部令人自豪的宪法是现代国家理性的标志。

宪法是一部民主教科书。作为国家主权的最高体现，宪法确立民主制度，使主权原则成为现实的制度，使我们分享和实践着民主价值。民主是一种生活方式，我们既要学会按照多数人意志决定公共事务，同时也要学会尊重少数人意见，使宽容与理解成为民主的品德。

宪法是一部法治的教科书。法治的核心价值是尊重人的尊严，限制公权力滥用。人权保障是宪法的真谛，也是中国共产党以人为本的理念。

同时,宪法的历史告诉我们,没有制约的公权力容易被滥用,导致各种腐败。

宪法是一部公民生活的教科书。宪法与我们每个人的生活息息相关,像保护神一样伴随着人的一生。它不是高高在上的抽象的规范,也不是远离人民生活的"沉睡的"规范。"宪法的生命在实施",民众是宪法实施的伟大的力量。

基于宪法与人类生活的关系,我们可以将宪法提升为人生哲学,指导我们的生活,始终感受人类的价值。因为宪法的核心就是人。"在人类历史上的所有发明之中,最伟大的是宪法。"只有当宪法作为国家治理的基本方式,才能保障人们自由幸福地生活。国家的统治需要基于宪法提供的正当性才能够展开,国家的行为需要依据宪法才能拥有其合法性。每个人拥有平等的生命价值,都是独特的存在,生命来到这个世界自始就有正当性,但公民的身份、权利的保障、人格的自由发展都需要宪法来确认并予以保护。从出生、成长直至死亡,宪法无时无刻不陪伴着我们。无论在逆境中,抑或是顺境中,尤其是面临困惑、恐惧时,宪法始终给予人类以力量与信仰。

吴晓锋:您认为人生的宪法哲学是什么?

韩大元:宪法来自人类,也回报人类,始终把守护人的尊严、自由与安全作为其时代使命。从德国宪法第一条,到我国宪法第三十三条的人权条款、人格尊严条款,都体现着最伟大的思想——人类的尊严需要宪法的保护。回应人类尊严的存在,必须依靠宪法。如果用一个字概括宪法的哲学——那就是捍卫"人"的尊严,在宪法哲学中,人是最伟大的存在。宪法使人类生活安定、灵魂安宁,并对未来充满合理期待。宪法不仅仅是现实生活的安排,更重要的是对未来生活的合理期待,它是多元价值的汇聚,承载着社会与人民的价值观,承载着对历史的思考和对未来的规划。它规范人的行为,保护人们拥有幸福快乐生活的权利。"明天会比今天更幸福"这是宪法成为我们人生哲学的重要特征。

吴晓锋:我们该如何用"宪法哲学"影响社会?就是让宪法成为我们的信仰吗?

韩大元：宪法是我们生活的指南，也是国家生活的指南。它之所以成为指导个体与国家生活的指南，就是因为通过制宪过程，人民把自己的共识写进宪法，使之成为根本性规范。因此，我们在制定宪法的过程中可以有各种各样的主张，但它一旦形成了文本，我们就要尊重它，不能质疑，更不能否定。如果在实践中，宪法规范与社会现实出现不一致，可以积极发挥宪法解释的作用，以保持规范与现实的协调。

同时，宪法是控制人性欲望的哲学。"权力容易导致腐败"，对拥有权力的人来说，只靠自我的道德意识是难以控制权力欲望的，必须依靠制度来限制权力的滥用，而宪法的重要功能是约束权力的恣意。如果人的权力欲望没有法律的约束，公民的权利还能有什么保障？从这个意义上说，宪法作为重要的哲学，也是中国社会所需要的。

我们经常讲，中国社会面临的最大挑战之一是缺乏基本的社会共识，公权力滥用现象严重。宪法保障个体的思想与言论自由，人们可以对公共事务发表自己的意见，包括对政府工作的批评。但一个社会需要共识性概念，对社会事务，包括制度运行，大家要有基本的共识，不能在每件事情上意见都是分裂的。由于缺乏基本共识，尽管有制度、有各种规范，但公权力滥用仍然是严重的社会问题。各种腐败现象，虽然表现形式各异，但本质是对宪法权威的挑战。在这种意义上，树立宪法权威，以宪法凝聚共识，以宪法严格控制权力滥用是未来中国社会中认真对待的重大现实问题。

吴晓锋：既然是人生哲学，就是要用来指导生活的。我们该如何用"宪法哲学"指导生活？

韩大元：放眼生活，宪法同样也是生活的哲学。宪法看似高高在上，而事实上它是融于我们日常生活中的。来自人类经验的哲学也不是高高在上的理论，而是平民化的。生活常识才是哲学，哲学要回答人生观的问题。当一个常识被所有人都相信时，就是哲学。而宪法，就是凝结了所有的法律规范最终形成的哲学。

宪法的最高境界与核心精神是宽容。国家生活需要宽容，人生更需要宽容。宪法用宽容的精神，把社会共同体基本共识确定下来，让多样的不同意见在宪法文本中表现出来，让每个人说出自己想说的话。宪法关怀保护少数人的利益，在多数人统治下，让少数人的意见充分表达出来。同学们进入社会后，面对不同于校园生活的职场生活，面对物欲横流的社会，面对众多的选择，始终要有宪法的这种开放宽容的态度。

吴晓锋：在多个场合听您谈起"对美好生活的期待，首先是对宪法美好明天的期待"，请问您对于未来的美好生活和宪法明天有何期待？

韩大元：宪法是一种生活，是一种期待，是一种创造，是人生的最高境界。每个人都是独特的，这个世界才是精彩的。无论如何珍惜、坚持自己的独特性，这是每个人生来的平等权利，也是这个世界存在的基础。

随着中国社会的更加开放，宪法将成为共和国的软实力，也是法治国家建设的重要标志。在依宪治国、依宪执政的背景下，国家发展目标要通过宪法来实现，宪法在维护共和国主流价值、增强国家核心竞争力、保障人民美好生活的实现方面，将发挥越来越重要的作用。中国的未来离不开强大的宪法体制与宪法共识。宪法将不确定变成确定，当我们遇到各种风险时，宪法对未来人生带来更多的确定性。

走出校园，将面临各种不确定性，但我们要勇敢地拥抱社会、拥抱未来，做好职场规划，要保持读书思考的良好习惯。理想与现实的差距是客观存在的，完全消除这种冲突是不可能的，我们需要做的是预防、缩小冲突。宽容的哲学不要求得到什么，只要求对他人宽容，这是宪法的哲学，也是指导人生的哲学。

张新宝

中国人民大学法学院教授，《中国法学》总编辑，教育部"长江学者"特聘教授。被授予"全国十大杰出青年法学家"称号。

—— 作者手记 ——

"长江学者"张新宝教授，作为赫赫有名的期刊《中国法学》的总编辑，却异常地低调慎独，在媒体露脸的频率没有其他的大咖多。虽然他很平易近人，但我轻易不去打扰他，去打扰的都是重磅。本书收录的这篇作品来自我倾注心血创办的一个栏目，有特殊的纪念意义，再次深深感谢支持和参与这一栏目的主审法官和学界大咖。

我在结束了江苏记者站的锻炼后进入《公司法务》专刊部，这是《法制日报》当时在贾京平社长的倡议下新设立不久的专刊版面，由今天的法制网总裁万学忠担任主任。后来报社创刊《法治周末》，《公司法务》变身为《法眼财经》专刊，我担任了主编，在报社各级领导的支持下在《法眼财经》里创办了《民商审判》专栏。该栏目与最高人民法院民二庭一起策划，得到了四级法院民商事审判庭的支持和响应，由法院选送经典案例，法官自己撰写裁判理由，再由我邀请这一领域的权威专家学者来点评。

供货合同纠纷案中合同的显失公平的认定

本期选送： 北京市海淀区人民法院民四庭法官　谢东

推荐理由：

在显失公平的合同中受害的一方是在缺乏经验、判断力，或紧迫、草率，或迫于对方的某种优势的情况下实施的民事行为。显失公平的合同对于利益受到损失的一方并未充分表达其意志。所以，从这个意义上讲，显失公平的合同也可说是一方意思表示不真实的合同，因此并不与当事人意思自治原则相违背。我国合同法规定，订立合同时显失公平的，当事人一方有权请求人民法院或者仲裁机构变更或者撤销。这赋予了当事人撤销权，然而显失公平如何认定，成为司法实践中的疑难之处，这也是本案受到关注的重要理由。

案情回放：

原告 S 公司诉称，2003 年 3 月 7 日，我公司与 D 公司签订一份供货合同，约定 D 公司向我公司提供羊舍卷帘 20 套，单价每套 9000 元，合同总金额为 18 万元。合同签订后，我公司依约支付预付款 5 万元，但随后我公司从市场上了解到同类产品单价仅为 2742.50 元，该合同显失公平。此外，D 公司未按合同约定期限交货，属严重违约。故诉至法院，请求判令撤销双方签订的供货合同，D 公司返还我公司货款 5 万元，承担本案全部诉讼费用。

被告 D 公司辩称，双方签订的供货合同是双方真实意思表示，不违反法律规定，不存在显失公平。S 公司在陈述的事实及理由中称我公司在履行合同中存在违约行为，与其要求撤销合同的诉讼请求无关，不应包含在本案中，故不同意 S 公司的诉讼请求。

就上述事实，S 公司向法院提交了证据：北京市农机研究所 C 温室工程公司出具的设计方案及报价，证明双方签订合同的价格显失公平；以及北京 A 牧业有限公司与 S 公司签订的合同，证明 S 公司正是因为此合同而购货，证明 S 公司因为 A 公司购货时间仓促，导致没有详细考察市场价格。

D 公司提交了与新疆屯和集团签订的合同，货物与本案合同基本相同，证明就该产品一直以正常价格对外销售。经质证，S 公司表示有异议，该证据并不能证明本案合同价格是正当的，该证据长度、安装与本案合同均不相同，不具有可比性。在时间上，两份合同相差一年，不具有可

比性。此外，这份合同的价格并不能证明原被告签订的合同价格没有显失公平，因为该证据的价格也可能是显失公平的。

诉争焦点：

S 公司与 D 公司签订的供货合同是否存在显失公平的情形。

判决要旨：

1.S 公司与 D 公司签订的供货合同系当事人自愿订立，属双方当事人的真实意思表示，合同中所涉及的产品并无政府定价或政府指导价格，故该合同内容与形式未违反国家有关法律规定，应属有效。合同依法成立，即具有法律效力，双方当事人均应严格遵守，并履行合同约定的义务。庭审中，S 公司未提供 D 公司利用其优势或利用 S 公司没有经验的有效证据，以证实双方签订的供货合同明显背离公平原则，致使双方权利义务严重不对等、经济利益显著不平衡。

2.S 公司虽提出 D 公司未按合同约定期限交付货物，但其在诉讼请求中仅要求撤销合同，故本案不具备撤销合同的法定条件，S 公司的诉讼请求缺乏事实及法律依据，不予支持。对 D 公司提出的抗辩理由，予以采纳。判决：驳回原告北京市 S 金属结构安装有限公司的诉讼请求。

法官释法：

《中华人民共和国合同法》第五十四条规定，订立合同时显失公平的，当事人一方有权请求人民法院或者仲裁机构变更或者撤销。

结合我国实际，在适用显失公平原则时，其具体构成要件如下：第一，在订立合同时，订约双方的权利义务明显不对等，利益严重失衡。结果的不公平作为一个客观要件而构成显失公平的条件是自然的，但需要注意的是，这种结果的不公平是在订约之时由合同的内容决定的，该合同一旦付诸履行，其结果将导致双方得到的经济利益明显失衡，也就是说评定双方权利义务是否显失公平，利益是否严重失衡，应以订立合同之时合约的内容为基础，由于内容上对双方权利义务的规定明显不对等，将该事约付诸履行，双方得到的最终利益也一定会严重失衡。第二，合同一方具有明显优势，或另一方处于无经验、缺乏判断力，或草率行事。

第三，受损方不具备充分自觉和真实自愿。

虽然在获利方具有优势或受损方因急迫、无经验、缺乏判断力、草率的情形下签订了合同，受损方或是迫于压力或是注意不够才签订合同，即多数情况下签订这种显失公平的合同是违背他的真实意愿的，但也不能排除例外情况的存在。将当事人的主观真实意愿作为评定显失公平的标准，有利于防止当事人一方自愿接受不利条件后，又以利益不均衡为由要求撤销合同，排除交易中人为的风险因素。

结合本案来看，S 公司未能证明合同存在双方权利义务严重不对等、经济利益显著不平衡的情况，因此不能认定构成显失公平。

嘉宾（张新宝）点评：

我国合同法第五十四条规定了显失公平情况下受到不利一方请求撤销合同的权利。这条规定赋予的撤销权不以当事人一方或者双方主观上的过错为要件，其所针对的是履行合同可能导致的严重不公平的法律后果。正如我在合同法课堂上给学生所讲的，主张显失公平和重大误解撤销合同在实践中是十分困难的。我国合同法并没有对何为"显失公平"或者说不公平的状态达到何种程度才构成"显失公平"作出规定。法律赋予了法官和仲裁员较大的自由裁量权，而裁判者在市场经济条件下（交易标的的价格并不固定而是变动不居），出于对合同自由原则（自愿原则）的尊重，往往不会轻易认定"显失公平"。在双方当事人均为法人（商人）的情况下，一方以自己的"无经验、缺乏判断力，或草率行事"导致合同"显失公平"，则更难得到支持。

李曙光

中国政法大学教授、著名破产法专家，现任中国政法大学研究生院院长，中国政法大学破产法与企业重组研究中心主任。

—— 作者手记 ——

和李曙光教授结缘是因为破产法。我从 2006 年企业破产法实施就一直关注该领域直到现在，而他是该领域国内最早的开拓者之一。后来还当选了国际破产协会董事会董事，国际破产协会中国委员会联席主席，美国破产学会第十九届终身外籍会员。2019 年 7 月 16 日，国家发改委等十三个部门联合印发《加快完善市场主体退出制度改革方案》，被指"个人破产制度要来了"，之后更是有了所谓全国首例个人破产案件的"破冰"。而十多年前我们就已经开始关注个人破产制度，并邀请李曙光教授对该制度如何才能走向前台作了访谈，本书特收录于此。

个人破产制度怎样才能走向前台

2009 年 1 月 15 日，中国人民银行副行长朱民在"个人破产法律制度与不良贷款处置国际研讨会"上表示，建立个人破产法律制度意义重大。他指出，目前我国个人破产法律制度尚未健全，建立个人破产法律制度对于保护金融消费者、维护金融机构健康运行、促进国家金融稳定、支持我国走"依靠内需发展"的道路以及促进宏观经济结构调整，都具有非常重要的意义。

个人破产制度发端于古罗马时期，在中世纪时的意大利与英国得到较大发展。1978 年，美国破产法将消费者破产纳入其中。如今，个人破产已成为现代破产法不可分离的一部分。所谓个人破产，是指作为债务人的自然人不能清偿其到期债务时，由法院依法宣告其破产，并对其财产进行清算和分配或者进行债务调整，对其债务进行豁免以及确定当事人在破产过程中的权利义务关系。

2006 年 8 月，我国通过了企业破产法，但该法只适用于企业法人，其中未涉及个人资不抵债和财务困境问题，因此对于个人破产问题，目前我国立法方面还是空白。

事实上，关于我国未来破产法修订是否应纳入个人破产制度一直存在争议。主流观点认为，建立个人破产法律制度有利于保护诚实和因各种原因而陷入财务困境的消费者。但也有人认为，该制度的建立可能会鼓励债务人恶意逃债，在我国市场经济还没有建立起来、信用体系也不完善的情况下，我国不应建立个人破产制度。

我国是否需要个人破产法律制度？什么样的个人破产法律制度才符合我国法律环境和金融制度？李曙光教授发表了自己的看法。

李曙光教授认为，如果要制定个人破产法，相应的金融机构破产条例要加紧出台。因为个人破产所产生的风险，某种程度上会危及金融机构的安全。而金融机构特别是商业银行的破产，现在也没有法律规制。

个人破产法律制度的建立仍然任重道远，需要我们对即将遇到的问题有预想和应对：

第一个问题，金融体系能否适应个人破产制度的问题。这涉及三方面问题：

其一，商业银行自身的商业化问题。如果商业银行不加快商业化或市场化，那么个人破产制度的实施对商业银行来说将会带来毁灭性的打击。商业银行自身行为必须在市场中得到检验。商业银行应能按市场规则谨慎经营，能在满足合理的资本充足率和存款利率的条件下追求利润最大化经营，这可推动个人破产制度建立。其二，个人金融体系里个人征信体系的建立，这非常重要。这几年，我们国家个人征信体系发展很快，已经初步建立了全国性的个人征信体系网（消费者信用信息系统），中国人民银行总行在这方面取得了很大的成就，但是我们的个人征信体系仍有很大的缺陷，如个人征信体系中的瑕疵标准把老百姓的水电费缴纳纳入其中，这就值得讨论，水电费可能就是每月几十元钱或者几百元钱，而且，没能缴纳也有很多原因，如果简单影响到消费者信用，应该说这样的征信体系还是存在问题的。怎么样使我们的个人征信体系更加科学、完善和合理？以及如何更好地处理个人征信体系和个人隐私权的保护？这都是我们要考虑的问题。建立个人信用评级标准制度与机构很重要。其三，金融监管机构改革的问题，即如何有效地监控个人信贷，监控是否严密、严格，如何建立一套合理的个人信贷风险标准，等等。

第二个问题，中国人的个人消费方式以及个人信用传统的问题。这首先涉及中国人个人信用的行为方式。东方人的个人信用行为方式更多地讲究关系学，这种关系学在个人信用的界定中是无处不在的。比如担保关系，消费者要房屋按揭，因为银行可能要求按揭的人一个月必须要有多少稳定的收入，但消费者很可能达不到银行的要求，因此必须找一个担保人，于是可能随便找了个单位进行担保，而事实上这个单位并不是真心要为你提供担保，只不过是因为存在着某种关系，最后因为这种关系而出具了担保文件。因此，依赖于这样的信用出具的担保实际上是东方特色的"人保"制度，这种人保制度极大地威胁到了商业银行的安全。一些商业银行大量的贷款是建立在这样一种不准确的、脆弱的担保方式上的。

另外，在消费方式上，中国人信用卡的使用还不普遍，人们更多倾向于使用现金，很多人甚至都不把现金存在银行，他们对银行都不放心。把钱缝在被子里，放在枕头底下，枕着睡觉最安心。再如超前消费问题，中国人喜欢储蓄的文化，不喜欢超前消费，这也是因为我们的社会保障体系比较脆弱导致的。中国人往往有一种强烈防范重大突发事件发生的心理，所以要储蓄，以应付家庭的一些大事与突发紧急事件，如买房、家人生病、小孩上学等。这就构成了中国个人破产制度区别于西方国家不同的文化背景。

第三个问题，建立相关的立法和法律的配套体系问题。可以说个人破产立法是一个法律上的挑战。这涉及几个方面。其一，从立法技术来说，我们是要立一个单独的个人破产法，还是把个人破产制度加入一个大破产法中？目前来看，我们只能采用第一种模式，因为企业破产法已经出台，现实选择是只能采取制定个人破产法或者个人破产条例这样的方式。可以考虑由国务院先行制定个人破产条例，以界定个人破产行为，规范个人破产程序、保障债权人债务人的合法权益，打击欺诈破产，建立个人信用。在个人破产条例实施一段时间之后，吸取经验后，再制定一部包含个人破产法、公司破产法在内的完整完善的破产法。

如果要制定个人破产法，相应的金融机构破产条例要加紧出台。因为个人破产所产生的风险，某种程度上会危及金融机构的安全。而金融机构特别是商业银行的破产，现在也没有法律规制。还有相关配套法律的可操作性。比如，个人独资企业法、合伙企业法等。像合伙企业法尽管规定了有限合伙人，但我们仍还有无限合伙人，那么这两类商事主体破产的话，现在也没有法律规制。最近央行正在推动放贷人条例的进程，放贷人条例实际上允许更多放贷机构放贷，使放贷活动更加活跃。但这同样涉及个人破产的问题，因为很多贷款是放贷给个人的。还有一些配套法律，如物权法的一物一权、物权法定等规定，我认为它们跟个人破产有冲突。另外，担保法也有问题，事实上，在物权法出台之后，担保法已经基本上不发挥作用了，而且也确实已经很落后了。相关配套法律也需要完善。

第四个问题，完善实施破产法的司法体系问题。我想主要是两方面问题：

一方面，我们目前的司法体系并没有建立一套国家破产法院的体系。现在的四层人民法院中，三层法院即高级人民法院、中级人民法院、初级人民法院是可以受理破产案件的。那么个人破产案件究竟应由哪一层法院来进行审理？审理过程中会否出现因为法院的地方化、行政化，而有地方利益考虑，出现法院侵害银行债权人利益的现象？如果地方出现像韩国那样的"卡债族"的时候，法院会否有可能为维护地方稳定而大量豁免地方的个人债务？

另一方面，庭外谈判机制的健全问题。如果没有一个这样的债权人庭外谈判机制的话，那么司法的成本就会大大增加。目前的司法体系还不足以应付大量的债权人债务人的清偿纠纷。比如，现在有许多过度消费行为，如房价高涨时助长了投机行为，上海有人通过贷款买了一百多套房子，实际上他没有偿债能力，这种类似的案例很多，每一件纠纷都由法院审理的话，司法的成本就会很高。而庭外谈判机制，强调的是债权人本身对债务人债务风险的一种监督，这将节约司法资源，当事人按契约自治原则解决纠纷。如果债权人对债务人的过度消费行为持一种放任态度的话，那么司法体系同样将是不堪重负的。

贾宇

曾任西北政法大学校长、教授，被授予"全国十大杰出青年法学家"称号。现任浙江省人民检察院党组书记、检察长。

—— 作者手记 ——

受贿罪起刑点"红线"应在哪里？2010年，《最高人民检察院、公安部关于公安机关管辖的刑事案件立案追诉标准的规定（二）》发布，文件规定非国家工作人员受贿数额在5000元以上的，将被立案追诉。那公职人员呢？一时间，这个问题受到了舆论的极大关注。究竟应该如何看待这个问题，我邀请了贾宇、刘仁文、钱列阳等专家对此展开讨论，此文节录了贾宇的部分。

受贿罪起刑点"红线"应在哪里

2010年5月18日，《最高人民检察院、公安部关于公安机关管辖的刑事案件立案追诉标准的规定（二）》发布，其中规定：非国家工作人员受贿数额在5000元以上的，将被立案追诉。

非国家工作人员受贿5000元就起诉，那公职人员呢？一时间，这部很有现实性和针对性的新规成为舆论焦点。

事实上，现行刑法规定的受贿罪主体是国家工作人员，而非国家工作人员受贿多少钱被治罪，现行刑法并未予以规定。不过，对于非国家工作人员受贿5000元可入罪的标准，最高人民检察院、公安部早在2001年就已经以司法解释形式作出了规定，"弥补"了刑法中受贿罪只限于国家工作人员的不足，让非国家工作人员和国家工作人员在立案标准上实现"接轨"。

网友质疑的深层次原因恐怕在于，在公职人员受贿行贿未得到有效遏制的情况下，又怎么可能谈到严治非国家工作人员受贿？此外，有观点认为在反腐倡廉的今天，受贿是令人不能容忍的恶劣行为，对受贿者实则应采取"零容忍"态度，收一分钱都应抓起来，而同现今经济发展水平不相适应的5000元入罪标准应去除。

那么，究竟如何看待受贿罪5000元的追诉"红线"？对于受贿，是否应该采取"零容忍"的态度？在受贿入罪的数额上体现"官民平等"，究竟是喜是忧？贾宇教授发表了对此问题的看法。

以具体数额定罪并不科学

贾宇认为，犯罪数额并非衡量经济犯罪社会危害性的唯一根据。受贿的数额，虽然会影响受贿人的职务行为，但其受影响程度与接受贿赂的数额，并非呈正比关系。也就是说，并非受贿数额越大，行为人对国家工作人员公务廉洁性的侵害程度越高，反之亦然。受贿1万元的，其社会危害性并不见得比受贿2万元的低。实际上，受贿数额不是唯一的参照标准，受贿罪的社会危害性还具体表现在对国家利益的损害、社会影响的大小、受贿次数的多少、滥用职权与否等其他情节。

行为科学的研究成果证明，确定的罪刑数额立法模式并不能达到立法者所期望的，被守法者牢记心中并规范自己行为的效果。规定确定数额的立法应是罪刑法定主义过度僵化和张扬的产物。翻开我国古代经典律法，虽然实行"计赃论罪"，但也把危害程度不同的受贿犯罪直接在法律中区分规定。考察国外的立法体系，针对贪贿犯罪，有在刑法典中设专章规定的，有制定专门的单行刑法的，有的在附属刑法中作了相关规定，但是在刑法典中直接规定了贪污贿赂数额者，极为鲜见。

此外，对贿赂犯罪确定数额难以实现实质的公平和正义。中国地域广大，经济发展极不平衡，同样的犯罪数额在不同的区域表现出来的社会危害有一定的差异，刑法上如作相同的处理，则忽视了犯罪危害的特殊性。例如，同样是受贿 5 万元，在东南沿海，可能就不予追诉；而发生在新疆、西藏地区，就有可能是严重犯罪。由于社会经济的发展，货币一般呈现贬值的趋势，当初确定的达到某种犯罪构成的数额一般会相对"缩水"，1997 年贪污 5000 元的社会危害性显然与 2010 年贪污 5000元的社会危害性差异很大，同样数额同样处理，亦为不妥。仅以数额定罪，不符合现代刑法所追求公平、正义最大化的价值取向。

贾宇建议，受贿罪立法，应考虑我国的具体国情，具体情况具体分析：第一，对受贿罪立法作出相应修改，刑法典不明确规定犯罪数额的具体标准，仅解决定性问题；第二，回归 1979 年刑法的做法，取消以绝对数额定罪的受贿罪立法模式，将数额较大作为定罪的依据；第三，如果在数额标准上"一刀切"，恐怕会造成实际上不公正的结果，造成司法适用上的被动。故司法解释不应确定固定数额，只规定数额"较大""巨大""特别巨大"。考虑到我国各地差异较大，社会经济文化发展不平衡，授权省级司法机关在根据各自的经济、社会、人民生活水平发展的具体情况，确定各自的具体适用标准。

对受贿罪"零容忍"态度尚存争议

有人认为，在被誉为世界上最廉政国家的荷兰，一个官员贪污受贿的起点金额只有 20 欧元；在中国香港特别行政区，对贪污受贿实行"零容忍"。因此，我国也应降低贪污贿赂犯罪的追诉数额标准，体现国家从严治吏的决心，降低贪污贿赂犯罪率。对此，贾宇认为这不过是一厢情愿的美好愿望。"橘生淮南则为橘，生于淮北则为枳"，荷兰有荷兰的国情，中国香港特别行政区有中国香港特别行政区的区情。在荷兰、中国香港特别行政区行之有效的从严治吏的政策、法律，并非放之四海之内而皆准。无论是从预防犯罪还是提高司法效率的角度，在司法资源有限、难以有罪必究的客观现实下，降低贪贿犯罪的追诉标准的立法，无疑会成为污染水源的恶法，也是行不通的。

在我国现实国情下，降低贪贿犯罪的追诉标准，将会给司法造成很大的困惑。司法机关如果"大小通吃"，严格按照追诉标准规定的办，够数即究，势必与现实生活相脱节；如果"抓大放小，有法不依，执法不严，又显得很不严肃，与立法的初衷大相径庭"。为了让执法获得应有的社会效果，不少基层司法机关费尽心力思考"量刑平衡"，甚至不规范地使用自首和缓刑制度。如此一来，国家法律在执行中人为歪曲变通，造成法律实施的不统一，严重损害法律的严肃性和权威性，危及公众的法治精神，最终的法律和社会效果自然可想而知。

根本而言，科学高效的反贪体制应该是全方位、多层次的，仅依靠严密法网、加重刑罚的措施是根本不够的。如果说要完全运用刑罚来消灭犯罪，那么必然的逻辑结果是任何违法行为构成犯罪都不必有数额、情节等方面的限制，而这是很荒谬的。

官民受贿不应一视同仁

贾宇认为，国家公职人员的受贿罪的立案标准应低于非国家工作人员受贿罪的立案标准。从重打击国家工作人员受贿罪，关乎法律尊严，考验司法良心，需要认真对待。非国家工作人员受贿是一种商业贿赂，侵犯的是市场经济秩序和诚信准则，当然应受到惩处；但国家工作人员的受贿却是滥用了公权力，更应当打击。如果非国家工作人员受贿5000元就追诉的规定能够严格执行，那么对国家工作人员受贿立案的规定更应该严格执行，不能造成任何落差，在条件具备的前提下，甚至更应该降低立案追诉标准，实行"零容忍"。

赵万一

曾任西南政法大学民商法学院院长，现任《现代法学》总编，中国商法学会副会长。

—— 作者手记 ——

我的硕士导师赵万一教授，把我引入了民商法的殿堂。他是中国商法学会副会长，民法学会学术委员会副主任，在民商法领域很权威。他本科学经济，之后再学商法，毕业后讲授商法，他是我们商法专业学生心中最好的专业背景组合。老师才思敏捷，博闻强识，喜欢读书，尤其喜欢读文史类的书，所以在法学教育之外，他给了我们更广阔的"人文教育"的熏陶，也不难理解他能写出《民法的伦理分析》等著作。

因为我是西南政法大学民商法学院的学生，所以我"自私"地收录了下面这篇谈西政民商法学科建设和民商法学人的专访。但是，谁也无法否认西政民商法的地位，"民法活化石"金平老先生，民法大家梁慧星，首席大法官周强，民商法大家赵旭东、王卫国、尹田、张新宝、孟勤国、赵万一等。金平先生曾勉励弟子周强"许国不畏身家累，除弊应如金石坚"，从中我们似乎能体会到西政民商法人的独特人格魅力。

关注民生　强调民本
是民商法学人义不容辞的神圣职责

——访西南政法大学民商法学院院长赵万一教授

西南政法大学民商法学院作为西政的二级学院，有独特的专业特色和教学风格。近日，法律出版社一次性推出"西政民商学人文库"系列图书 27 本，这种大手笔运作在学界引起较大的反响。

人们何曾忘记，地处西南边陲的西南政法大学曾经为中国法学教育树立了一块不朽的丰碑，其 78 级西南政法大学法律本科毕业生已经成为一个时代的"神话"。为此，就西南政法大学民商法的学科建设、办学理念、特色以及文化传承等专访了西南政法大学民商法学院院长赵万一教授。

百舸争流　西南一派

吴晓锋：从客观条件来看，西南政法大学所处的地理位置偏僻，远离政治中心，对诸多重要信息都是后知后觉，无疑会对学校的发展形成极大的制约。那么就学科的角度而言，是如何克服客观条件的不利制约而取得优秀成就的？

赵万一：如果说本学科在学科建设上还取得了一些成绩的话，这主要取决于我们良好的学术传承和比较鲜明的办学特色。记得从我读研究生时的 20 世纪 80 年代开始，本学科就一直强调"以课堂为基础、拓展课堂形式、提升课堂教学质量、补充课外教学"思路，在此基础上形成的"实践性教学模式"曾获四川省教学成果一等奖。21 世纪初开始定型的"立体化"实践教学模式也在我校教学评估中获得专家组的充分肯定。

梁慧星教授曾评价说："西政民法学课程师资力量雄厚，教学经验丰富，所培育的学生素以基础扎实、理论研究和实务能力普遍较强著称，在学术界和实务界有很高的声誉。"

吴晓锋：面对时下法科毕业生就业市场供大于求、就业困难重重局面，西政的毕业生却一直保持了较高的社会需求度和认可度。请问是如何在激烈竞争中保持优势地位的呢？

赵万一：我们一直认为，大学是人才培养的重要基地，同时也是民族文化传承的主要载体。大学之所以有这种文化传承功能，一方面在于大学所独有的人才密集优势；另一方面则依赖于大学所秉持的自由之意志、独立之精神。正是基于这种独特的人文精神特点，使得大学负有为天地立心，为生民立命，为往圣继绝学，为万世开太平的历史重任。大学的这种文化传承体现在诸多方面，如学术传统、学风、研究方法，甚至学术观点。

西南政法大学作为地处西南边陲的一所学校，之所以能在强手如林的中国法学教育中占据较重要地位，主要得益于这种良好的文化传承，依靠的是西政人自强不息、和衷共济的人和精神，凭借的是有一批在全国有一定影响的学科及其骨干队伍。

吴晓锋：金平教授曾勉励现任湖南省省长周强"许国不畏身家累，除弊应如金石坚"，从金教授及其弟子身上，我们似乎能体会到西政民法人的独特人格魅力。作为金老师的学生和学科的负责人，请您谈谈对法科人才培养目标的认识？

赵万一：按照我的理解，作为一个法科学生，既应该具有扎实宽厚的法学专业知识功底，同时也应该具有公正不阿的道德情操。法律职业群体是一个非常特殊，也是非常重要的群体，他们的言行将直接影响社会对法律的评价，影响法律的尊严和人们对法律的信仰。

重视传承　关注民生

吴晓锋：据统计，目前全国有 600 多所法学院系，在此种背景下，作为一个学科型学院，你们又是如何打造自身特色的呢？

赵万一：我们一直强调，不仅要注重对学生知识的传授，而且要更加注重学生健全人格的培养，把学生的人格塑造和专业知识传授结合起来。将对"法律人"的培养具化成为对学生"民法人"人格的塑造。我们在日常教学中深入挖掘民商法文化中蕴含的丰富资源，结合当今大学生的思想实际和心智特点，采用灵活多样的形式，塑造他们的健康人格，使学生时刻认识到自己是"民法人"。这样加深了学生对市民社会道德规范的理解和遵守，有利于培养出与市场经济接轨和国际接轨的高端人才。

吴晓锋：你们学科除了上述的从教师的角度改变教学和考核方法外，在提高学生参与的积极性方面有哪些做法和经验？

赵万一：在长期的教学实践中，我们总结出了一些经验和做法，有些比较成功，有些则继续在进行探索。例如，为了解决法律人才培养的雷同现象，我们在学校支持下专门开设了"法律实务性人才创新实验班"和"知识产权专门化班"，在人才培养方案和课程体系设计上进行了较大改革。为了提高学生分析案例的能力，我们专门设计了一个板块，安排了民事、刑事等六门案例分析课程。为了提高学生的动手能力，我们引进了英国的法律实践培训课程，即 LPC（Legal Practice Course），通过采取"实训式教学法"和"体验式教育"，启发学生思考，同时通过组织学生到校外观摩，让学生博闻广见、身体力行，以求格物、致知、诚意、正心。此外，我们还借助学科强大的外语人才优势，开展英、法、德、意、日、俄、韩等语种的双语教学。

吴晓锋：就我个人的理解，民商法学应当是一门应用性、实践性很强的学科。不过，我注意到，与其他政法院校相比，西南民商的研究似乎更注重民商法学基础理论的研究，也与现在盛行的以制度研究为主的主流方法大相径庭。这次出版的系列丛书中还有一套"民法哲学"丛书，对此您是如何认识的？

赵万一：应当说，我国民商法学科本来就起步晚，基础理论研究薄弱，因此，加强基础理论研究对民法的发展和进步具有重要的意义。我们认为民法哲学与民法的关系是宏观和微观、根基和枝叶的关系。只有全面研究民法哲学所体现的世界观和方法论，才能深入领会民法的基本精神和具体制度，才能学好民法。"民法哲学"丛书的出版，也体现了本学科一贯重视对民法基本理论研究的学术传承。我校偏居西南，交通、资讯均不发达，这也是我们的劣势之所在。但几代学人甘于寂寞，长期致力于民商法学基础理论的研究，最终化劣势为优势，奠定了本学科在这一领域的全国领先地位。李开国老师的《民法总则研究》，刘云生教授的《民法与人性》，我本人的《商法基本问题研究》及《民法的伦理分析》就体现了本学科重视基本理论研究的特点，并在海内外取得了良好反响。

吴晓锋：我发现西政的许多教授都普遍表现出一种可贵的民生、民本热情，对此您有何感想？

赵万一：关注民生，强调民本可以说是民商法学人义不容辞的神圣职责，关注民生就是要了解大众的需求，就是要推动我国的立法更能符合民本要求。本学科老师一贯重视关注民生，重视社会调查，不单纯钻在故纸堆中或关在书斋中，而是积极参与社会实践。早在20世纪80年代，年逾花甲的杨怀英教授仍亲自带队，在当时条件艰苦的西双版纳开展长达数月的调查研究，出版的《滇西南边疆少数民族婚姻家庭制度与法的研究》成为我们永远的典范。这个优秀的传统一直传承至今，陈苇教授在主持司法部重点课题时，以"农村妇女土地权利保障"为视角，先后组织1000多名学生深入农村进行考察并形成调研报告。特别是在"5·12"大地震发生之后，以本学科刘俊、谭启平等教授为主的12位法学专家联名上书全国人大常委会，建议尽快制定出台《重大自然灾害处置特别法令》。此前，他们在短短10日之内，已经将一部近万字的《重大自然灾害处置特别法令》建议稿起草完毕，获得了政界、学界的一致好评，更体现了西政学者的民本思想和担当情怀。

典章文物　薪火相传

吴晓锋：我们注意到，法律出版社这次推出"西政民商学人文库"，在学界引起较大反响。请介绍一下出版本套丛书的初衷。

赵万一：在中华人民共和国成立60周年和改革开放30年之际，我们编辑出版了这套以"西政民商学人文库"为主的系列丛书，主要是为了展示西政民商法学科过去30多年的发展历程，回顾西南政法大学几代民商学人在歌乐山下这片热土耕耘和奋斗的足迹；激励西南政法的青年学人饮水思源，励志承继并光大西南民商高端平台。

吴晓锋：从丛书系列来看，所涉主题众多，请问该套丛书是否有一个明确的宗旨？

赵万一：按照我们的初衷，本次推出的丛书包含四个系列。一个是"西政民商学人文库"，共20本，主要收录的是我校民商法学科现任17位教授的以学术论文为主的理论著述。

第二个系列是"西政民商法学阶梯"系列丛书，此次共出版了五卷。其中第一卷收录的是以金平教授、杨怀英教授为代表的老一代西政民法学人在改革开放之初对中国民商法学的思考和理论贡献。编辑出版本丛书既是对历史的尊重和记录，也是对他们所做历史贡献的肯定和怀念。第二卷收录的是以王卫国、尹田为代表的一批中青年学者在学校攻读硕士学位或在本学科工作期间公开发表的代表性成果。第三至五卷收录的是本学科部分副教授和硕士生导师近期发表的代表性成果，这些中青年教师是我们学科发展的中坚力量。

第三个系列是"西政民商法学教授讲演录"，收录的是本学科部分教授、副教授在近期内所进行的学术讲座的录音整理稿。这个系列既是我们学科教师传道、授业、解惑的重要部分，也是我校论辩文化的重要载体。现在出版的是第一卷，今后准备每年出版一至二卷。

第四个系列是"民法哲学研究"集刊，本书的出版不仅体现了我院重视民法基本理论研究的传统，也在国内首先为民法哲学的研究提供了平台。

汤维建

中国人民大学法学院教授，中国民诉法学会副会长，全国政协委员。

——作者手记——

法院的执行队伍，历来是腐败的易发区。司法是社会的最后一道防线，而执行又是司法效果实现的最后的和最直接的表现形式，所以执行中出现腐败，尤其是执行法官滋生腐败对司法公信力和我国的法治建设有着不可弥补的危害。曾一度，多名执行法官接连落马，严重败坏了人民法院的形象。如何从制度层面遏制执行腐败，我在《观点1+1》栏目邀请到了长期关注执行工作的著名民诉法专家汤维建共同探讨。

以分权制衡遏制执行部门腐败

先是广东省高院执行局原局长杨贤才因受贿和巨额财产来源不明罪被判处无期徒刑，接着是武汉中院六名执行法官因腐败集体落马。近年来的现象表明，执行环节成了腐败的易发区——操纵拍卖、索要钱财、侵占执行款等。为此，邀请著名学者汤维建教授，力图从制度层面探寻遏制执行腐败的对策。

吴晓锋：作为广东省高院执行局原局长，杨贤才疯狂敛财近四千万元，武汉中院执行部门的六名法官集体倒下，种种迹象表明，执行局正在成为司法系统"最危险"的部门，甚至像交通厅长的职位一样，"前腐后继"。当人们抱怨"执行难"的时候，有人认为"执行难"的一大成因恰恰就是执行法官腐败带来的种种"执行乱"。

汤维建：执行体制中漏洞很多，执行权又缺乏应有的约束和监督，必然会引起"执行难""执行乱""执行腐败"。现在的执行，是整个司法程序中最缺乏监督的一个环节，既没有如同审判那样的审级监督、再审监督、合议制监督等约束性机制，又缺乏检察监督等有力的外部监督。是不是启动执行程序？执行法官说了算。在什么范围内进行执行？执行法官说了算。是不是拍卖，以及交给谁拍卖？执行法官说了算。执行款项是直接交给申请执行人，还是直接放到自己的口袋里，还是执行法官说了算。至于其中的改变执行内容、方式、改变或追加被执行人等行为，也同样是执行法官一权独大。所以，现在大家都在抱怨"执行难"，其实，"执行难"的一大成因就是执行法官上述种种"执行乱"。"执行难"引发了"执行乱"，"执行乱"加剧了"执行难"。

吴晓锋：理论上说，对任何一种权力都不应该出现监督"真空"，否则，就会为贪婪的人性打开方便之门。

汤维建：执行腐败是由多方面原因造成的，包括客观原因和主观原因。出了事的执行法官毕竟是少数，这说明主观原因是要因。但是制度性的原因是根本性的，执行体制不科学、执行制度不健全、执行权缺乏约束、既有的监督呈天然弱性、执行立法粗疏等原因则是基因。如果一个人抵御诱惑的内制力不足，那么，一旦坐上不受监督的职位，就会堕落，因为他可以用权力换取金钱的机会实在太多了。于是，问题最终还是归结为：如何完善执行制度，消除执行腐败，或者将执行腐败降到最低点？

吴晓锋：既然分权可以制衡，那么，将执行职能从法院分离出去，从根本上重构执行制度，应当是未来司法体制改革的一项不可缺少的内容。

汤维建：这就是我们业界俗称的"中医疗法"和"西医疗法"。

关于执行程序单独立法、执行权的内部分工、拍卖机构与法院脱钩、执行账户独立构建、执行代理费由被执行人承担、完善执行救济制度等，这样的治疗方案是"中医模式"。但这种方案恐怕解决不了根本问题，因为它们都没有触及执行体制的改革。现在的执行体制存在结构性的缺陷，具体表现在：它设立在法院内部，法院自己审判，自己执行。这就是问题的根源。

首先，法院虽然实行了"审执分离"，但因为执行机构设立在法院内部，它还可以行使执行中的审判权。这样一来，审判权不仅不能成为执行权的制约力量，反而易造成执行权肆意横行。其次，由于执行机构设立在法院，对于执行中出现的问题，人们无法诉诸法院寻求救济。所谓执行异议或异议之诉，归根到底还是由法院自己解决，有一部分本来针对法院执行提出来的问题，最后还是由法院自己解决，违背了"任何人不能成为自己案件中的法官"的铁律。相反，如果实行"西医疗法"，给执行体制动一个"大手术"，将设立在法院内部的执行机构分离出来，结合刑事执行、行政执行等，单独设立一个统一的"执行总局"，问题的破解就会有很大转机。

吴晓锋：将执行从法院分离出去，必须解决执行这个职能的"腐败宿命"，防范它从法院转移到另一个地方后继续腐败。

汤维建：当法院从执行的利益关系中解脱出来，不仅不再是执行的主体，反而一跃成为监督执行的主体。"执行总局"由于是单纯的执行机构，不享有审判权，不能随意改变执行的内容、执行的方式、被执行人等，如果这些内容需要改变，也只能交给法院行使审判权加以解决。这就在法院和执行机构之间形成了监督和被监督的关系，遏制因为行使审判权而导致的"执行乱"现象。同时，法院行使审判权改变执行文书的内容，也如同行使其他审判权一样，受到了审判机制的内在监督和约束。不仅如此，由于"执行总局"在性质上属于行政机构，当事人或其他利害关系人对于不予执行、懈怠执行或错误执行等的不满，还可以提出行政诉讼，由法院实施审判上的监督。此外，单独设立执行机构，还有利于执行行为的专业化程度的提高。因此，我不赞同"腐败挪了个地方"的观点，因为这样一来，至少在执行权的监督上增加了多种途径。

莫纪宏

现任中国社会科学院国际法研究所所长、研究员，兼任国际宪法学协会名誉主席（终身），中国宪法学会常务副会长。被授予"全国十大杰出青年法学家""有突出贡献中青年专家"称号。

——作者手记——

知名宪法学者莫纪宏研究员，是国内学术界首倡"依宪治国"的学者，同时是中国宪法学者在国际宪法学协会首次担任副主席职务，也是第三位在国际性法学研究组织中担任副主席职务的中国学者，2018年被授予国际宪法学协会终身名誉主席。莫纪宏研究员热忱地关注社会现实、国情民生，在采访中总是观点明晰、坦荡直言。选入本书的这篇对话，是谈公推直选的民主价值。那一年广东省梅州市两镇党员直选镇委书记，以及深圳公推直选八名正局级、二十名副局级领导职位的消息让大家振奋。多年之后，回望过去，仍然感到文中观点历久弥新。

公推直选镇委书记的民主价值

广东省梅州市两镇党员直选镇委书记的消息，让许多关注选举制度改革的人士感到兴奋。梅州这一以公推直选探路基层党内民主的举措，也是深圳今年公推直选八名正局级、二十名副局级领导职位之后，广东省在干部人事制度改革上作出的又一探索。

吴晓锋：公推直选是我国近年来出现的一种新的基层民主选举形式，虽然这种公推直选目前仍在基层摸索经验，但毫无疑问，来自基层的民主实践弥足珍贵,对我们传统体制的影响是巨大的,被学界人士寄予厚望。

莫纪宏:公推直选是在我国发扬党内民主过程中创造出来的一种民主选举形式。具体内涵是将党委直接提名和委任变为在党组织领导下,通过党员个人的自我推荐、党员群众的联名推荐、党组织的推荐三个环节产生候选人,然后由全体党员直接参与选举产生党组织领导班子。

公推直选作为党内的民主选举形式,它所体现的"民主精神"与"普选"和"全民公决"是一样的,只不过适用的范围和具体操作制度不一样。普选是指凡是符合选举条件的公民都有权参加选举,从而保证选举权的普遍性;全民公决是指最大限度地发挥公民在政治决策中的作用,在具体制度设计上,依托具有选举权的公民群体对国家重大事务作出决断;竞选是指在民主选举过程中,候选人通过公开竞争来展示自己的议政和施政能力。

公推直选目前只适用于党内的民主选举,如果推广到人大代表的选举中,会极大地提升我国现行选举制度的科学性和有效性。广东省梅州市组织的镇党委书记公推直选,虽然是党内选举,但是,选举制度和操作程序却充分体现了民主选举的精神,很好地体现了广大党员的意愿,值得肯定。

吴晓锋:公推直选最重要的意义就是将选举真正建立在民意的基础之上,充分尊重选举人的选举权、投票权,有效地防止了少数人通过控制候选人的确认程序和选举中的某些环节,来促成违背选举人真实意愿的选举结果。

莫纪宏:这种选举形式最大限度地保障了党员的民主权利,有效地防止了任人唯亲等人事腐败现象的发生。公推直选在防范干部人事制度腐败方面所产生的积极意义是显而易见的。正如梅州市镇党委书记公推直选领导小组负责人所说的那样:"落选并不是他们不优秀,其实他们的得票也比较高。但是,党员们在投票时认为他们长期在机关工作,缺乏足够的乡镇工作经验。"这充分说明,在此次公推直选中,县委、组织部门没有去宣传所谓的"组织意图",把整个公推直选操控在自己手里,而是认认真真地充当组织者、裁判员，让党员们选出自己心目中的"掌舵人"。公推直选对传统选拔任用机制的最大创新，就是放弃了事先制定、内部先定的"预设民主"模式，而是把民主权利还给每一个党员，充分尊重了党员权利，完全按照党员的民主意愿来选举干部，这是党内民主生活走向正常化的重要标志。也是对传统选拔任用中存在的"暗箱民主"的一种彻底改革，体现了执政党自身不断自我完善的发展理念。

吴晓锋：目前的公推直选还只是在党内基层民主中探索，许多有识之士提出它还应当往更高的层次发展，相信会随着政治体制改革的不断推进而逐步完善。

莫纪宏：公推直选目前只是适用于党内民主选举，今后条件成熟的时候可以引入基层人大代表选举以及国家机关领导人的选举中，那样就可以更有效地保障选举人的选举权利，真正地体现民意。当然，公推直选也需要根据实际情况，在制度上加以规范。要以坚持党的领导为前提，不能以这种选举形式否定党的领导。

从目前公推直选的适用领域来看，主要是限于党内民主选举，由党员来选择党员，从制度上看，还不涉及执政党的民意基础问题。今后能够将党内民主扩大到国家民主和社会民主，让老百姓充分表达选举意志，还需要在实践中不断探索，因为这个涉及一系列根本制度的问题，包括党政关系、执政党的地位、选举中的民意真实性以及选举制度背后的利益格局等问题，必须要在不断推进政治体制改革的过程中，逐步加以完善。

吴晓锋：基层民主是整个国家民主制度的组成部分，实现基层的民主也是一个可贵的开端。实际上，类似于梅州这样公推直选基层权力机关领导人，近年来在其他地方也有实验，我们因此有理由相信，这种实验将会引起更多的后来者效仿，基层的民主选举制度范围也将会逐步扩大，从而催生出更加丰富的民主形式和制度创新理念。

莫纪宏：基层民主是整个国家民主制度的组成部分。民主是一个很复杂的问题，许多民主形式是否有效应当通过实践来加以检验，所以，通过基层先行试点可以有效地总结经验，便于在更高层次上推广。目前的公推直选形式是可以在基层选举中借鉴的，可以进一步扩大选民提出候选人的权利，可以通过适当竞争的方式让选民更好地了解候选人。

就此次梅州公推直选镇党委书记一事所具有的意义，梅州市委常委、组织部部长翁永卫说，党内民主是党的生命，科学的领导制度是党有效治国理政的根本保证。梅州石扇、石坑两镇成功公推直选新一任镇党委书记，取得了历史性突破，在党管干部和群众公认之间找到了选人用人的平衡点。任何新生事物总有一个不断探索的过程，从我国根本政治制度人民代表大会制度的本质来看，国家的最终权力和最高权力还是属于人民的，因此，民主原则最终只有在国家制度层面彻底实现，人民当家作主的权利才能得到真正有效的保障。

王全兴

上海财经大学法学院教授，中国经济法学研究会副会长，中国社会法学研究会副会长，中国法学会劳动法学研究会副会长。

—— 作者手记 ——

当过三个法学研究会的副会长，不知道王全兴教授是不是唯一的一位。我采访王全兴教授最多的是有关劳动法的问题，2008 年 1 月 1 日起《中华人民共和国劳动合同法》的施行和 2009 年 8 月《中华人民共和国劳动法》的修订使这一领域爆发的纠纷呈几何式增长，而且也引发了社会各界和学术界关于劳动合同法是否超前的持久的辩论。王老师是一个敢于发声、敢于批判的学者，从不会有模棱两可的观点，也从不会留情面。此次选入的这篇文章是我在云南红河集团卷烟厂解除"土地工"劳动关系后就相关法律问题对王老师做的专访，大家可以管中窥豹，看到王全兴教授的犀利观点。

烟厂存在一天　岗位指标就存在一天

——专访中国法学会劳动法学研究会副会长王全兴教授

《"协议工"状告红河集团昭通卷烟厂》一文引发了读者的广泛关注，为此就相关法律问题专访了中国法学会劳动法学研究会副会长、上海财经大学法学院教授王全兴。

吴晓锋：就昭通卷烟厂与蒙泉乡人民政府、乡村民代表签订的系列"征地安置协议"而言，到底具有什么法律性质？

王全兴：根据《中华人民共和国土地管理法》（1988 年修订）第三十一条第一款的规定，由用地单位招用被征地单位多余劳动力，是安置被征地单位多余劳动力就业的一种方式。此即直接安置就业。依此被招用的劳动者，俗称"土地工"。1990 年 5 月，昭通卷烟厂与学庄乡政府、乡村民代表签订的《安置学庄乡临时工有关问题的补充协议》，1990 年 12 月，昭通卷烟厂与昭通市蒙泉乡学庄村公所签订的《征用土地协议书》和同年 12 月昭通卷烟厂与昭通市蒙泉乡人民政府、乡村民代表签订的《征用土地协议书补充说明（一）》（以下简称"征地安置协议"），符合上述法律规定，对昭通卷烟厂具有法律约束力。昭通卷烟厂对被征地单位负有招用 105 名符合条件的村民就业的义务。尽管 1998 年和 2004 年修订的土地管理法作出取消用地单位直接安置就业方式并提高征地安置补偿标准的规定，但对此前的"征地安置协议"没有溯及力。并且，昭通卷烟厂直接安置多余劳动力就业是以降低当时安置补偿标准为代价的，此后只有在追加相应安置补偿的前提下，才可以通过协议变更"征地安置协议"而免除昭通卷烟厂直接安置就业的义务。但本案中未发生此种情形，故"征地安置协议"关于昭通卷烟厂直接安置就业的约定仍然有效。

吴晓锋：简言之，这个安置义务是什么？本案中"烟厂存在一天，工作岗位指标存在一天"该作何理解，是否可以理解为无固定期限劳动合同关系？

王全兴：用地单位的直接安置就业义务，是对被征地单位多余劳动力的义务，而不只是对"土地工"的义务；是无固定期限的就业安置义务，如本案中"烟厂存在一天，工作岗位指标存在一天"的义务，而不是只应当订立无固定期限劳动合同的义务。因而，只要符合劳动合同解除或终止的法定条件，"土地工"的劳动合同仍然可以解除或终止，但同时用地单位应当按照约定的直接安置就业数量从被征地单位多余劳动力中补招符合条件的劳动者。在此意义上，用地单位与"土地工"的劳动关系，不能当然理解为无固定期限劳动合同关系，只有具备订立无固定期限劳动合同的法定条件，"土地工"才有权要求用地单位与其订立无固定期限劳动合同。在本案中，由于"土地工"的劳动关系不属于应当终止的事实劳动关系，故昭通卷烟厂的所谓"终止事实劳动关系"的行为实际上是解除劳动关系的行为。而判断昭通卷烟厂解除"土地工"劳动关系的行为是否合法，则应当以是否符合劳动法规定的解除劳动合同的条件为标准。

用地单位的直接安置就业义务，是应当尽可能为被征地单位多余劳动力提供适合其就业的岗位。只要有适合其就业的岗位，就应当优先向被征地单位中符合条件的劳动者提供。当然，这是以相应的就业安置能力为条件的。如果客观上已不具备向被征地单位多余劳动力提供适宜就业岗位的生产条件，就应当以其他的安置方式（如就业安置补偿）替代。而在本案中，昭通卷烟厂并未提供不具备这种就业安置能力的证据，在解除"土地工"的劳动关系的同时，也未采取履行安置义务的其他方式。这样昭通卷烟厂就违反了土地管理法（1988年修订）规定的劳动力安置义务。

吴晓锋：有人认为昭通卷烟厂与"土地工"一直都没有签订劳动合同，只有"征地安置协议"。那么，应该如何看待两者之间的关系？是不是没有书面劳动合同便没有法律保障？

王全兴：昭通卷烟厂依据"征地安置协议"招用被征地单位多余劳动力所形成的劳动关系，虽然未签订书面劳动合同，但不属于应当终止的事实劳动关系。因为该劳动关系虽然没有书面劳动合同，却有合法有效的"征地安置协议"作依据，并且其中关于"土地工"与原企业员工享有同等待遇的约定给"土地工"的劳动权利义务提供了依据。至于未签订书面劳动合同的过错在昭通卷烟厂而不在"土地工"。对这种劳动关系，根据劳动和社会保障部2005年《关于确立劳动关系有关事项的通知》的规定，昭通卷烟厂应当与"土地工"补签劳动合同。

由于未签订书面劳动合同，故"土地工"劳动关系的期限不明确。但这不属于无固定期限劳动合同。因为"征地安置协议"中"烟厂存在一天，工作岗位指标存在一天"的约定，仅指"工作岗位指标"的存续无固定期限，而不能由此推定"土地工"的劳动关系为无固定期限。当然这并不排除具备订立无固定期限劳动合同的法定条件的"土地工"有权提出订立无固定期限劳动合同的情形。

吴晓锋：如果说昭通卷烟厂的"裁员"之举可以规避劳动合同法的话，那是否可以认为该行为是合法的？

王全兴：关于无固定期限劳动合同，劳动法虽有规定，但对社会影响甚微，而劳动合同法的规定则引起用人单位的巨大反响。这起因于劳动合同法对用人单位应当订立不定期劳动合同提出了高于劳动法规定的要求。根据劳动法的规定，劳动者即使具备了"在同一用人单位连续工作满十年以上"的条件，只有在"当事人双方同意延续劳动合同"时才有权提出订立无固定期限劳动合同。而根据劳动合同法的规定，劳动者只要具备了"在同一用人单位连续工作满十年以上"的条件，劳动者就有权提出订立不定期劳动合同。据此规定，在劳动合同法生效后，在昭通卷烟厂连续工作满10年的"土地工"就有权要求订立无固定期限劳动合同。于是，昭通卷烟厂急于在劳动合同法生效前夕，解除"土地工"的劳动关系。

但是，昭通卷烟厂的规避行为违反了劳动法的裁员规定。昭通卷烟厂作出《关于终止107名"协议工"事实劳动关系的决定》，属于裁员行为。而这不符合劳动法第二十七条中"用人单位濒临破产进行法定整顿期间或者生产经营状况发生严重困难，确需裁减人员的"才可裁员的规定。尽管"土地工"的劳动关系因未签订书面劳动合同而属于事实劳动关系，但这是昭通卷烟厂违反劳动法中"应当订立书面劳动合同"的规定所致，故不能以此为由解除"土地工"的劳动关系。退一步说，即使具备裁员的法定条件，也不能将"土地工"作为优先裁员的对象，更不能只针对"土地工"裁员，而应当对"土地工"与其他职工一视同仁。

对此，劳动法第九十八条已有规定，"用人单位违反本法规定的条件解除劳动合同"的，"由劳动行政部门责令改正；对劳动者造成损害的，应当承担赔偿责任"。

吴晓锋：近年来，企业的社会责任受到越来越多的关注，而公众尤其对大型国企有更高的期待和要求。昭通卷烟厂这种行为在企业社会责任的语境下如何理解？

王全兴：履行社会责任，是现代市场经济条件下对企业的普遍要求。公司法明确规定，公司应当履行社会责任。国有企业相对于非国有企业，垄断企业相对于非垄断企业，更有条件履行社会责任。但是，昭通卷烟厂作为国有垄断企业，为规避劳动合同法，却无视失地农民的合法就业权益，违反对被征地单位多余劳动力的就业安置义务，是社会责任感淡薄的表现。此类事件在构建和谐社会的今天时有发生，是值得人们担忧和深思的。

企业社会责任有道义责任和法定责任两个层次，法定社会责任的要求低于道义社会责任，是企业最起码的社会责任。尽管如此，将社会责任转化为法定义务，通过追究法律责任来倒逼企业履行法定义务，进而促使企业履行社会责任，是企业社会责任得以实现所不可缺少的机制。所以，依法处理本案，对提高我国的企业社会责任水平，具有不可忽视的意义。

付子堂

现任西南政法大学校长、党委副书记，教育部"新世纪优秀人才支持计划"，享受国务院政府特殊津贴，中国法理学研究会副会长。被授予"全国十大杰出青年法学家"称号。

—— 作者手记 ——

母校校长付子堂，法理学名家，学识渊博，谦和亲切，校长履新时给他作了这篇专访。西政有法学界的"黄埔军校"之称，也有"没落贵族"之称，子堂校长受命于危难之际，肩负振兴西政重塑辉煌的重任，被多少西政校友寄予厚望。印象中，子堂校长这些年就在做着这些事，为"第三次创业"，为"双一流"，为"人才建设"等殚精竭虑，我对他的采访也多集中在"校长"的定位上。

我的心情如履薄冰

——西南政法大学新任校长付子堂访谈录

2009年9月25日，重庆市三届人大常委会第十二次会议表决通过，决定免去涉嫌收受巨额贿赂的重庆高级人民法院副院长张弢相关职务。与此同时，张弢职位的继任者浮出水面，西南政法大学原校长陈彬履任。

陈彬的履新令全国高院的学者型官员习惯得以延续，也令本已喧嚣的法学圈更为热闹。西南政法大学原副校长继任校长，西南政法大学翻开了崭新的一页。为此，特采访了西南政法大学新任校长、法学名家付子堂教授。

罗马不是一天建成的

吴晓锋：西南政法大学近年屡换校长，您怎么看待这个问题？有什么特殊的背景吗？

付子堂：最近重庆高校领导班子调整并不止西政一家，是正常换届，重庆市委、市政府对所属的十余所高校校领导进行了调整，其中新任命了六所高校的校长。

近年来，西政在党委的坚强领导下，在几任校长的带领下，学校在新校区、师资队伍、重点学科建设、教育教学质量工程以及教育部本科教学工作水平评估等大事上，取得了优异的成绩。西方谚语有云，"罗马不是一天建成的"。

吴晓锋：您怎么看待从法学学者到司法官员的角色转变？

付子堂：我的前任，也是很敬重的师兄陈彬校长，本来就是西政学子，也曾经留校执教多年，后来在法律实务部门工作，具有十分丰富的理论与实务工作经验，是典型的有为的学者型官员。

这次重回司法实务部门，相信是经组织慎重考虑后作出的重要安排。法学是一门实践性很强的学科。在西方发达国家，由法学学者转换为司法官员、行政官员几乎再平常不过，甚至很多人都是身兼二任。比如，经济分析法学派代表波斯纳是在世的最有影响力的法学家之一，也是美国联邦上诉法院法官。

近年来，我国从法学学者中选任司法官员和行政官员已经屡见不鲜，最高人民检察院曹建明检察长曾任华东政法大学校长，吉林省高院院长张文显大法官曾任吉林大学党委书记。

法学是一门专业性很强的学科，专门人才的培养颇显重要。对于这样的选拔任用，我认为是国家越来越重视法治建设的表现。

安身立命的精神家园

吴晓锋：听说您读书在西政，教书在西政，今年8月之前多年担任西政的副校长。请介绍一下作为学生的您、教师的您、行政领导的您眼中的西政？

付子堂：自 1981 年考入西政，至今已有 28 年了。毫不夸张地说，西南政法大学在我的人生中占据着异乎寻常重要的地位，是我安身立命的精神家园。我曾经是西政的学生，现在还是西政的教师。作为学生，我有幸受业于黎国智教授、李权教授等西政名师门下，西政教师群体严谨扎实的学术精神和风格对我的影响最为深远。作为老师，我长期坚守在教学一线，与学生有着深厚情谊，我期望能够为国家培养一批能够"为天地立心、为生民立命、为往圣继绝学、为万世开太平"的社会栋梁。作为学校管理服务人员，这是一份荣誉，更是一种责任。今年暑假期间我就任校长后第一次与全校老师见面时，曾专门引用《诗经》上的一句话，"战战兢兢，如临深渊，如履薄冰"。这种忧患心情和担当意识就是我的内心写照。

借法理以优化现实

吴晓锋：您在学术方面也很有造诣，2005 年就被遴选为首批"当代中国法学名家"，能否介绍一下您在学术方面的成果和心得？

付子堂：我的研究方向主要集中在现代法理学、法律社会学以及科技与法律问题。"凭现实以审视法理，借法理以优化现实"，是我一以贯之的学术思路。

我主张进行学科交叉融合研究，特别是社会学与法学的交叉，力求在法律以外知识的启发下，由"法外"探究法理。所以，我提出了"法之理在法外"的命题。

我的心得是：在法学领域搞研究绝不能"两耳不闻窗外事"，必须在深入经典的同时关注现实、关注社会民生。法学研究要从社会出发，特别是应从当下中国社会转型的现实出发，逐步促进法理学基础理论的进步与创新，要着眼于解决转型时期的中国社会所特有的法律问题。

凝聚共识重振西政

吴晓锋：担任西政校长后，您如何看待西政目前的优势和劣势？您将准备如何带领西政再续辉煌？

付子堂：我认为，西政的优势首先是在中国法学教育界的声望和建校近六十年来的积淀，特别是在长期办学当中形成的西政精神与独特文化；其次是重庆直辖市建设中部教育高地和长江中上游教育中心的发展势头和光辉前景；还有更为重要的是，西政全体师生员工和广大校友都有一种振兴西政的责任感和向心力，只要把这种向心力凝聚起来，我们就一定能够把学校办得越来越好。

目前，学校正处在以"转型升格"为核心内容的"第三次创业"征途上，学校也面临着很多挑战，特别是不具有地缘上的优势，等等。但我相信，只要按照学校的总体目标定位，牢牢把握教育规律，始终坚持以人才培养为根本任务，以教学为中心，以学科建设为龙头，坚持"科学办学、开放办学、特色立校"的思路，在全校师生员工和海内外校友的共同努力下，我们的目标一定能够实现。

吴晓锋：西南政法大学的发展目标是建设研究型高水平大学，能否请您对这一目标作简要解读？

付子堂：我认为，高水平大学必须要有高水平管理、高水平教授、高水平科研、高水平学科，还要有高水平教学、高水平网络、高水平后勤、高水平服务，等等。而所有这一切的最佳路径，就是要有高水平的制度；所有这一切的最终目的，就是要培养出高水平的学生。西政的办学目标就是要建设成优势突出、特色鲜明的高水平研究型大学；学校的教育思想就是以人为本，培养具有健全人格、创新能力和担当意识的高水平学生。

为了建设高水平大学，我希望能够努力营造一种风正、气顺、心齐、劲足的校园氛围。我将在党委的领导下与同事们一道，紧紧依靠广大师生和校友，力求让学校成为每一位教师创造人生价值的舞台，成为每一位学生实现人生理想的摇篮，力争让每一位校友都能真切感受到母校就是自己的精神家园，共同书写西政发展史上新的璀璨篇章。

马怀德

现任中国政法大学校长、中国行政法学会会长、中国监察学会副会长。被授予"全国十大杰出青年法学家"称号。

—— 作者手记 ——

对马怀德教授的采访，多为谈行政法和政府法治的种种问题。作为行政法学的领军人物，他出名很早，身兼很多要职，但教学、学问、行政、公益等什么都没耽误，而且印象中的马教授一直是年轻、有才、谦逊、精力充沛又有亲和力的样子，让你看到他的时候会生出一种想法：除了天赋，他是如何驾驭时间的？ 2019 年 5 月，多年的"马副校长"终于成了"马校长"，听到这个消息我很高兴，但一点儿都不惊讶，祝贺的同时就和马教授预约了下面这个专访。从行政法大家到中国政法大学校长的华丽转身，是公众目前对他最为关注的问题，特地选入这一篇。

从行政法专家到中国政法大学校长

学霸、师从名家、中华人民共和国第一个行政诉讼法博士、著名行政法专家、政府智囊……这些标签早已贴在他身上。

马怀德，中国行政法学会会长，中央多部委和省级人民政府的法律顾问，2019 年 5 月 22 日，又新晋了一个重要身份，中国政法大学校长。

作为一名行政法专家，如今华丽转身，成为有"中国法学教育最高学府"之称的中国政法大学第 10 任校长，他将如何诠释新的角色，大家满怀期待，也拭目以待。近日，《法制日报》记者专访马怀德。

法治政府建设的推动者

马怀德对记者说从 1984 年起自己的人生好像就和行政法连在一起。那时在北京大学法律系读书，翩翩风度的罗豪才等先生讲授的行政法课深深吸引了他，而此时，行政法作为新兴学科展现的光明前景让他更加热血兴奋。

本科毕业时，恰好中国另一位行政法学先驱、中国政法大学应松年教授招收行政法专业硕士研究生，于是，他投身应松年门下专攻行政法学。1990 年他提前考上诉讼法名家陈光中教授和应松年教授共同指导的博士研究生，1993 年成为我国首位行政诉讼法博士。

由于师出名门，马怀德有机会年少出道，读书期间便跟随导师参与国家赔偿法和行政处罚法的起草工作。自此，马怀德的行政法人生一路开挂，学术、立法、顾问、谏言、辩护……重重光环加身。而光环映照下，正是这 20 年政府依法行政和依法治国实践的快速发展之路。马怀德以经纶治世的知识分子的使命感投身这一伟大的历史洪流，而机会也总是垂青那些奋斗者。

1998 年 33 岁的马怀德被破格聘为教授，35 岁成为博士生导师。2006 年开始担任中国政法大学副校长。

1999 年，修改后的宪法增加了"中华人民共和国实行依法治国，建设社会主义法治国家"条款。依法治国基本方略的实施，加快了行政法制建设进程，国家急需行政法律人才，一系列的行政立法需要专家，政府依法行政需要法律顾问，国家行政机关也需要咨询专家，除去他的老师辈的几个专家，他成为新一代的拔尖人物。"他在他的同辈中又是最年轻的，他温和，却有热血；他在许多领域的研究和建树独树一帜，学术造诣深厚。所以他很快脱颖而出。"他的老同学这样评价他。

他全程参与了国家赔偿法的制定，后来又参与了行政处罚法、立法法、行政许可法、监察法等重要法律法规的起草、修订工作。

他先后担任过十几个部委、省市的法律顾问或咨询委员，出任过最高人民法院和最高人民检察院的咨询委员、中纪委特邀监察员、公安部特邀监督员等。

他抓住了中国法治建设的一个"牛鼻子"——法治政府建设，并在这块园地深耕细作，成为中国法治政府建设的推动者、建言者。

2005年，他倡导成立中国政法大学法治政府研究院。

2005年12月，他进入中南海，为中共中央政治局第二十七次集体学习讲课，内容是行政管理体制改革和完善经济法律制度。

2007年，他首次提出法治GDP的概念，并建议将其列入官员政绩考核，用以纠正"唯经济GDP是图"的畸形政绩观。

2010年，法治政府研究院发起设立"中国法治政府奖"。

2011年，他关注进一步推进行政体制改革，进一步健全行政程序和激励监督机制，进一步让信访工作步入法治轨道。

2015年，针对党的十八大提出到2020年基本建成法治政府的任务，他指出法治政府建设应重点实现四个转变：简政放权转变职能科学化；行政权责和组织程序法定化，监督问责常态化，法律实施和执法激励制度化。

2016年，他提出以"放管服"改革促进法治政府建设。

党的十九大后，他指出当前法治政府建设的着力点是法治政府建设的组织领导问题，应该抓住"关键少数"。

2017年，马怀德获评"CCTV年度法治人物"。当时的推荐词评价他是"行政法治大厦的建设者""传播法治精神的布道者""法治政府建设的推动者"。

2017年5月17日，马怀德还受邀参加了习近平总书记主持召开的哲学社会科学座谈会，并作为唯一的法学学者发言。

监察改革建言者

马怀德没有把自己的研究领域局限在法治政府一隅，近几年的重大法治改革热点问题他都有所涉及，监察体制改革及立法是他用力最多的。

马怀德也一直关注和研究监察与反腐败问题。尤其当国家监察体制改革拉开序幕，马怀德便成为这项重大改革的参与者、建言者。

马怀德受聘担任中纪委特邀监察员和监察学会副会长多年，曾三次参加时任中纪委书记王岐山主持的专家学者座谈会并就反腐倡廉和国家监察体制改革建言献策。

他提出制度反腐的重要性，认为源头反腐需要制定重大决策程序条例、政务公开法、行政组织法等法律，得到了王岐山的肯定。

2016年监察体制改革推进后，他多角度、全方位分别从全面从严治党、反腐败工作、国家治理体系治理能力现代化、全面依法治国等方面探讨和建言监察体制改革的意义和要点，提出监察法立法思路和重点等。

记者感叹那段时间他密集地撰写了那么多文章。仅发表在《国家行政学院学报》2016年第6期的《国家监察体制改革的重要意义和主要任务》短短三年，知网下载上万次，引用363次。

能够称得上重大政治改革的事件并不多，一个法学专家赶上了这一历史赋予的课题，自然激发了其经世济民的热情和担当。马怀德当时提出的很多建议都在后来的监察体制改革中得到体现，并被监察法立法所采纳。

2017年11月7日，中国人大网公布监察法草案，面向社会公开征求意见。一时舆论高度关注，各方积极建言献策。

11月20日下午，中国政法大学国家监察与反腐败研究中心正式成立，中国政法大学终身教授、中国行政法学会名誉会长应松年担任该中心主任。

仪式之后，该中心与中国法学会行政法学研究会联合举办国家监察法立法座谈会上，马怀德围绕几个热点问题发表意见。

针对学界普遍关注的监察立法与宪法的关系，马怀德建议先修改宪法再制定监察法。

"我在相关座谈会上提出，希望修改完宪法之后再通过监察法，然后成立国家监察委员会。"马怀德说。

对于留置措施取代过去的"两规"做法，马怀德认为是监察体制改革最重要的成果，但监察法草案应对留置对象、留置程序、留置场所等内容进一步细化和完善。

2018年3月，监察法正式通过后，马怀德成了宣讲员，在各大报纸杂志可见他的专访和署名文章，他的身影也频频出现在机关、单位、高校等的讲台上。

大学校长　校之灵魂

无论是怎样游刃有余地行走于庙堂之间，无论是一个多么出色的智囊，洗尽铅华，马怀德始终淡定从容地执着于学术研究和教师角色。

他曾经说过："希望专注于学术，培养更多更好的学生，让依法行政、法治政府建设和行政法学能够往前再迈进一步。"

2019年5月22日，在中国政法大学已经31个年头，在副校长职务上也13年的马怀德出任中国政法大学校长。

2017年5月3日，在五四青年节来临之际，在中国政法大学建校65周年前夕，习近平总书记来法大考察，并就法治人才培养发表重要讲话，这个法学教育重镇更加备受瞩目地进入公众视野。已经进入"双一流"建设行列的法大将"中国特色世界一流法科强校"确立为今后的建设目标。这对于此时走马上任的马怀德是一个巨大的挑战。

在宣布任命会上，马怀德表示将坚持"以师生为中心"的理念，坚持"问题导向和目标导向相结合"，准确把握制约学校发展的短板，强化师资队伍建设。

据悉，马怀德上任后第一件事就是走访法大的五位终身教授，问计求策，然后就是召开青年教师和学生座谈会，倾听意见建议。

"师生有所呼，学校有所应"，校园网上很快出现了"网上投诉"版块，学校制定了《投诉建议处理办法》，师生对学校管理中的问题都可以在线上投诉、提出建议，职能部门必须在15个工作日内回复解决。

有法大老师私下对记者说，马校长不愧在法大做了 13 年副校长，对法大的管理和师资状况非常了解。

"之前法大的各个学科基本上都有着那一领域的全国领军人才，但现在那批人都面临退休的问题，而法大自己培养的优秀人才又没能留下，现在在领军人才方面有点青黄不接的感觉。这可能是马怀德履新后面临的一个大问题。"该人士称。

近几年高校的人才大战确实看得人瞠目结舌，东部有的学校已经开出了 1000 万的"安家费"来挖一个学科带头人。很多有点分量的学者待价而沽。

从全国来看，近两年来的人才大战，确实让教师队伍有点人心不稳。很多有"帽子"的教师要么被看上、挖走，要么自己盯着条件更好的高校。这是当下教师队伍建设面临的最大问题。那该如何解决这一问题呢？

马怀德回答："国家对公办大学教师薪酬待遇可以考虑设定最高限，双一流高校不得向非双一流高校挖人才。同时，学校要把师资队伍建设作为最重要的工作，引进人才、培育人才和留住人才并重，学校要从情感上关心、政策上激励、制度上保障教师，形成发现人才、培养人才、尊重人才的良好氛围。要加强与教师的沟通交流，关注他们的所思、所长、所需，为教师的成长发展提供最大支持。要构建多元化的教师评价体系，做到实事求是、科学评价，激发教师创新活力。"

所谓大学，是因为有大师，是大象无形的精神家园。

大学校长，更被寄予了汇聚英才的厚望。

中国政法大学自建校以来人才辈出，从 20 世纪 50 年代的钱端升、雷洁琼，到今天依然活跃于学界的五大终身教授，还有一大批中年领军人物和青年才俊，都是在法律圈封了神的人物，不知"众望所归"的第 10 任校长马怀德能否再为法大创造神话？

曹明德

中国政法大学教授，著名环保法专家。被授予"全国十大杰出青年法学家"称号。

—— 作者手记 ——

世界自然保护联盟环境法学院专家、中国环境资源法学会副会长、中国政法大学曹明德教授好像自进入教学岗位以来就和环境资源法连在一起。我在西政读书时，明德教授就在西政教书，听说他是全国第一批赴渝工作的博士团成员，因为热爱教学科研而从副区长的仕途跨入西政，并牵头成立了西政环境法的硕士点和博士点。我总会在遇到环境资源法制问题时第一时间就想到求助明德教授。他同样是一位绝不闪烁其词的、有着高度社会责任感的学者。本书选入的内容是针对当时大量存在的环评"先上车后买票"的现象的评析，近年来随着环境执法力度的加大，这种现象应该较少了吧。

必须矫正环评"违法成本低、守法成本高"反常现象

——访环境法专家曹明德教授

秀丽的湘江河畔，湖南晶天科技实业有限公司在没有进行环境影响评价和环保审批的情况下建厂投产。而这样的情形并非只存在于一两个个案中。

我国《环境影响评价法》在实施中到底出现了什么主要问题？该如何应对这些问题，使环境影响评价制度真正有效地实施下去？为此，特采访了著名环保法专家、西南政法大学曹明德教授。

"先上车后买票"大量存在

吴晓锋：从这个案子可以看出我国《环境影响评价法》在实施中，出现了什么主要问题？

曹明德：2002 年，全国人大常委会通过了《环境影响评价法》，于 2003 年 9 月 1 日起开始实施。

该法明确规定，无论是建设项目还是发展规划，都必须纳入环境影响评价的范围，必须执行"先评价，后建设"的规定。

目前，我国的环境影响评价法在实施过程中确实暴露出一些问题，尤其是一些企业负责人，甚至某些政府官员对该法的"防患于未然"的精神理解不透。他们认为这一制度仅仅是一道手续。为了优先发展地方经济，政策上可以灵活，建设项目上马后，再补办环境影响评价这一"手续"。所谓"先上车后买票"大量存在。

环境影响评价机构出于自身的利益，往往出具不客观、不真实的评价报告，以致污染严重的企业可以顺利蒙混过关，有的实力雄厚的企业，甚至无视这一法律制度，建设项目完工或投入使用后，居然也不办理环境影响评价手续。

违法成本低　法律制度设计上存在缺陷

吴晓锋：为何这种"先上车后买票"的现象屡禁不止？是违法成本太低吗？

曹明德：是的，原因很简单，违法成本低，法律制度设计上存在缺陷。根据我国现行的《环境影响评价法》第三十一条的规定，建设单位未依法报批建设项目环境影响评价文件……由有权审批该项目环境影响评价文件的环境保护行政主管部门责令停止建设，限期补办手续；逾期不补办手续的，可以处五万元以上二十万元以下的罚款，对建设单位直接负责的主管人员和其他直接责任人员，依法给予行政处分。

当建设项目已经完工，而没有办理环境影响评价手续时，环保部门只能要求其限期补办手续，不能对其进行其他制裁；当建设单位逾期不补办手续时，环保部门对其罚款最高不能超过二十万元人民币。

而建设单位直接负责的主管人员和其他直接责任人员的法律责任较为笼统，即依法给予行政处分。当建设单位为私人企业时，如何对其进行行政处分？

因此，应当完善相关法律条款，加大对违法者的打击力度，使违法者付出相应的成本，矫正"违法成本低、守法成本高"的反常现象。

吴晓锋：那么如何矫正"违法成本低、守法成本高"的反常现象？

曹明德：我建议对未办理环境影响评价手续的建设单位，应当可以直接对其进行罚款，并增加罚款的额度，使其足以达到威慑或遏制违法者的程度，并对单位负责人进行行政拘留，对国有企业的有关责任人员进行降级、撤职或开除等行政处分。

也应当追究环评机构法律责任

吴晓锋：除了缺少环境影响评价手续，环评法实施中暴露的另一个重要问题——不客观、不真实的评价报告，那么如何确保评价报告真实有效呢？

曹明德：答案还是从完善制度入手。要严格追究评价机构及评价专家进行失实评价的法律责任。

根据《环境影响评价法》第三十三条的规定，接受委托为建设项目环境影响评价提供技术服务的机构在环境影响评价工作中不负责任或者弄虚作假，致使环境影响评价文件失实的，由授予环境影响评价资质的环境保护行政主管部门降低其资质等级或者吊销其资质证书，并处所收费用一倍以上三倍以下的罚款；构成犯罪的，依法追究刑事责任。

同样，也应当追究评价专家的法律责任，当其进行失真评估或虚假评估时，应区分情况追究其相应的民事责任，并取消其从事这一行业的相应资质。

最后，应明确环保部门或相关部门工作人员的法律责任。环境影响评价法第三十五条规定，环境保护行政主管部门或者其他部门的工作人员徇私舞弊，滥用职权，玩忽职守，违法批准建设项目环境影响评价文件的，依法给予行政处分；构成犯罪的，依法追究刑事责任。

刘俊海

中国人民大学法学院教授，中国人民大学商法研究所所长，兼任中国消费者协会副会长。被授予"全国十大杰出青年法学家"称号。入选教育部"新世纪优秀人才支持计划"。

—— 作者手记 ——

我写博士学位论文的时候就认真拜读了刘俊海博士的专著《股份有限公司股东权的保护》，并作了多处引用，当时他还在社科院工作。我进法制日报社后就经常采访俊海教授，那时他也调到了中国人民大学法学院，还被授予"全国十大杰出青年法学家"称号。俊海教授有对着镜头就发光的特质，不假思索而能出口成章，激情四射，属于很受记者和媒体欢迎的学者，出镜率极高。我和我的许多同事都喜欢采访他，也经常采访他，他主持的人大商法研究所也经常和我们合作举办一些研讨会。俊海教授是我采访最多的学者之一，但遗憾的是没有篇幅较长的专访，以后补上。

市场有眼睛 法律有牙齿

由最高人民法院、最高人民检察院公布的《关于妨害信用卡管理刑事案件具体应用法律若干问题的解释》（以下简称司法解释）于12月16日开始正式施行。这一司法解释规定了相关信用卡犯罪的量刑标准，明确了办理妨害信用卡管理刑事案件法律适用中的一系列疑难问题。

"两高"相关负责人表示，近年来，随着我国信用卡产业高速发展，信用卡犯罪活动日益增多，新的犯罪形式不断出现，特别是一些违法犯罪分子进行信用卡虚假申请、信用卡诈骗和信用卡套现等活动已发展到公开化、产业化的程度。这些违法犯罪行为具有严重的社会危害性,不仅扰乱了正常的金融管理秩序,而且侵害了银行消费信贷资金和持卡人财产。司法解释明确了相关信用卡犯罪的定罪量刑标准,有利于统一司法认定标准,规范执法行为。

据了解,一些信用卡半年未偿款率或者延滞率的上升,防范信用卡案件发生压力不断增大。央行数据显示,截至三季度末,信用卡逾期半年未偿信贷总额 74.25 亿元,占期末应偿信贷总额的 3.4%,同比增长 126.5%。信用卡期末应偿信贷总额 2184.4 亿元,同比增长 66.8%。中国银联已向各成员银行发出十余万个疑似套现案例的风险提示,全年确认了近 3 万个套现案例,套现金额达数 10 亿元,关闭了 800 多家有严重套现商户的 POS 机。

针对此热点问题,特采访多年从事金融银行法研究的专家——中国人民大学商法研究所所长刘俊海教授。

治乱世用重典,针对当前比较猖獗的信用卡违法犯罪行为重点惩治是很有必要的。"'两高'的司法解释出台得非常及时,也很有意义。"刘俊海开门见山对这一司法解释给予了充分肯定。

他认为这一司法解释有三大意义:一是为我国严厉打击银行卡违法犯罪行为提供了有力的依据;二是有利于督促我们广大持卡人树立科学理性的金融服务消费理念,避免违法犯罪行为;三是有利于增强我国信用市场的国际竞争力和国际公信力。

针对这一司法解释中最大亮点的对恶意透支的明确规定,刘俊海进行了详细的分析。他认为,过去法律中对恶意透支规定得不是很详细,两高的司法解释增加了相关法律的可操作性,增强了打击恶意透支行为的可预见力、可预期性;打击恶意透支的犯罪行为也有利于进一步建立健全发卡行和持卡人诚实守信的交易秩序。若发卡行无法预防控制恶意透支的行为,则会损害全体持卡人的利益,比如,银行为了预防恶意透支行为可能提高所有信用卡持有人市场准入的门槛。对待信用卡透支应当采取兴利除弊的态度，严厉打击恶意透支，允许和规范善意透支行为。

司法解释的另一亮点是规定了对使用销售点终端机具 (POS 机) 等方法进行信用卡套现，情节严重的行为，以非法经营罪定罪处罚。"这一规定对净化信用卡的发卡市场，保护善意持卡人和银行卡的权益都具有重要意义。"刘俊海说："过去有些不法套现行为可能仅仅是民事责任，行政处罚也有或然性，因为银行的监管不可能那么全面。现在将恶意套现明确规定为犯罪，有利于降低违法收益，提高违法人的失信成本，从而可以减低银行的维权成本。"

对症下药，量体裁衣。刘俊海指出，为预防和控制恶意透支的法律风险，发卡银行要采取一系列切实有效的风险控制措施。首先，发卡行要进一步健全完善科学有效的客户资信评估体系，并随着信用卡市场及其风险的新变化进行动态调整；其次，发卡行要进一步提升合理审慎的尽职调查能力，既要对相关资料文件的真实性、合法性、关联性和充分性进行合理的审慎核查，也要在对相关资料合理存疑时对资料背后的事实与主体采取多种调查手段；最后，发卡行要善于运用担保制度，利用抵押、质押和保证等多种担保手段维护债权安全。

蒋大兴

北京大学法学院教授。著名公司法学者。入选教育部 2016 年度"长江学者奖励计划"青年学者。

—— 作者手记 ——

我在江苏记者站锻炼那年认识了蒋大兴教授，巧的是他曾经的老师单飞跃教授（今上海财经大学法学院教授）是我博士的同学，所以开玩笑说论辈分我还是师姑。后来大兴教授也调到北大，见面就更多了。我经常去北大参加他们举办的各种研讨会，也经常向他请教公司法的各种问题。他是这本书受访者中最年轻的专家，也入选了教育部 2016 年度"长江学者奖励计划"青年学者。对大兴教授的采访很多，遗憾的是目前没有一篇单独的专访，以后补上。本书收录的这篇对当年沸沸扬扬的力拓事件的法律解读，在全球经贸活动更加频繁的今天仍然具有超强的警示意义。

力拓事件的法律解读：
或拉开企业法治整肃序幕

澳大利亚力拓公司驻上海办事处四名员工以涉嫌窃取中国国家机密被拘的消息一传出，世界为之震惊。

力拓成为首家雇员因窃取中国国家机密而被中国司法机关"亮剑"的跨国公司。曾经炒得沸沸扬扬的德国西门子贿赂案件，是在德国法院受理审理。

上海市国家安全局声称，2009 年以来，在中外进出口铁矿石谈判期间，澳大利亚力拓公司驻上海办事处首席代表胡士泰及该办事处人员刘才魁等四人，采取不正当手段，通过拉拢收买中国钢铁生产单位内部人员，刺探窃取了中国国家秘密，对中国国家经济安全和利益造成重大损害。

铁矿石谈判中方总是输家　警惕商业帝国的超权力

力拓公司凭借其强大的优势地位，不仅在谈判桌上态度强硬，而且谈判桌下还在灰色地带非法恣意地违规攫取利益，终于曝出了这一严重违反商业道德和法律的即使在西方国家也人人喊打的丑闻。虽然，这只是一个司法个案，但带给工商界和法律界的震撼是巨大的，它敲响了一个警钟，让人们深思一个问题——跨国公司这些所谓"商业帝国"的商人权力膨胀与合规守法经营的问题。

北京大学法学院研究员蒋大兴指出，在今天，无论是外资公司来华投资，还是中资公司赴外拓展业务，早已不是纯粹的商业经营问题，业务拓展方务必了解和尊重东道国的意识形态、宪政体制、法律规则、宗教习俗和司法模式，确保合规经营。如何识别、确定、化解法律风险，已经成为公司董事会、经理层进行商业判断，强化公司商事竞争力的重要工具甚至核心内容。按照公司法第五条的规定，公司从事经营活动，必须遵守法律、行政法规，遵守社会公德、商业道德，诚实守信，接受政府和社会公众的监督，承担社会责任。公司的合法权益受法律保护，不受侵犯。因此，守法经营是公司最基本的法律义务，也可以说是底线义务，任何藐视东道国法律、公德的投资者或者经营者，都可能要为此付出代价。

发达的市场经济国家为维护公平的竞争秩序、限制或者消除企业权力扩张的不当损害，一直十分重视对企业经营法律环境的整肃。以美国为例，无论公司是国内经营，还是海外投资，都有很强的法律控制。与此相反，也有一些国家，在"投资饥渴症"的约束下，某些时期可能会淡化对外资企业入境投资、经营行为的法律约束，也可能会忽视对本国企业海外扩张的法律管控，产生一些"被宠坏的孩子"，形成一定的"经营恣意"，甚至纵容违规经营。法律界人士认为，此种法律运行政策如不及时检讨，最终会损害健康的市场。

蒋大兴说，在以经济建设为中心和改革开放基本政策的导引下，中国在法律政策的执行中一直对企业的经营比较宽容，中国的企业合规整肃在很长时期内主要也是针对内资企业进行，此种执法宽容和非均衡对待不仅不利于营造公平的竞争环境，也影响了守法外资对中国投资环境的积极评价，对那些合规经营的外资企业极为不利。企业法治整肃也许是建造健康的交易秩序，减少不当的交易成本的极为重要的措施，良性、稳定、持续的法治整肃不是对商事经营的打击，而是对商事经营和企业的保护。

在中澳铁矿石谈判期间发生的力拓事件也许会引发很多联想，但如果坚持法治的立场，其实不过是中国当局试图践行入世承诺，营造更好的健康投资、经营环境的努力，是一种良性的信号。任何投资环境健全或者日趋健全、渴望健全的国家，无疑都会欢迎，也只欢迎信用良好、合规经营的投资者和经营者。这本身是法治的要求，更是市场竞争的要求。蒋大兴认为，外国投资者应当支持而非恐惧或者惊慌中国当局透过力拓实施的企业整肃。

某著名跨国公司的一位高级法务人员说，他们一直重视在全球的守法合规经营，并积极履行企业的社会责任。他们这几年也在关注和警惕跨国公司俨然成为"商业帝国"的超权力问题，希望跨国公司能严守商业道德和法律的底线，防范法律风险。通过这次力拓事件，相信各大公司自身都会展开法律整肃。

实务界

贺小荣

现任最高人民法院审判委员会副部级专职委员，第二巡回法庭分党组书记、庭长，二级大法官。

—— 作者手记 ——

这篇作品是我进报社后的处女作，有着特殊的意义。感谢学长最高人民法院曹守晔博士的帮助，我采访了当时最高人民法院民一庭的贺小荣法官。小荣法官是那种第一眼望去就像法官的法官，给我留下了深刻的印象，和小荣法官交流的内容远比我写出来的丰富和精彩，他当时正好完成了裁判文书改革这一研究课题，信手拈来，侃侃而谈。贺小荣法官现在是最高人民法院专委，第二巡回法庭分党组书记、庭长，二级大法官。一路走来，可喜可贺！

关注法院司法改革：
判决书千案一面该如何变脸

进入 2005 年，我国在司法领域的改革举措频繁：司法鉴定制度发生重大变化、人民陪审员制度正式实施……备受社会关注的司法体制和工作机制改革方案经中央批准，目前已进入具体实施阶段。基层司法机关根据中央有关精神，作出了许多有益的尝试。

其实，中央的改革思路早在党的十六大和十六届四中全会上已经明晰。也就是，以司法公正为目标，逐步推进司法体制改革，形成"权责明确、相互配合、互相制约、高效运行"的司法体制，"为在全社会实现公平和正义提供法制保障"。此次，特邀请到贺小荣法官来谈谈对裁判文书改革相关问题的看法。

贺小荣说，目前裁判文书出现的问题以及改革的焦点主要还是集中在民事裁判文书上。从 2000 年 4 月，最高人民法院正式启动民事裁判文书的改革以来，判决文书的制作水平有了明显的提高，但总体上看，裁判文书的质量仍然不高。首先，裁判文书的结构与论理方式过于僵化、过分拘泥于"92 样式"（即 1992 年由最高人民法院发布的《法院诉讼文书样式（试行)》)。随着我国市场经济体制的建立和依法治国方针的逐步落实，该样式已经明显不能适应新形势的需要了。

"民事裁判文书高度格式化的直接后果是法官说理的机械拼凑。"贺小荣进一步分析说，比如，在认定事实方面，总是以法院查明的事实为主，辅之以相关证据的机械罗列，而对不予认定的证据或事实以"不予采信"或"没有事实依据"为由一笔带过；对证据认定的理由不加以说明，尤其是对当事人存在较大争议的证据和相互矛盾的证据不加以分析论证；对间接证据采纳的理由、法院以职权调查收集证据的原因、重复鉴定的理由等不予说明。庭审中举证、质证、认证即采信证据的过程在裁判文书中反映不出来。在表述裁判理由方面，不进行论证，不能正确总结和概括争论点；不能针对当事人提出的法律意见进行法理分析；只引用条文，不阐明理由；对涉及法官自由裁量的部分很少阐明裁量的理由、目的及法理依据。"如果仍拘泥于该样式，就会形成肖扬院长所讲的千案一面的公式化裁判文书。"贺小荣说。

承载司法公正　加强判决说理

最高人民法院贺小荣法官认为，民事判决载明的案件事实是法官运用法律对证据的规定性，对当事人提供和法院依职权调取的证据所待证的事实进行逻辑分析后，并按个案争议解决所需进行取舍而形成的裁判事实依据，一般思维规律是"提出问题、分析问题、解决问题"。

　　同样，判决书中的事实认证说理也应遵循这一规律。对民事判决事实说理过程也分为三大部分进行表述。第一部分旨在引出当事人的争议事实内容，也就是提出需要法官解决的"事实问题"；第二部分侧重分析有关争议事实内容各方所依据理由是否充分，并表明法官态度，属"分析问题"内容；第三部分得出法院最终认定的法律事实内容，实现问题的解决。而将这三部分串联成一个整体的锁链就是证据。判决书中采用的证据是必须经庭审举证、质证、认证的证据，未经质证的证据也不能作为定案依据。对证据尤其是诉辩双方有异议的证据进行分析、认证，使证据充分、有力地证明事实，这样才能真正将审判的公开性和判决形成的公正性、正当性得以充分体现。

余敏

曾任重庆市人民检察院检察长、党组书记，二级大检察官。

——作者手记——

多年前就在全国"两会"上对重庆市人民检察院余敏检察长做过专访——《应明确民事强制执行检察监督权》，后来我到重庆记者站工作，有了更多的接触，更多的采访。近几年，重庆检察机关打造了未检工作的"莎姐"青少年维权岗品牌，在全国有很高的知名度，余检察长正是有力的推动者，倾注了相当多的心血，所以把这一篇专访收录进本书。

重庆：未检工作推陈出新"莎姐"代言刑事未检成品牌

一部名为《蓝色青春物语》的微电影首映式在重庆市渝北区职业教育中心举行，几百名学生现场观看影片，反响良好。渝北区人民检察院以"莎姐"为原型精心打造的这部法治宣传微电影，反映了近年来重庆检察机关未检工作的探索和创新。

重庆市人民检察院检察长余敏就重庆未检工作近年何以不断推陈出新接受采访时说，重庆检察系统践行教育、感化、挽救方针和教育为主、惩罚为辅原则，坚持少捕慎诉少监禁政策，立足检察职能，推进和完善"莎姐"青少年维权岗位建设，着力抓好未检工作专业化建设与预防帮教社会化建设，取得了较好成绩。

"莎姐"原型事迹生动感人

据介绍，重庆未检工作起步较早。从 1987 年设立第一个未检办案组，到 2007 年设立第一个独立的未检科，全市各级检察机关积极构建和完善未成年人犯罪预防和帮教体系，对未成年人刑事检察工作进行了一系列有益探索。

记者了解到，"莎姐"是重庆市检察机关青少年维权岗检察官的代称，"莎姐"青少年维权岗并不是某个具体办案部门，而是重庆检察机关依法履行各项检察职责中，开展对涉罪未成年人司法保护、犯罪预防、心理矫治、帮扶挽救工作的平台。

2012 年 7 月，重庆市检察院印发《关于建立"莎姐"青少年维权岗，全面加强未成年人犯罪帮教预防工作的实施意见》，要求全市三级检察机关秉持"耐心教育、爱心感化、真心挽救"的工作理念，全面推动"莎姐"青少年维权岗建设。

三年来，"莎姐"检察官已成为重庆未成年人刑事检察工作的品牌代言人，其耐心细致、充满人性关怀的检察官形象逐渐深入人心，得到人民群众的广泛认可。

理论加实践力保专业化

余敏说，重庆市检察院未检办于 2012 年成立，负责指导全市未检工作。设置未检专门机构、配齐配强专业人员，是实现未成年人刑事案件办理专业化的重要保障。目前，重庆三级检察机关基本实现未成年人刑事案件由专门机构或者人员办理，建立了一支既精通未检业务，又富有爱心，并具备一定心理学、教育学、社会学知识的未检工作队伍。

重庆检察机关采取以赛促练、组织未检业务培训、鼓励未检干警参加心理咨询师资格培训考试等方式，提升未检队伍专业化水平。截至目前，重庆检察机关有两名选手在全国竞赛中获业务能手荣誉称号，200 余名未检干部接受未检业务培训班培训，66 名未检干警分别获得国家二级、三级心理咨询师资格认证。

九大机制强化司法保护

2013 年以来，重庆检察机关已经全面建立起涵盖九个层面的未成年人刑事检察专业化工作机制，通过贯彻落实特别程序，强化对未成年人的司法保护。

据介绍，重庆检察机关建立健全了对逮捕、起诉、羁押以及判处监禁刑必要性的审查工作机制。2013 年至 2015 年，重庆未成年人刑事案件不捕率呈逐年上升趋势，不诉率呈现上升后保持稳定趋势。

余敏说，通过完善法律援助机制，重庆检察机关落实了对未成年犯罪嫌疑人的强制辩护制度，建立起未成年犯罪嫌疑人法律援助"绿色通道"。还通过完善合适成年人制度，保障涉诉未成年人的诉讼权益。目前，重庆已建成包括心理咨询专家、教育专家、热心未成年人工作的志愿者共计 1000 余人的合适成年人库。

余敏介绍说，重庆检察机关建立了融管理、教育、帮助、保护、预防职能为一体的附条件不起诉监督考察机制。如开县人民检察院办理的王某 (抢劫) 附条件不起诉案，入选最高人民检察院发布的全国检察机关加强未成年人司法保护典型案例。

此外，深化社会调查工作机制、建立个性化心理疏导机制、构建未成年被害人特殊保护体系、探索建立轻罪记录封存制度、深化未成年人犯罪年度报告制度等，都是完善未检专业化工作机制的重要内容。

完善帮教体系收到实效

近年来，重庆"莎姐"青少年维权岗始终围绕"司法保护、犯罪预防、心理矫治、帮教挽救"这一主题开展各项活动，取得良好社会效果。"莎姐"青少年维权岗团体荣获 2013 年"全国维护妇女儿童权益先进单位"
和 2014 年"重庆市三八红旗集体"称号。

余敏说，成绩的取得首先依靠的是，构建多层次法治宣传平台。各
级检察院通过举办模拟法庭、制作微电影等方式开展形式多样的普法宣
传，重庆市检察院与媒体联合举办"我最喜爱的莎姐检察官"评选活动，
共同编纂的《莎姐讲故事》普法系列漫画读本，也已公开出版发行。

其次是深化与共青团合作。2013 年，重庆市检察院与共青团重庆市
委联合下发通知，推动全市 128 所市民学校设立"莎姐"法制副校长。

再次是加强与教委的合作。2015 年 4 月，重庆市检察院与重庆市教
委会签通知，由"莎姐"检察官担任中小学法制副校长，定期到校园对
青少年开展法治教育、自护教育，共同打造一批"莎姐"校园法治教育
基地，社会反响良好。

最后就是积极探索社会化观护帮教机制。依托爱心企业等社会力量，
逐步建立学校、企业、社区三类观护基地，完善对涉罪未成年人的帮教
管理。如九龙坡区人民检察院建立 4 个社区观护点，将不诉、附条件不
起诉未成年人纳入其中观护帮教。

邵建东

南京大学教授，曾任江苏省检察院副检察长，现任江苏省政协社会法制（民族宗教）委员会主任，中国经济法学会副会长。

—— 作者手记 ——

采访邵建东博士时他是江苏省检察院的副检察长，分管民行检察，但同时他也是一位学者、德国法学博士，长期在德国学习和工作，曾做过南京大学法学院院长。我在读博士的时候就对他的一本译著《德国民法总论》留下深刻印象，所以我在江苏记者站锻炼见到了译著者真人时非常高兴，再加上他分管的领域又是我在前期采访报道中所一直关注的，就经常向邵检请教。本书收录的这篇关于检察机关支持起诉追讨流失国有资产的专访，其做法在当时比较流行，但实属无奈之举，是有的检察机关面对国有资产流失而司法救济又显无能为力而进行的有益尝试。如今这个问题已经得到解决，详见修改后的行政诉讼法第二十五条第四款的规定，法律明确赋予了检察机关督促起诉或依法起诉的权利。

追讨流失国有资产
检察机关支持起诉责无旁贷

面对大量国有资产流失而司法救济又显无能为力的现状，有的地方的检察机关作了许多有益的尝试。为此，对邵建东进行了专访。

吴晓锋：最近国有资产流失案中陈良玉已被判处无期徒刑，剥夺政治权利终身，没收财产人民币 100 万元，可以说陈已受到了法律的严厉惩处。那么，检察机关在成功办理刑事案件的同时又提出支持起诉是出于何种考虑？

邵建东：检察机关认为，追究陈良玉的刑事责任，包括判决没收其作案时的赃物的价值，并没有恢复被陈的犯罪行为所破坏的私法上的财产关系。由于本案中的企业转制行为是基于陈隐瞒真相、虚构事实，利用错误的资产评估报告结论，对方是在受到欺诈的情况下才签订了转制协议的，因此该协议违背了当事人的真实意思，严重损害了国家利益，是无效的。对因无效协议取得的财产，受害人有权通过诉讼方式要求返还。

吴晓锋：检察机关支持受害人起诉在现行法中有依据吗？

邵建东：应该说是有的。民事诉讼法第十五条规定，机关、社会团体、企业事业单位对损害国家、集体或者个人民事权益的行为，可以支持受损害的单位或者个人向人民法院起诉。作为代表国家利益或社会公共利益的国家机关，作为对民事审判活动实行法律监督的专门机关，检察机关具有保护国家财产的职责和使命。2001 年，最高人民检察院在《关于加强民事行政检察工作若干问题的意见》中提出，要积极稳妥地开展支持起诉工作，对侵害国家利益、社会公共利益的案件，支持有起诉权的当事人向人民法院提起诉讼。因此，支持起诉在现行法中具有法律依据，只是法律规定比较原则而已。

吴晓锋：检察机关支持起诉似乎是一个具有中国特色的做法，请您谈谈这种做法的现实必要性，尤其是在保护国有资产方面。

邵建东：这的确是一个产生于特有国情、具有鲜明中国特色的做法。众所周知，在近年来的国有企业资产重组和改制过程中，少数法人组织或个人借改革的名义，损害国家、集体和社会公共利益，导致国有和集体资产大量流失。比较典型的现象是，在国有或集体企业转制过程中，企业内部人员利用控制企业资产的职务之便，恶意串通或者采取欺诈手段，将国家、集体的资产"巧妙"地"转变"到自己的口袋中去。由于恶意串通和欺诈行为具有很强的隐蔽性，甚至连当事人或主管部门都根本无法知道相关的真实情况，因此也不可能设想有人站出来行使诉权以防止国有资产流失。与国有资产流失相似的，还有环境污染、垄断和不正当竞争等得不到有效制止和法律救济的情况，也还存在着一些弱势群体在合法权益受到侵害时，不懂得如何行使诉权、无力行使诉权或不敢行使诉权的事例。而在我国理论界和实务部门对检察机关直接提起诉讼尚未达成共识的情况下，检察机关支持起诉就不失为一种必要的做法。

吴晓锋：民事诉讼法规定支持起诉的主体有"机关、社会团体和企业事业单位"，为何实践中检察机关较多开展支持起诉工作？

邵建东：除了检察机关是国家利益或社会公共利益的代表者，是法律监督机关外，很重要的一个原因是，检察机关在查办经济犯罪的过程中，掌握了有关交易过程的大量信息，而其中的某些信息可以作为证据使用，因此对于支持起诉以及此后进行的诉讼十分有利。

吴晓锋：听您这么说，检察机关支持起诉与反腐败也有某种关联，二者是什么关系呢？

邵建东：检察机关支持起诉的案件，往往都与反腐败联系在一起。在对腐败犯罪分子适用处罚措施时，应当遵循"不能因犯罪而得利"的基本原则。即腐败分子在承担刑事责任的同时，还应当承担民事责任，即应剥夺其通过犯罪获得的经济利益。《联合国反腐败公约》第35条明确规定："各缔约国均应当根据本国法律的原则采取必要的措施，确保因腐败行为而受到损害的实体或者人员有权为获得赔偿而对该损害的责任者提起法律程序。"中央领导同志也曾说过，要深挖腐败分子，震慑腐败分子，让他们政治上身败名裂，经济上倾家荡产。当前，虽然我国刑法规定了追缴、责令退赔、判处罚金、没收财产等措施，刑事诉讼法也规定了被害人或人民检察院提起附带民事诉讼制度，但从制度实施的实践来看，以上各项措施由于规定过于原则、司法解释滞后等原因都存在一定的局限性，并没有从根本上起到震慑腐败分子，让他们倾家荡产的作用。

检察机关支持起诉，目的就是要剥夺腐败分子因犯罪而获得的经济利益。太仓市检察院在办理陈良玉贪污、挪用公款案件的过程中，不仅对陈犯有贪污罪、挪用公款罪的刑事部分提出公诉，使其承担了刑事责任，而且还支持太仓建设控股公司向法院提起诉讼，要求确认转制合同无效。这一案件的成功办理，不仅使犯罪分子受到了刑事处罚，而且挽回了国有财产的损失；不仅惩治了腐败，而且让腐败分子及其家属无利可图。我们从中可以看到从经济上惩治腐败犯罪的新思路。

吴晓锋：在我国现阶段，检察机关主要对哪些案件开展支持起诉工作？江苏省检察机关开展支持起诉工作的情况如何？

邵建东：显而易见，检察机关不可能对任何案件都支持起诉，而应当有一定的范围限制。原则上，检察机关支持起诉的案件应当以涉及国家重要利益或社会公共利益为限。在我国现阶段，其范围可以是：侵害国有企业和国有资产权益，造成国有资产流失，或者使国有资产存在重大损失隐患的案件；违反法律规定，严重破坏自然生态资源、污染环境，损害社会公众利益的案件；违反法律规定，侵害国家文物，或者对国家文物有重大侵害隐患的案件；侵害老人、妇女、残疾人和未成年人等社会弱势群体合法权益的案件；损害自由竞争和正当竞争，严重扰乱市场竞争秩序的案件；以及其他涉及重大国家利益和社会公众利益的民事、行政案件。

江苏省各级检察机关2004年支持起诉29起，2005年13起，2006年39起。在支持起诉的案件中，绝大部分都涉及对国有资产的保护。

吴晓锋：您认为审判机关应该如何应对检察机关的支持起诉？

邵建东：检察机关支持起诉，离不开审判机关的积极配合。检察院和法院在维护国家利益和社会公共利益、惩处腐败、维护公平正义方面具有完全一致的价值取向。在支持起诉方面，检法两院只有积极配合，及时沟通，取得理解，才能创造性地开展司法活动，推动诉讼领域的制度创新和相关立法。

邹碧华

生前曾任上海市长宁区人民法院院长、上海市高级人民法院副院长等职务。2015 年被评为"时代楷模"。2018 年 12 月 18 日，党中央、国务院授予其"改革先锋"称号，颁授改革先锋奖章。入选"改革开放 40 周年政法系统新闻影响力人物"。

—— 作者手记 ——

被称为"法治燃灯者"的邹碧华法官，当初他的突然离世，引起全社会的共同缅怀，整个法律共同体空前团结，这的确发人深省。我也是缅怀者中的一位，当时很想写点文字来纪念他，又怕写不好，就一直没有下笔，现在多说几句。网上能看到的有关邹碧华的文字多数是谈他与司法体制改革，他的《要件审判九步法》，他对律师的关怀等。其实，他还是一个出色的民商事审判专家，遗憾的是，对他这方面的介绍鲜有所见，本书收录的《学者与法官激辩股东代表诉讼》和《商事审判应具备商事思维》两篇文章正好补了这个缺。在他任上海高院民二庭庭长的日子，我们曾经数次深入交流过商事审判领域的诸多前沿问题，他思维敏捷、积淀深厚，无论是引经据典，还是法条案例他都能如数家珍准确道来，而且，绝不拖泥带水；他的语速和思维很快，总是神采奕奕，富有激情，而且这个激情会"传染"给对话者；他率直、真实，不模棱两可，在专业问题上像一个独立的学者一样发声，丝毫不觉得他像一个需要顾忌很多的体制内的人。看《学者与法官激辩股东代表诉讼》，有没有舌战群儒的感觉？

特别想提到的是《商事审判应具备商事思维》一文，这并不是对谁的专访，我甚至都不知道放在哪里最合适，几次删掉，又几次放回，最终还是收录在邹碧华这里。这篇报道之所以放进来，有着好几层纪念意义：一是追忆文中两位已经离我们而去的、我们无比尊重和怀念的王保树老师和

邹碧华法官；二是纪念自己与商法理论研究和商事审判实务携手走过的那些日子。该文可以管中窥豹，一篇文章里面采访了商法领域的十个权威：两个学者，分别是商法学会会长、副会长；七个法官，分别是最高人民法院研究室处长，苏浙沪渝四个高院民二庭庭长，北京、广东两个中院庭长；一个律师兼仲裁员。强大的阵容，强大的信息量，也产生了强大的影响力，这篇文章在论文中被广泛地援引。而类似这样的采访报道还有很多，那是我职业生涯一个重要的里程碑，与大家同行，漫步在商法的世界里。

学者与法官激辩股东代表诉讼

华东政法大学与日本名古屋大学联合主办的"第四届亚洲企业法制论坛"在上海举行的论坛主题是：股东派生诉讼的理论与实务。主办方介绍，之所以选择这一主题，是因为股东派生诉讼制度不仅在我国，而且在其他亚洲国家均面临着诸多困惑与难题。

股东代表诉讼制度又称股东派生诉讼制度，是指当公司的合法权益遭受侵害，而公司怠于诉讼时，符合法定要件的股东为公司的利益以自己的名义对侵害人提起诉讼，追究其法律责任的诉讼制度。我国修订后的公司法第一百五十二条首次规定了股东代表诉讼制度。

辩题一：公司到底该做原告、被告，还是第三人？

由于公司法对于公司和其他股东在股东代表诉讼中的地位没有作出规定，所以公司的诉讼地位，即公司在股东代表诉讼中到底该做被告、原告，还是第三人，成为近年理论界一直争论的问题。

同济大学法学院教授高旭军认为，派生诉讼中公司不可能是被告而是原告。他说，公司法明确规定被告应该是公司董事、经理和其他高级管理人员。而且如果赔偿条件成立时，承担赔偿责任的也是董事、经理而不是公司。如果公司是被告，难道它自己赔偿给自己？

南京大学法学院副院长蒋大兴教授则代表了学界的多数观点。他认为，把公司理解为名义上的被告，恐怕在诉讼法上将存在非常大的改造问题。判决书上将增加一个名义被告，法律界将不断向公众解释什么是名义被告，成本较高。如果将公司理解为原告，在诉讼过程中公司可能会一再解释其不起诉被告的正当理由，这也显然不是一个原告该做的。所以，将公司列为第三人最容易被大众接受。

上海高院民二庭庭长邹碧华则指出了审判实务的路径。他介绍，上海法院在公司法修改前已经受理了股东代表诉讼案件，是把公司作为被告对待。但在实践中全国各个法院也不是很统一，有的法院把它列为第三人。最高人民法院的公司法司法解释中倾向于把它作为第三人来对待。但他认为这些都只是形式上的，关键是要做到统一。

辩题二：是否需要前置程序？

股东代表诉讼是股东"代位"行使公司的诉权，如果公司自己愿意行使诉权或采取相关措施制止侵害行为，则股东应当尊重公司的决定。因此，各个国家和地区的公司立法都要求经过一个股东先向公司提起的前置程序。

我国公司法原则上要求股东必须先请求监事会、董事会等机构采取特定行动，但在"情况紧急、不立即提起诉讼将会使公司利益受到难以弥补的损害的"，股东可以不经过前置程序而直接提起诉讼。

多数学者认为，我国公司法关于前置程序的规定是合理的。但指出由于我国刚刚引入股东派生制度，从鼓励诉讼的目的出发，不宜给股东诉讼的提起设置太多的障碍。同时，对于这个概括性概念，需要长期司法实践形成"类型化"标准，便于法官结合案件实际情形进行具体化判断。

邹碧华从长期审判实务的经验道出了一个学界还未注意到的遗憾，即公司法对这个前置程序的规定没有区分有限责任公司和股份公司。邹碧华说，股份公司人数众多，基于滥诉的可能，设置一个前置程序是合理的。而目前的公司诉讼中，公司陷入僵局的情况非常严重，还要经过前置程序显然是浪费时间。单是送达起诉请求就很难，送达难即使在司法上也是全国性的难题，更何况当事人自己去送达！你要给我，我就是不签收，怎么办？上市公司倒还不存在这个问题，有自己正式的办公场所和机构等，有限责任公司就不同了，有的公司甚至人都找不到了。邹碧华认为对此应该作区别对待。

辩题三：按何种标准收取诉讼费？

我国公司法和民事诉讼法对于股东代表诉讼费用的缴纳并没有作相应的规定，因而司法实践中做法各异，有按照诉讼标的金额的一定比例收取的，有参照非财产案件收费标准收取固定费用的。

刘凯湘认为，股东代表诉讼本质上具有"代位性"和"代表性"。股东提起诉讼的目的在于维护公司的合法权益，如果要求股东缴纳高额的诉讼费用，不仅会影响股东提起诉讼的积极性，而且会使已经提起的诉讼面临"流产"的困境。因此，我国应当借鉴日本立法经验，股东代表诉讼的案件受理费按照非财产案件来处理，即按件征收而不是按诉讼标的额的比例征收，以保障股东提起派生诉讼的积极性。

"应按财产案件收费。"邹碧华明确提出反对意见，"一个大额标的的诉讼和一个普通的小案件，它所占用的审判时间、精力，即占用的司法资源肯定是不同的，这不仅仅是钱的问题，它体现的是社会公平。"

"肯定应该按照财产案件，按照诉讼标的金额的一定比例收取诉讼费。"湖北高院民二庭庭长郭卫华博士也如此表示。

辩题四：撤诉和解是否需要法院审查？

在股东代表诉讼过程中，提起诉讼的股东可能会以书面形式向法院请求撤回起诉。但是在诉讼过程中，原告股东可能会和被告私下串通，原告股东可能会在获得个人利益或实现个人目的后撤诉，因此，学者指出：法院必须对当事人的撤诉申请进行审查，以决定是否准许当事人撤诉。

华东政法大学副校长顾功耘教授介绍：日本法院对撤诉申请不仅要进行形式上的审查，而且还要进行实质上的审查。只有在判定原告的撤诉申请不违背法律法规、不侵害公司权益的情况才能认可。在法院认可之前，准备撤诉的股东也要通知公司以及其他股东，以保障公司和其他股东提起诉讼的机会。

邹碧华认为，对于撤诉，法院很难审查。如果原被告的确合谋，达成了损害其他股东或公司的和解协议，那么法院会不允许其撤诉。但法院通常是很难发现的，还是要靠公司内部其他股东发现，然后向法院提供情况。当然法院也会审查恶意诉讼的问题。对于股东代表诉讼案件的特殊性，邹碧华也承认法官应该有比对待其他撤诉更高的注意。

学者对股东代表诉讼过程中能否进行和解多有争议：一方面，股东代表诉讼的进行会使原被告耗费大量的时间和精力，甚至可能会影响到公司的正常运营，如果允许原告和被告进行和解，使得诉讼能够尽早结束，则有助于降低诉讼成本、维护公司权益；另一方面，股东代表诉讼又是股东基于共益权而提起，其目的在于维护公司权益，所以为了防止当事人之间的恶意串通，须就和解程序与和解效力加以规范、限制。刘凯湘建议参照美国和日本的股东代表诉讼和解制度，增设"和解通知程序"和"法院认可程序"。

总之，多数学者认为撤诉与和解都需要法院做审查，法官则表示了相反的意见。

邹碧华表示："在构建和谐社会的大背景下，我们肯定是首先强调和解，这是毋庸置疑的。而且股东代表诉讼也有利于达成和解，以前董

事、高管不知道股东还有这个诉讼权利和救济渠道，认为什么都可以自己说了算，会比较肆意妄为，现在知道后，也往往比较愿意和对方协商，会注意维护对方和公司的利益，符合法律法规的规定。所以，在制度上，法院不可能对和解做太多限制和审查。"

商事审判应具备商事思维

北京市第二中级人民法院法官宋毅博士说，近期他们审理了几个请求解散公司的案例，只有一例被判决解散公司。宋毅说，判决解散公司是很慎重的，裁判过程是很难的，公司法就那一条原则性规定，司法解释又没有出台，这就很大程度上需依靠法官的自由裁量。而判一个公司的死刑，须引入商业判断规则，在法律思维外，还要有商事思维。

宋毅的话引出了这几年商事审判领域和商法学界不时提起的一个话题——商事审判应该具备商事思维。

中国法学会商法学研究会会长、清华大学法学院博士生导师王保树教授说："说它是一个问题，它似乎有些虚；说它不是一个问题，它很重要！"

商事思维究竟有什么内涵和外延？商事思维是区别于何种思维而言？为此，进一步采访了长期从事商事审判的资深法官和有关商法专家。

民事审判强调公平　商事审判侧重效率

王保树指出，提出"商事审判应该具备商事思维"这个问题并不是源于理论研究，而是源于实践中证明这样更有利于解决问题，有利于保护当事人权益。有的国家有商事法院，这就是强调商事审判的特殊性。

"这是一个非常重要的问题！"浙江省高院民二庭庭长章恒筑说，"我国是民商合一的国家,民事的平等、公平等原则理念肯定是要共同遵循的。但是相比较而言,商事审判还是有其特殊性,否则,就叫民事审判而不是民商事审判了。"

章恒筑继而在价值取向、行为解释、诉讼模式上把商事审判和民事审判作了对比。他说,在价值取向上,民事审判更强调公平,商事审判更侧重于效率;在对正义的理解上,民事审判侧重于弱势群体的保护,而商事审判则保证平等的诉讼进程;在对行为的解释上,民事审判重视意思主义,商事审判更注重外观主义,实现对信赖利益的保护;在诉讼模式上,民事审判更多是职权主义,而商事审判更强调当事人主义,发挥当事人主观能动性,其证明标准也略低于普通民事案件。

江苏高院民二庭庭长李后龙博士曾经撰文就商事思维进行过分析。他说,之所以要引进商事理念,确立商事思维,是因为商法作为民法的特别法,其价值取向和制度设计确有不同于民法之处,简单地以传统民法的思维考虑商事领域中的一些问题,或者有违商事立法精神,或者无法找到适当的解决方案。

商法除体现民法中已蕴含了的诸种价值的追求以外,还突出地体现了对效益与交易安全的追求,这是由商法的营利性、技术性等特点决定的,也是与商事活动的本来特征相吻合的。李后龙说,确立商事思维有利于克服把商事纠纷简单等同于民事纠纷的习惯做法,在具体案件的审理中强化商法意识,更好地体现商事立法的精神,保障市场交易的快捷安全。

广东东莞中院研究室主任、有着十多年商事审判经验的程春华博士告诉记者:相对于民事思维来讲,以商事思维裁判将更重视对经营主体的资格审查,重视对经营主体的交易相对人的保护,重视行政规章的参照适用,重视维护企业的稳定,重视保障商事合同自由,重视商主体和商行为的营利性特点,重视保障交易简便、快捷、安全的技术性规范,重视商事习惯和外国立法例的价值。民法强调公平,而商法更强调效益优先,兼顾公平及其他。

民事审判侧重静态保护　商事审判侧重动态保护

上海高院民二庭庭长邹碧华强调，审理商事案件的法官肯定应该具备商事思维，这个商事思维最主要的是对市场经济的深刻理解，把握市场自由、平等以及国家的适度干预这条主线。在维护交易安全、追求效率上协调平衡利益。商法与传统民法的区别在于，传统民法更偏重于静态的保护和原始权利的保护，而商法对动态的保护多一些，对第三人，尤其是善意第三人的保护更侧重一些。在这个背景下就需要商事审判的法官多学习经济知识，有对市场经济的深刻理解。

邹碧华预言，随着我国公司法、证券法和破产法等商事法律的修订出台，商事裁判作为一项独特的司法活动，将迎来一个全新的发展时期。当今的商事司法已经远远突破了传统经济审判和民事审判的思维，体现和符合现代社会经济规律的"游戏规则"的作用愈加突出。为更好地发挥商事司法裁判功能，须准确地把握商事案件的定位，确立全新的商事裁判理念。

司法判断不能轻易取代商业判断

李后龙早在几年前还在研究室工作的时候，就旗帜鲜明地举起了商事审判的大旗，将民二庭的工作特色定位于商事审判。李后龙告诉记者，实行大民事审判格局后，我们在司法实践中实现了民事诉讼制度的统一，但我们没有理由也不能否认各民庭在所审理案件的特点和适用实体法方面客观存在的差异。此外，将民二庭的工作定位于商事审判，有利于克服"民商事审判"的模糊称谓给民二庭系统带来的消极影响。

著名商法学者、西南政法大学民商法学院院长博士生导师赵万一教授也在 2000 年前后，在给很多法院的讲课和培训中明确提出了这个观点。他说，随着市场经济的逐步建立，为了商法更好地服务于市场经济，在立法上应正确区分民、商法的区别，在司法上商事审判应具备有别于传统民事思维的商事思维，这种思维源于商法的特殊性。

赵万一认为，"大民事审判"这个提法有其合理性和进步性，它把与刑事、行政相区别的法律关系都纳入平等民事主体的调整范畴中，有利于民事主体的保护。但它的弊端是忽略了不同民事关系之间在调整要求上的不同，如家庭抚养纠纷与公司股权纠纷在审判上肯定有很大的区别。国外很多国家都有商事法院和商事法庭就说明商事审判和一般的民事审判有很大的不同。

赵万一认为，商事思维运用在审判实践中，应更多地强调其审判结果是否有利于促进社会经济发展与社会财富增加。

他说，商事裁判思维主要体现在：第一，更加注意商事行为的稳定性，不轻易判定行为无效，原因在于良好的经济秩序是以行为的有效运行为条件，过多的无效行为会破坏社会经济正常发展所赖以存在的秩序条件，并最终导致社会经济发展的无序化，影响社会财富的增加。第二，强调行为的外观效力和公示主义，不过分纠缠和探究当事人内心的真实意思。实行严格的责任主义，短期消灭时效主义，强调保障商事主体的快捷、安全、营利。因此需在司法程序上体现效率的特色，同时可采用更为宽容的证据规则。第三，更多利用行为瑕疵的补正机制，即有形式瑕疵或轻微瑕疵的商业行为允许利用相关的补正机制去完善。

程春华特别强调，在商事审判中司法判断不能轻易取代商业判断。要采取积极而又慎重的原则，充分尊重当事人当时的真实意思表示，支持在商业领域对一些行为、事件的认可，只要没有违反法律、法规禁止性规定，法官不应轻易作出判断来取代商业判断。

章恒筑特别指出在公司解散问题上，原则上少判解散公司，因为这样不利于鼓励交易，判决应尽量在企业经营秩序和股东权利保护之间求得平衡。

商事审判应该向商事仲裁学习

北京环球律师事务所合伙人张弢，同时身兼仲裁员之职。张弢从商事审判与商事仲裁的比较，指出了商事审判的特殊性和需要改进的地方。

"仲裁更考虑习惯，法院则从法律、条款出发判案。所以商事审判应该向商事仲裁学习。要说具备商事思维的话，法官应该更多地了解商事思维、商事习惯，多学习一些经济知识。同时，商事审判的法官在业务上应作适当分工，以形成业务专长。"

张弢认为当前尤其迫切的是，对于新类型案件，法官应与时俱进，研究该纠纷的背景，行业状态。我国不像其他一些国家有"法官造法"，虽然有司法解释但在具体案件中还是需要法官去判断。这就要求商事审判法官在广泛学习业务的基础上，以商人的思维去进行判断。

对"商事思维说"也有不同的看法。最高人民法院研究室民商处处长曹守晔和重庆高院民二庭庭长唐文均认为，虽然商法相对于民法有其特殊性，在价值追求上以及商法自身的技术性特征等方面有所不同，但是民商事审判都共同遵循公平、正义等价值追求，很难说商事审判在审判思维上就有什么不同。专门提出商事审判与商事思维，也与大民事审判格局的大背景不太符合。

金剑锋

曾任最高人民法院民二庭审判长、执行局副局长、立案庭副庭长。

—— 作者手记 ——

对最高法院民二庭的采访始于金剑锋法官，第一篇专访是谈公司司法解散的相关问题。作为公司案件合议庭的审判长，金剑锋博士20年来致力于公司案件的审理、调研和相关司法解释的起草工作。2006年新公司法首次引入公司人格否认制度，即业内俗称的"揭开公司面纱"，但遗憾的是司法实践中这样的案例寥寥无几，该制度几成为停留于纸上的法律。2008年的一天，金剑锋法官在电话中激动地告诉我："我们这里有了第一个揭开公司面纱的案例！"于是，有了下面这个采访和报道。

最高人民法院首度从程序上揭开公司面纱

一起看似简单的债务纠纷案件上诉到了最高人民法院。

债务人昆明海鲜酒楼、金实酒楼和又一村酒店是3个独立的法人，但法人代表却为同一人，也就是3家酒店的总经理潘松。一个老板、3家公司。债务人利用独立法人的"面纱"和债权人玩起了"捉迷藏"，打起了"持久战"。但最高人民法院终审判决维持昆明高院原判让其想法落空。最高人民法院民二庭审判长金剑锋博士说，该案是最高人民法院首度从程序上对债务人适用了揭开公司面纱制度，保护了债权人的利益。

拖延了 10 年的 3000 万元债务

案件的起因，要回溯到 10 年前。

1998 年到 2001 年，昆明海鲜酒楼分多次向中国农业银行昆明市分行及其支行贷款 3300 万元，然而，此后的 7 年，海鲜酒楼因种种理由一直未能偿还贷款。2001 年，云南省农行将这笔 3300 万元的债权，转让给了中国长城资产管理公司昆明办事处（以下简称长城公司）。

债权人的改变除了双方签订了一份《债务协议》、一份《补充协议》、一份《抵押（担保）合同》以外，长城公司没有讨回一分钱欠款。

但双方的一系列协议约定，海鲜酒楼的债务由海鲜酒楼和金实酒楼及又一村酒店共同承担，分 6 年向长城公司偿还本金和利息。双方还约定，如果在最后期限，即 2007 年 12 月 31 日之前没有偿清债务的话，海鲜酒楼作为抵押的两处房产就收归长城公司所有。但不知是无力清偿还是无意偿还，这笔债务一直未能偿清。加上利息和罚息，这笔 3300 万元的债务已经变成了 3700 万元。无奈之下，长城公司将海鲜酒楼和金实酒楼告上了法庭。

昆明省高院很快审理了此案。法院认定，海鲜酒楼和长城公司签订的协议有效，判定海鲜酒楼和金实酒楼偿还债务 3700 多万元。如果无力偿还，长城公司可以将海鲜酒楼抵押的两处房产拍卖或折价优先受偿。

海鲜酒楼竟然上诉到了最高人民法院。但令长城公司没有想到的是，该酒楼搬出了一个颇让人思量的上诉理由。

债务人在法律程序上做文章

海鲜酒楼以"一审判决程序违法"，"剥夺了诉讼当事人的诉讼权利"为由请求二审法院对本案"发回重审"。

原来，云南高院向海鲜酒楼送达进行证据交换和开庭审理的诉讼文书时，要求海鲜酒楼向本案另外两被告，即金实酒楼和又一村酒店转交上述诉讼文书。在海鲜酒楼称其无法转交后，法院将上述开庭文书留置海鲜酒楼，视为对其余两被告的送达。

2007 年 4 月 2 日，昆明高院对此案公开审理。海鲜酒楼向法院提出了书面异议，却拒不到庭参加庭审，称金实酒楼和又一村酒店系独立法人，有自己的投资主体和法人资产结构，其注册地址和经营场所也与海鲜酒楼注册地址和经营场所不一致。法院将诉讼文书留置海鲜酒楼视为对其他被告的送达，明显不当，剥夺了诉讼当事人的诉讼权利，同时也剥夺了海鲜酒楼对本案实体问题与本案其他被告相互质证、甄别的计划，并影响了裁判者对全案的审查和判断。

长城公司认为这是海鲜酒楼为了达到继续占用国有资产进行经营获取经营利益，故意拖延诉讼钻法律的空子，在程序上大做文章。

长城公司的代理人北京市金台律师事务所律师杨宏介绍说："在明知云南高院完全具有管辖权的情况下，他们为拖延诉讼提出管辖权异议，并在一审法院驳回其对管辖权提出的异议后，向最高人民法院提出上诉，就在最高人民法院同样驳回其上诉后，又拒不到庭参加庭审，还公然以'一审判决程序违法'为由请求二审法院对本案'发回重审'。这都是为了达到拖延诉讼的目的。"

程序适用揭开公司面纱制度

作为公司案件合议庭的审判长，最高人民法院民二庭审判长金剑锋博士 20 年来一直致力于公司案件的审理、调研和相关司法解释的起草工作。

接到这个案子后，他马上联想到揭开公司面纱制度。金剑锋介绍，在我国的公司实践中，普遍存在着控制股东利用公司法人制度，规避法律义务或者逃避契约义务，欺诈债权人，公司资本不实而空壳运转，设立数个公司用来转移财产、逃避债务等情况。其中最为突出的问题是在股东滥用公司人格损害债权人利益时，债权人碍于公司的独立人格，无法对股东直接主张权利，公司的独立人格成为逃避法律责任的工具或者障碍。因此，新公司法首次引入了公司人格否认制度，它还有另一个形象的名字：揭开公司面纱。

"公司面纱"，就是公司作为法人必须以其全部出资独立地对其债务负责，公司的股东以其出资额为限对公司承担有限责任。公司与其股东具有相互独立的人格，当公司资产不足偿付其债务时，法律不能透过公司这层"面纱"要求股东承担责任。

而"揭开公司面纱"就是对控制股东滥用公司人格从事各种不法行为，致使公司债权人或者社会公共利益遭受损害的，法院无视公司的独立人格，排除股东的有限责任，直接追索公司背后的控制股东的责任，判令控制股东直接承担责任。

"揭开公司面纱的司法适用目前还主要是在实体方面，在程序上其实也是可以适用的，程序适用方面的讨论主要集中在执行程序是否可以揭开公司面纱。"金剑锋说，本案中两个公司法定代表人的法定职权与义务基本相同，因此，原审法院通过向海鲜酒楼送达开庭传票等法律文书后转交金实酒楼或者留置送达，并不影响当事人的诉讼权利，更未造成当事人实体权利的损害。最终，终审判决维持了原判。

金剑锋介绍，公司人格否认是公司法引入的新原则，人格独立与人格否认构成了法人制度的两极，两边站着的，分别是股东利益和债权人利益。

"公司人格否认就是为了保护债权人的利益。"金剑锋说。公司人格独立，股东就可以把自己的责任限于出资之内，把风险合理地转移给债权人，使自己的损失最小化。但债权人无权介入公司的经营管理，无法获得公司内部真实信息，缺乏保护自己的有效手段。如果公司股东滥用公司独立人格，必然使公司债权人面临更为严重的风险，进而危及市场经济的交易安全和交易秩序。

"适用公司人格否认原则，既可以制裁股东滥用公司独立人格从事欺诈、过度控制、巧取豪夺等不法行为牟取私利，又可以通过追究公司人格滥用者的法律责任，对因公司人格滥用而受到损害的债权人进行法律救济。"金剑锋说。

进一步适用还须司法解释出台

在我国的公司实践中，普遍存在着控制股东利用公司法人制度，规避法律义务或者逃避契约义务，欺诈债权人，公司资本不实而空壳运转，设立数个公司用来转移财产、逃避债务等情况。

"现实中需要去揭开公司面纱的情形比比皆是，而司法实践中这样的案例却寥寥无几"，"揭开公司面纱是停留在纸面上的法律"……新公司法实施两年多来，不时听到学者这样的抱怨和质疑。2006 年施行的新公司法虽然确立了公司人格否认制度，但是对滥用公司人格仅作了原则性规定，对适用公司人格否认的构成要件和具体情形也未作规定。

金剑锋介绍，最高人民法院正在初步设计股东直接对公司债务承担责任的司法解释，论证适用公司人格否认的具体规则和适用要件。控制股东过度控制的民事责任、控制股东的债权公平居次规则、法院判决的既判力和执行力的效力范围、一人公司的民事责任、关联公司的民事责任等也将进入司法解释的考虑范围。

"主要规则将从三个方面展开：坚持公司的独立人格和股东的有限责任原则；确立公司人格否认的构成要件；规范公司人格否认的适用范围。"金剑锋介绍，其中公司人格否认的构成要件及适用范围将成为司法解释的重点。

"构成要件包括前提要件、主体要件、行为要件、主观要件、因果要件和责任要件；公司人格否认的适用范围或者适用情形包括滥用公司人格从事不法行为、滥用公司人格欺诈债权人、滥用公司人格规避法律义务、滥用公司人格逃避契约义务、公司资本严重不足、公司人格混同、公司人格形骸化和公司恶意破产等。"但不管怎样，这项新生的制度还处在"襁褓"之中，"原则的模糊和经验的缺乏要求司法解释的制定必须十分谨慎。"金剑锋说。

景汉朝

曾任最高人民法院副院长，二级大法官。被授予"全国十大杰出青年法学家"称号。现任十三届全国人大常委会委员，第十三届全国人民代表大会社会建设委员会副主任委员，中央政法委副秘书长。

—— 作者手记 ——

采访景汉朝大法官的时候他是最高人民法院审委会副部级专委，并兼任司改办主任，后来又兼任了办公厅主任，再到副院长，如今是中央政法委副秘书长。他也是典型的学者型法官，曾获得"全国十大杰出青年法学家"称号，法律学术功底扎实，又长期在法院工作，对司法体制改革有深刻见解，并积极推动法院司法体制改革的宣传工作。那几年正是司法体制改革紧锣密鼓推进的几年，围绕这一主题，我对最高人民法院和最高人民检察院司改工作都作了很多采访报道，也多次采访景汉朝大法官和他的同事。入选的这一篇是中国法院多年来一直力推的多元化纠纷解决机制，十多年过去了，该机制的推进依然在路上。

景汉朝：纠纷得到很好解决是幸福生活必须条件

建立和完善多元化纠纷解决机制，是最高人民法院 2008 年的重点改革项目。该项目由最高人民法院司法改革办公室牵头组织，国务院法制办、司法部、劳动和社会保障部、人事部、国家体育总局、国家工商总局、农业部、中国国际经济贸易仲裁委员会、中国国际商会调解中心、北京仲裁委员会、中国法学会、中国物业管理协会十二家与法院工作关系密切的单位参加，涵盖了行政调解、人民调解、律师调解、劳动争议仲裁、商事仲裁、行业调解等一些重要的纠纷解决机制。

据悉，目前十四个子课题组的调研报告已经形成。3月专题组将开始研究整体改革方案，提出有关立法、司法解释和行政规章及其他规范性文件的制定或修改的建议稿和说明等。

近年来，人民法院司法改革这一历史的重大课题牵动人心、上下瞩目。1月18日，最高人民法院司法改革办公室联席十二个相关部委举行了一次研讨会，主题为建立和完善多元化纠纷解决机制。

为什么要建立和完善多元化纠纷解决机制？它有何重要意义？为此，特采访了最高人民法院司法改革办公室主任景汉朝大法官。

"有了纠纷能得到很好的解决，
这是幸福生活的一个必须条件"

吴晓锋：建立和完善多元化纠纷解决机制的意义，大家一般的认识是构建和谐社会的需要，通过化解矛盾、解决纠纷促进社会和谐，使社会正常运转。您认为除此之外，还应该怎样来认识这个问题？

景汉朝：总体而言，我们应该站在以科学发展观为统领这一高度来认识这个问题。除了构建和谐社会方面的意义，还是以人为本，实现好、维护好和发展好最广大人民根本利益的需要。

我们党的宗旨是"立党为公，执政为民"，以最广大人民的根本利益为出发点和落脚点。但是，在决策实施过程当中，或者在人们日常生活、工作以及其他的活动当中还会发生这样那样的影响、侵害人民利益的问题，出现了这些问题怎么办？这就应当强调在纠纷发生之后，我们要有一个好的机制、好的办法来解决这些纠纷，这样才能够让社会正常运转，让人民群众过上美好的生活。一年挣一百万，挣两百万，甚至挣上千万，他的生活不一定是幸福的，有了纠纷能得到很好的解决，这是幸福生活的一个必须条件。

"建立和完善多元化纠纷解决机制和法治是一致的"

吴晓锋：有人说，既然要建设法治国家，那自然要发挥诉讼手段的作用，发展司法。发展非诉纠纷解决机制，健全和完善民间的纠纷解决机制，这是法治吗？这和法治是不是不相适应？

景汉朝：我想这恰恰是法治的要求。首先，法治主要是一种秩序。法治国家最基本的特征是依法办事，依法办事就自然包括我们按照法律规定的诉讼手段和非诉手段来处理这些纠纷。随着法治国家建设进程的加快，今后有关非诉纠纷解决方面的立法肯定会越来越多，越来越完善。其次，法治社会是一种有秩序的社会，是按照一定规则运行的社会。这就不能单单只有司法手段，要追求一种秩序，各种纠纷解决手段全都要用上，才能实现法治状态。从这个角度来讲，建立和完善多元化纠纷解决机制和法治是一致的，是国家政权建设的一个重要组成部分。这也是建立和完善多元化纠纷解决机制的重要意义之一。

"给人民群众更多的解决纠纷的选择权，这就是民主政治"

吴晓锋：有人认为我们搞多元化纠纷解决机制，给基层人民群众提供了更多参与社会管理的机会。那么是否可以理解为，这是人民民主政治建设的需要？

景汉朝：可以这么理解。发展人民民主，建设民主政治，一个很大的特点就是要给人民群众提供更多的选择权和选择机会。一个人在社会生活中发生了纠纷，作为国家，有责任给他提供满意的纠纷解决途径，而不应该只有单一的司法手段。我打个不恰当的比方，就像我们修路一样，人们要走路，有的需要走高速公路，有的需要走普通公路，有的需要走一般的土路，甚至有的还需要走羊肠小道。作为国家来讲，你提供

给民众的如果仅仅是单一的一种路，人民群众的选择就受到了限制，你只建高速公路，而我赶的是毛驴车，坐的是牛车，也非要走这种高速公路，那社会成本会多么高？我们建立多元化的纠纷解决机制，给人民群众更多的解决纠纷的选择权，让人民群众广泛地参与社会治理活动，这就是民主政治。

"一把钥匙开一把锁，不同种类的纠纷用不同方式去解决效果更好"

吴晓锋：利用多元的手段解决纠纷为何比单一的司法手段效果更好？

景汉朝：纠纷和矛盾是各样各类的，如果解决矛盾的手段仅仅是司法这一个手段，那肯定是不适应现实需要的。俗话说，"一把钥匙开一把锁"，不同种类的纠纷用不同方式去解决效果可能更好。比如婚姻家庭纠纷，由民调组织解决更为有效。而那些专业性特别强的，如本行业系统内部的纠纷，由相关专业协会、专家来调解相对容易，效果也更好。因为大家都是专家，都懂，到底谁有理谁没理一目了然。一到了法庭上双方当事人总是要强调自己的理由，甚至是"无理也要辩三分"。如果所有合同发生问题都要走上法庭，很可能会打破合同链条，那社会经济交往的秩序会是一个什么状态？但对于那些法律性很强，对社会有导向性作用的案件，则应该通过司法程序来解决，以便后来者按照司法所确定的规则来行事，这样，它的社会意义能够达到最大化。所以，新时期矛盾纠纷的特点是多元的，解决矛盾也应该利用多元化的手段。

"中华传统文化最突出的特征之一是'和为贵'"

吴晓锋：建立多元化纠纷解决机制与我们中华文化中的"和为贵"有什么渊源和联系吗？

景汉朝：这当然是发扬中国优秀文化传统的需求。党的十七大提出，我们的中华文化要大发展大繁荣，要建设中华民族共有的精神家园，这可以说是一个战略任务。中华文化有许多非常好的传统，应该好好挖掘，好好探索，好好发扬。比如，中华文化最突出的特征之一是"和为贵"，人和人之间要和，人和社会之间要和，人和自然之间要和，国家与国家之间要和，这种思想挖掘出来之后，无论是对老百姓日常各种行为的引导，还是纠纷发生以后用各种方法来解决纠纷都是非常有利的。

另外，大家可能会注意到，我们的传统文化不特别强调严格，不特别强调较真儿，而是强调宏观，强调抽象，强调大概、大约，很多事情都讲八九不离十，而这些和司法强调严格、强调程序是不合拍的。我们的国画就不讲真、不讲像，而是写意，讲意境。还有，为什么西方人喜欢吃中餐，而他自己却不做中餐呢？他做不了。为啥？因为我们的菜谱太含糊，太不具体，难以操作。比如，葱3段，多长多粗啊？姜4片，多薄多厚啊？盐少许，何为少许？花椒大料适当，什么是适当？而中国人却"估摸"得很好，做的饭菜色香味俱全。司法特别讲严格、讲证据、讲程序，但许多情况可能是合法不合理，应该说，它既是现代社会解决纠纷的重要手段，也在很多方面和我们的传统文化不完全吻合。所以，在建设公正高效权威社会主义司法制度的同时，也要注意发掘我们的传统文化，建立多元化的纠纷解决机制，让传统文化在现代社会矛盾的解决中发挥应有的作用。

周强

现任中共十九届中央委员，最高人民法院院长、党组书记，首席大法官。曾任湖南省省长、省委书记等职。

—— 作者手记 ——

下文《让权力在阳光下运行》是 2008 年对时任湖南省省长周强的独家专访。因为独家，所以珍贵。他当时主导出台了全国首部省级行政程序规定——《湖南省行政程序规定》，具有破冰意义。这部规定的背后，凝聚了很多行政法人的心血和希冀，其中包括应松年、江必新、马怀德、王锡锌等，这些台前幕后的故事都记录在我的深度报道《全国首部省级行政程序规定诞生记》中，因此也一并收录。后来出任首席大法官的周强力推"司法公开""阳光司法"，我想也应该与此一脉相承吧。

让权力在阳光下运行

——访湖南省省长周强

2008 年 4 月 17 日，我国首部地方性行政程序规定《湖南省行政程序规定》（以下简称《规定》）的诞生，填补了我国行政立法上的一项空白，受到广泛关注与好评。湖南省省长周强作为该项立法的主导者，自始至终，高度重视，精心指导。

吴晓锋："行政程序"这个概念很多人还比较陌生，它主要涉及哪些方面的内容，具有什么重要意义？

周强：行政程序是行政机关履行职责的方式、步骤、顺序和时限，是行政机关合法、公正、高效行使行政职权的重要保障，是保障公民、法人和其他组织合法权益的重要措施，意义十分重大。概括起来，主要包括三个方面：

第一，通过健全行政公开、公众参与等行政程序制度，使行政权力在阳光下运行，并通过人民群众对政府工作的广泛参与，加强对行政权力运行的有效监督，能更有效地防止腐败，加强政府的廉政建设。

第二，行政工作需要讲求效率，作为公务员，你不腐败但不干事也不行。行政效率是要靠法定的行政运行程序来保障的。公务员责任心不强，工作意识淡薄，导致不作为、缓作为甚至乱作为的，应该依法追究相应的责任。

第三，行政程序规定把公众参与上升为一种法定制度，重大事项在进行决策前，必须广泛听取公众意见，要让群众有公正、规范的诉求表达渠道。行政执法就是要充分保障群众的知情权、陈述权、申辩权。

吴晓锋：您认为有哪些因素使该规定首先得以在湖南诞生？

周强：简单来说是三个方面的因素，其中有两点是我们一开始就特别强调的。第一，要严格贯彻国家法律法规，落实中央关于建设服务型政府、责任型政府、法治型政府的精神。第二，要本着解决实际问题的原则，不一定要在体系上求全，但是要突出重点，要有针对性地解决当前行政管理和政府法制建设中的突出问题。第三，湖南有较好的依法行政的基础。正是这三方面因素的结合，为推进富民强省、构建和谐湖南，湖南走出了第一步。

吴晓锋：既然这个《规定》的制度设计是要突出重点，立足于解决当前政府行政管理和依法行政中的突出问题，那么它将着力解决哪些突出问题？有哪些亮点？

周强：重点加强对行政决策行为的规范，行政决策是行政权的核心。尤其是重大行政决策应该有个严格的程序，应当经过调查研究、专家论证、公众参与、合法性审查、集体研究等必经程序，防止决策的随意性。特别是要突出听证会、专家咨询等决策机制的建立，通过科学的程序设计，减少决策的失误和决策腐败。郑筱萸案就是一个教训。权力过大，过于集中，又缺乏程序制约，规则不完善，就很容易出问题，没有郑筱萸也还会有王筱萸李筱萸。行政执法行为也要进一步规范，另外还有"登记制度""联合执法"等，很多东西写在规定中看起来并不起眼，但实际上都是非常有针对性的。

吴晓锋：有立法就有借鉴。听说这个《规定》对国外立法有所借鉴？

周强：登记制度就借鉴了美国的联邦登记制度。"阳光是最好的防腐剂"。只有把权力的运行置于阳光之下，才能够从根本上、制度上防止腐败的产生。另外，我们借鉴了外省市一些好的做法，并结合我省实际，建立行政登记制度。对重大决策、规章和规范性文件，实行统一登记、统一编号、统一公布。对招标、投标等进行登记，就可以杜绝很多问题，防止暗箱操作。

吴晓锋：立法的出台固然是重要的，而更重要的是落实，湖南准备怎样落实实施这个《规定》？

周强：《规定》的出台，只是迈出了一小步，大量的工作是要抓实施、总结和完善。对此，我们作了充分的估计，我们有半年的准备期，要到今年10月1日才正式实施，就是为了要把这个规定很好地贯彻执行。现在已经有了一系列规划和举措，要一个个去落实。第一，要进行培训。第二，组建一个专家咨询委员会，及时了解和解决实践中出现的问题。第三，落实"重大决策程序"的实施细则，相对于省、市、县、乡，或不同的行政部门，重大决策的程序是不同的，还需要细化。第四，要抓好监督检查，做好评估。实施一段时间后，根据实践情况，进行修改完善。

全国首部省级行政程序规定诞生记

2008年2月23日，周强在长沙主持召开专家咨询论证会，为《湖南省行政程序规定》的出台做最后准备。

就在签署政府令向社会公布该规定的前夜，周强省长还在挑灯审定，反复斟酌。深夜 10 点半钟，周强又叫来湖南省政府法制办主任贺安杰，对有关条文询问情况，最后又删除了两条，改动了七八处。细心的人会发现，新闻发布会上发布的是一百八十条，而最后正式公布的却是一百七十八条。

2008 年 4 月 17 日，本是一个寻常的日子。随着湖南省省长周强签署第 222 号省人民政府令，让这一天在历史上变得不再寻常。

这一天，我国首部省级行政程序规定：《湖南省行政程序规定》（以下简称《规定》）颁布，并将于 10 月 1 日起实施。

这部《规定》填补了我国行政程序单独立法的空白！

我国的行政程序立法走过了十多年的风雨历程，终于从地方立法获得突破，不禁让国内法律界人士眼前一亮。

这一创举也吸引了国际法学界。美国耶鲁大学在第一时间联系该《规定》立法小组询问情况，请求赐稿。

这是一部什么样的"法"，如此引人注目，如此不同寻常？湖南既非沿海，又非西部，为何又首先在湖南诞生？是偶然，还是注定？

梦想与现实一拍即合

2007 年 3 月，全国"两会"期间，湖南省省长周强和著名行政法学家、国家行政学院应松年教授，时任湖南省高级法院院长（现任最高人民法院副院长）的江必新刚好都下榻在全国总工会"职工之家"。

他们本来就是老熟人、老朋友。周强和江必新还是西南政法大学 78 届同学。

三人都与行政法相关：江必新这位专家型大法官同时也是行政法专家，在"空降"湖南之前，任最高人民法院副院长时，长期分管行政审判，再之前是行政庭庭长。而周强省长作为一省的行政首长，当然非常关心"依法行政"问题。

和法律人在一起，自然就谈法律。话题很快集中到依法行政问题上来。以应松年为首的专家学者十多年来，一直在为一部重要的法律呼吁，这就是行政程序法。

从 20 世纪 90 年代初至今，关于行政程序法的研究和起草工作一直都没有停止过，仅由应松年领衔起草的行政程序法文本就有 15 稿之多。由于各种原因，至今搁置，成为行政法学者的最大心病，当然也是最大梦想。

"行政程序至关重要，是依法行政最佳的切入点，能否率先在湖南搞起来？" 70 岁高龄的应松年教授满怀激情。

此言一出，正中周强心结。中央提出打造法治政府、责任政府、服务政府、廉洁政府。湖南省第九次党代会也提出了富民强省的目标。这就需要加强行政程序建设，推进政府管理的创新，实现富民强省。

江必新说："湖南作为中部地区，要实现中部崛起，科学发展是关键，而科学发展观要有法治的保障，需要有法律对违背科学发展观的行政行为进行制约和纠正。"

三人一拍即合。一次巧遇，催生了一次立法实践。

"你刚从国外学习回来，应该马上把学到的先进理念、经验运用到工作上来，尽快与应教授联系。"周强回到长沙即刻交代省政府法制办主任贺安杰开展工作。

北京和长沙的"头脑风暴"

贺安杰此时刚从新加坡学成归来。2005 年下半年，他受中组部选派，去新加坡南洋理工大学攻读为期一年半的公共管理硕士。

领命在身的贺安杰立刻起程去北京，与应松年、王锡锌、王万华三位教授会晤并达成具体立法计划：应松年负责组织专家，先由专家起草一个"专家建议稿"。法制办负责从实际工作的角度，发现问题收集情况。

回到长沙，湖南省法制办便开始行动，抽调骨干力量，成立了行政程序立法工作小组。他们首先收集整理了湖南省现行有效的法规、规章中，关于行政程序方面的规定，然后研究现实中的突出问题。很快，从薄弱环节入手列出了当前存在的 63 个问题。

在长沙召开的由专家和省法制办立法小组参加的首次研讨会上确立了立法指导原则、需要解决的重点问题、框架结构以及定出了工作进度表。

"作为一个省级行政规章，怎么既与上位法衔接，又能有针对性地解决实际问题，突出重点，这是我们一开始就追求的目标，也是我们的第一个立法原则。"贺安杰说。

而他们的第二个原则就是立足湖南，充分借鉴国内外行政程序立法的经验及理论成果，做到切实可行。

在专家起草建议稿的同时，省法制办立法小组自己也起草了一个稿子，兵分两路，同时行动。

"要把所有人都榨干！"这是当时贺安杰常说的一句话。"榨干"是榨干智慧，把专家榨干，把自己人榨干，把每个人的智慧都充分挖掘出来。

"从那时起，我们便没有休息过一个星期天，大家都很辛苦劳累，但又充满了激情，因为在做一件很有意义的事情！"立法小组的两个小青年对记者说。他们去年从中国人民大学、武汉大学硕士毕业，招考到法制办便没有分配部门，直接进了立法小组。

榨干智慧的同时，焉能不榨干体力？半年间，法制办 5 次去北京，与专家们一起研究、讨论、修改。贺安杰说，尤令他感动的，是应松年教授的"认真"。"都 70 多岁的人了，每次和我们一讨论就是一整天，中午在食堂吃点儿饭马上又继续，而且会上讨论激烈，劳心又劳力啊！"

以应松年牵头的专家建议稿修改了 5 次，于 2007 年 9 月交稿。在专家建议稿的基础上，法制办立法小组又用了 3 个月时间。研究修改和征求意见，形成了草案。后来一比较，专家们发现，行政裁决、行政调解、行政应急，以及行政监督和责任追究中的部分规定，都是专家意见稿中没有的。

北大教授王锡锌说："省法制办更注重现实问题的解决，并不过分强调体系等问题。专家意见稿由于非常强调行政程序法肩负的行政法部分法典化的使命，对基本原则、行政决定的成立和效力等实体内容作了详细规定。"

三轮征求意见集中各方智慧

法制办立法小组在专家建议稿的基础上作了修改，形成征求意见稿，发到各市、州、县征求意见，并召开了三大系统的座谈会。

第一个是全省法院系统（主要是行政审判庭）的座谈，听取来自司法实践中的建议。当时的湖南省高院院长江必新，本身就是行政法专家，对于该《规定》从动议到出台全程予以了支持、指导。第二个是湖南地方高校（以行政法学者为主）的座谈。"这次立法专家小组的成员全是北京的学者，那么地方呢，湖南大学、湘潭大学、湖南师大等都有很多优秀的行政法学者，他们对于本乡本土的意见也值得重视"。第三个是全省政府系统，以及人大、政协和各民主党派的座谈。

三个座谈会和第一轮征求意见下来，改动颇大，形成了第二次征求意见稿，又开始了第二轮征求意见。

这一次，法制办立法小组兵分两路。一路上北京，听取有关方面的意见，并与专家组全体成员开会讨论；另一路则分成几个小组，下地方听取意见。这样，产生了第三次征求意见稿和第三轮征求意见。

行政程序规定是约束行政行为的，权力越大的部门将受到越大的约束，对此，不少人把它喻为行政部门的"紧箍咒"。这一轮的两个座谈会，就在与行政程序规定最直接的两大部门召开，一个是行政执法部门，一个是综合决策监督部门。

民政厅法规处副处长廖国核告诉记者，他感到很欣慰，因为他当时在讨论会上提的意见最后被采纳了。他说："《规定》第八十一条规定，法律、法规、规章对行政执法事项以及非行政许可的行政审批事项没有规定办理期限的，实行限时办结制度，其中，办理的事项只涉及一个行政机关的，行政机关应当自受理申请之日起20日内办结；20日内不能办结的，经本行政机关负责人批准，可以延长10日，并应当将延长期限的理由告知申请人。而当时的意见稿对延长时间的规定五花八门，有延长 10 天的，有延长 15 天的，还有 20 天的，等等，虽说有的是难易程度不同，具体情况具体分析，但这样整个《规定》显得太杂乱，本身延长 10 日就已经是特殊情况了。"

立法建议像雪片一样飞来

如果说很多农民朋友也在对该《规定》积极关注并提出了建议，你相信吗？

省法制办贺安杰主任介绍，新邵县潭溪镇岩五村二组村民黄载顶，在看到 2008 年 2 月 18 日《湖南日报》刊登的《规定（草案）》后，感到非常欣慰，想为家乡和谐社会建设尽微薄之力的想法油然而生。

10 天之后，黄载顶洋洋洒洒地写了 13 条建议的信件，飞向了湖南省政府法制办。这可不是黄载顶拍拍脑门儿就想出来的，记者看到，里面援引的理由还有《最高人民法院关于民事诉讼证据的若干规定》。

中国驻黎巴嫩大使馆彭毅，欣闻家乡拟推出《湖南省行政程序规定》，并在审议前广泛征求各界意见，感到"该《规定》意义重大而深远，要为家乡建设献绵薄之力"。

繁忙的工作之余，他在对草案进行认真研读后，提出 2300 余字建议，建议带着一颗游子的赤诚之心万里之外、漂洋过海飞回故乡。

律师界现在作为一个"新阶层"崛起，成为参政议政的生力军。湖南天地人律师事务所何建国律师告诉记者，他参加了由省法制办、省优化办、省纪委行政效能接待室等组织的立法座谈会。

律师界一致认为此《规定》在全国尚属首例，具有里程碑意义。他精心准备，对此提出了长达 6 页的 17 点建议，而且每条建议后都详细陈述了修改理由。最后有几条被采纳他倍感欣慰。

贺安杰主任说，最让他始料不及、感慨万分的还是普通群众的参与热情。通过网络、邮寄传来的信件、帖子不计其数。

政府令签署前夜的挑灯夜战

说到《湖南省行政程序规定》不得不提到一个人，那就是该立法的主导者——省长周强，虽然周强在接受本报记者采访时一再拒绝，"不要写人，不要写我"，但这却是无法回避的。

用贺安杰的话来说，是"省长自始至终高度重视、精心指导"。据贺安杰介绍，周强在该《规定》的起草过程中就专门听取了五次汇报，对起草、修改的指导思想、原则，要解决的重点问题，重要的制度安排等，都作了具体的指示和要求。对一些细节问题也没有放过。比如，要求在进一步的修改过程中，每个条文要标明它的立法依据。要不断地收集一些行政程序方面的典型案例，加以整理、汇编等。

记者看到一本厚厚的《湖南省行政程序规定对应法律法规汇编》，《规定》里面的每一个条文后面都附着对应的法律法规，以保证每一条都有法可依。

今年 2 月 23 日，周强在长沙主持召开了由应松年、江必新、石亚军、王锡锌等十二名专家参加的咨询论证会，一整天热烈讨论。而就在签署政府令向社会公布该《规定》的前一夜，周强还在挑灯审定，反复斟酌。十点半钟，周强又叫来贺安杰，对有关条文询问情况，最后又删除了两条，改动了七八处。细心的人会发现，新闻发布会上发布的是 180 条，而最后正式公布的却是 178 条。

"省长如此关心一部立法有什么特别意义呢？省长要做的事情很多啊！"记者不解地问。

"是啊，你问到了一个核心的问题！"贺安杰感慨道，"一个行政首长要处理的政务确实很多。但政府一个最重要的角色是制定规则。重视规则的制定，应当说正是一个行政首长的高明之举。立这个《规定》本身也不是目的，而是以此为平台，推动行政体制改革和政府管理的创新，改善投资环境，实现富民强省。"

2008 年 4 月 9 日，湖南省政府召开第四次常务会议，会议审议通过了《湖南省行政程序规定》，并决定于 2008 年 10 月 1 日起实施。

4 月 17 日，省长周强签署第 222 号省人民政府令，正式向社会公布《湖南省行政程序规定》。

一部填补空白的"立法"诞生了。

张智辉

享受国务院政府特殊津贴，首批"当代中国法学名家"，曾任最高人民检察院司改办主任、最高人民检察院检察理论研究所所长、中国检察官协会秘书长。

—— 作者手记 ——

此文是 2008 年在最高检举办的有关认罪轻案办理程序的一个研讨会上对当时中国检察官协会秘书长张智辉的专访。那几年美国的"辩诉交易"成为中国刑事司法改革领域的热门话题，中国检察官协会课题组主持拟定的被坊间称为"中国版辩诉交易"的《认罪轻案办理程序实施细则（试行）》，于 2008 年 8 月 1 日起开始在全国八家基层检察院试点，张智辉分析了该程序与辩诉交易的不同。后来，我也采访了来京的美国资深联邦检察官柏恩敬，他说"辩诉交易"只是口语，美国联邦法律称为"有罪答辩"。十几年过去了，中国检察机关当年的改革目标早已实现，如今叫"认罪认罚从宽制度"。

我们借鉴了辩诉交易的合理成分

——访中国检察官协会秘书长张智辉

一场改革正静悄悄地拉开序幕。8 月 1 日，由中国检察官协会课题组主持拟定的《认罪轻案办理程序实施细则（试行）》（以下简称《细则》）开始在全国八家基层检察院进行试点。为此，走访了该项目的负责人、中国检察官协会秘书长张智辉。

并非移植辩诉交易制度

吴晓锋：与外国的辩诉交易制度相比，本《细则》有什么特点？

张智辉：辩诉交易起源于 20 世纪 70 年代的美国，在英美法系和大陆法系的许多国家得到了承认和借鉴。中国随着改革开放的深入发展，特别是处在社会经济的转型时期，刑事案件持续增加，司法机关面临着类似的办案压力，需要对一些较轻微的刑事案件分流处理，以加快办案速度，节约司法资源。近年来，检察机关和审判机关在实践中陆续进行了一些工作机制改革，如：（1）普通案件简化审理和适用简易程序办理公诉案件的改革，即对被告人认罪的普通刑事案件，不按照刑事诉讼法规定的普通程序进行审理，而按照简易程序进行审理；（2）证据开示（或称证据交换）试点；（3）量刑建议制度的试行；（4）起诉裁量权的扩展等。这些改革的主旨就是提高司法效率，节约司法资源。它们与辩诉交易制度具有一定的近似性，即简化审理程序，加快案件的处理。但是，这些改革，与辩诉交易制度所要解决的问题以及解决问题的思路有所不同，都没有涉及认罪案件的实体处分问题，既没有赋予被告人选择程序的权利，也没有赋予检察机关选择起诉的权力，因而与辩诉交易制度存在实质性的差别。我们课题组起草《细则》的理念，既不是要移植辩诉交易制度，也不是要把我国司法实践中潜在的辩诉交易做法予以确认，而是要借鉴国外辩诉交易制度的合理成分，改革和探索我国刑事诉讼中有关认罪轻案的程序，推动立法完善。

吴晓锋：您能否简单介绍一下本实施《细则》的制定过程。

张智辉：为了探索嫌疑人认罪的轻微案件办理程序的改革，完善有关诉讼程序，认罪轻案程序改革课题组在对国外辩诉交易制度进行比较研究的基础上，结合我国近年来有关刑事诉讼程序改革实践和理论研究成果，草拟了《认罪轻案办理程序实验方案》和《认罪轻案办理程序实施细则》。

此后，课题组成员先后到北京市海淀区检察院、东城区检察院、宣武区检察院、石景山区检察院等基层检察院进行调研，并听取了当地法院、公安机关等部门的意见。在吸收各方面合理意见的基础上，课题组对该实施方案和实施细则进行了修改和论证，并将修订稿和论证意见提交今年6月在浙江省绍兴市召开的"认罪轻案办理程序国际研讨会"讨论。

各试点单位都派人参加了会议，在充分肯定试点方案的同时提出了一些完善建议。会后，课题组进行了一些必要的修订，并征求了最高检有关部门的意见。这个方案和细则的起草集中了理论与实务两个方面的智慧，融汇了中国与国外两个方面的经验，充分开发了我国现行法律提供的探索空间，是办理刑事案件的客观需要与刑事诉讼程序改革理论探索相结合的产物。

落实宽严相济刑事政策

吴晓锋：制定这个《细则》的目的和法律原则是什么？

张智辉：这一《细则》的拟定主要是为了落实宽严相济的刑事政策，提高诉讼效率，保障人权，实现办案的法律效果与社会效果的有机统一。

在制定本《细则》的过程中，我们坚持以下原则：一是合法原则，即坚持不与现行法律规定相冲突，在法律范围内进行改革的原则。二是配合原则，即各个诉讼阶段的程序简化都需要有关人员的一致同意和配合。如在审查起诉阶段，适用认罪轻案办理程序，不仅需要检察机关审查后认为案件符合认罪轻案的条件，而且要征得犯罪嫌疑人的同意。三是全程简化原则。认罪轻案办理程序的简化包括刑事诉讼活动的全过程，即包括侦查阶段、审查起诉阶段和审判阶段。

吴晓锋：对认罪轻案如何了解？什么案件被认为是认罪轻案？

张智辉：同时符合下列条件的刑事案件为认罪轻案，可以适用认罪轻案办理程序：（1）事实清楚，主要证据确实充分；（2）犯罪嫌疑人、被告人自愿认罪；（3）依法可能判处 3 年以下有期徒刑、拘役、管制或者单处罚金。

吴晓锋：据悉，为了简化认罪案件的处理程序，最高人民法院、最高人民检察院、司法部制定了《关于适用简易程序审理公诉案件的若干意见》和《关于适用普通程序审理"被告人认罪案件"的若干意见（试行）》，最高人民检察院也制定了《关于依法快速办理轻微刑事案件的意见》。和这些已有的规定相比，本《细则》有哪些主要创新点？

张智辉：本《细则》呈现八大创新点：

1. 诉讼程序全程性简化。《细则》不仅简化了审判程序，而且简化了审查起诉程序尤其是侦查程序，而《意见》的程序简化主要集中在审判程序，部分涉及审查起诉程序，但不涉及侦查程序。

2. 律师必须参与。《细则》规定从审查起诉阶段起，适用认罪轻案办理程序的，必须要有律师参与，而以往规定没有这方面的硬性要求。

3. 办案更快速。根据《细则》的规定，如果刑事诉讼活动全程适用认罪轻案办理程序，最长期限为 35 天（侦查阶段 15 天、审查起诉阶段 10 天、审判阶段 10 天），这比以往规定办理案件，期限更短，速度更快。

4. 制作认罪答辩笔录。为了确保犯罪嫌疑人、被告人认罪答辩的自愿性和固定认罪的有关内容，防止其反悔，同时保证程序简化具有坚实的认罪基础，《细则》（第十三条）在吸收美国认罪协议合理成分的基础上，创设了认罪答辩笔录。这是以往规定所没有的。

5. 证据开示。为了保证犯罪嫌疑人、被告人认罪的自愿性和真实性，《细则》规定，在制作《认罪答辩笔录》前，检察机关应当向其展示有关程序，并记录在案，以往没有这方面的规定。

6. 认罪答辩确认。为了进一步简化审判程序，《细则》设立了认罪答辩确认程序，即法院通过询问被告人及其律师，确认被告人认罪是其真实意思表示，原则上按照认罪答辩笔录（被告人、律师与检察官都有签字）上的内容进行判决。这样就可以大大简化审判程序，节约司法资源。

7. 收集、核实证据更简化。《细则》规定，尽量减少讯问（或询问）笔录的制作次数，核实证据时，可以通过电话的方式进行核实，如有关证人外出打工的，可以通过电话核实其证人证言，这样既简便，也比较可行。

8. 证据标准降低。为了简化认罪轻案的侦查程序，《细则》第七条规定，侦查机关应当迅速收集、固定主要证据。对于其他次要证据的收集和固定，没有硬性要求，这样就降低了证据标准，从而可以缩短侦查时间。

此外，为了保证本《细则》的顺利实施，该《细则》还规定了各实验单位应当成立专门的认罪轻案组，负责办理认罪轻案。

为立法作准备

吴晓锋：该项试验所望达到什么预期目标，制度前景怎样？

张智辉：该试验的目的就是为轻微刑事案件的快速处理探索一种全面而有效的程序，通过实证研究，发现问题，并提出解决问题的合理途径，为国家有关立法作理论准备。

最高人民检察院有关部门对该课题很支持，课题组与相关各部门进行了协商，选定了八个基层检察院进行试点，如果普遍效果不错，将对司法人员更新观念和国家立法的完善以及诉讼理论的创新都会产生一定的推动作用。目前，理论界和实务界对刑事诉讼实行"繁简分流"已经达成高度共识，但是对有关程序的设计和选择在认识上存在较大的分歧。我们课题组的研究成果将形成一个系统的、有实证研究支撑的解决方案，将会缩小这方面的认识分歧。另外，《认罪轻案办理程序实施细则》，不仅借鉴了辩诉交易制度的合理成分，而且综合和吸收了我国近年来有关证据开示、量刑建议、起诉裁量权、简易程序等方面的改革成果，这是我国刑事诉讼制度发展到一个新历史阶段的需要。

如果这一程序中有包含着某些辩诉交易的成分，那只不过反映了犯罪嫌疑人的"认罪态度好"对国家的"从轻量刑"、减少羁押和快速办理等处理方式的影响而已，这与我们国家传统的刑法理论是吻合的，不存在犯罪嫌疑人承认此罪与检察官不起诉彼罪之间的交换问题。因此，这一程序不是严格意义上的辩诉交易。

王振川

曾任最高人民检察院副检察长，二级大检察官。

—— 作者手记 ——

最高人民检察院副检察长王振川大检察官，我选取的是当年环保风暴下全国检察机关的反贪反渎专项行动，如今检察院反贪反渎部门都已经整体转隶，此文正好作为纪念。

全国反"渎"风暴席卷能源资源环境领域

一场自上而下的反"渎"风暴席卷"绿色领域"——全国检察机关深入查办危害能源资源和生态环境渎职犯罪专项行动正全面铺开。截至目前，该项工作已取得了初步成效，全国共查办了1600余件危害能源资源和生态环境渎职案件，数量之多历年罕有。

渎职引发安全事故　两年查办 1200 人

据了解，此项工作是新一届最高人民检察院领导班子进行的第一个专项工作。有分析人士认为，把渎职犯罪作为专项工作的主要内容，凸显了今后检察机关的工作重点，而选取能源资源和生态环境问题作为切入点，则契合了党中央提出的科学发展观以及当前经济社会发展所面临的资源、能源和环境问题。

据最高检副检察长王振川介绍，目前危害能源资源和生态环境的情况仍相当严重，少数地方无视能源资源和环境保护法律政策，盲目发展，甚至以破坏能源资源、牺牲生态环境为代价谋求经济发展。破坏土地、矿产、森林、水电等能源资源和生态环境的违法犯罪案件屡屡发生，屡禁不止，借地方经济发展，中饱私囊而罔顾能源资源和环境破坏的政府官员大量出现。

同时，这些领域的渎职犯罪也危害了人民群众的生命健康和安全。仅检察机关 2006 年、2007 年两年间，查办的安全生产责任事故所涉及的渎职犯罪就有近 1200 人，造成 6465 人死亡。

"建设资源节约型、环境友好型社会的举措正在被大量践行，司法工作亦是其中重要一项。最高检此时推出此次专项工作的背景即在于此。"王振川表示。

此次专项工作将重点查办六类案件，涉及领域包括征用、占用土地；出让国有土地使用权；发放林木采伐许可证；煤炭和矿产资源，水、电资源；城市建设规划与房地产开发；道路交通等方面的管理以及环境监管。

截至目前，全国检察机关已查办危害能源资源和生态环境渎职犯罪案件 1687 件 1962 人。而专项工作的矛头直指造成严重损失和影响的重大案件。

以罚代刑现象严重

王振川指出，本次专项工作打击的重点案件之一，即为国家机关工作人员帮助破坏能源资源和生态环境犯罪分子逃避处罚，以及所涉徇私舞弊不移交刑事案件。

从专项工作所查办案件来看，以罚代刑不移交刑事案件，致使犯罪逃避打击的问题相当严重。

其实，为加强能源资源和生态环境的司法保护，我国刑法均规定了相应的罪名，"两高"对刑事追究的起刑点也作出了相应的规定，比如，非法占用基本农田 5 亩以上、基本农田以外耕地 10 亩以上就构成非法占有农用地罪，非法采矿造成矿产资源被破坏价值在 5 万元以上就构成非法采矿罪。

但在司法实践中，行政主管部门很少以上述罪名向公安机关移交案件。原因何在？

行政执法与刑事司法的衔接不畅一直是一个多年来未解决的老问题。"一方面行政主管部门移交很少或不移交；另一方面是极少数案件移交后有关部门拖案不查。"最高检渎职侵权检察厅厅长陈连福说。

此外，资源破坏价值鉴定的严重滞后、基层委托鉴定机制的不健全，致使大量的案件没有进行鉴定，成为无法进行刑事追究的一个重要原因。根据最高人民法院的规定，矿产资源破坏的价值鉴定"由省级以上地质矿产主管部门出具鉴定结论"，实际上，省级主管部门根本无法对大量需要鉴定的情况进行操作。

由此，加强与有关行政管理、行政执法部门的协调配合，成为此次专项工作力推的工作机制之一。

目前，已有 14 个省级检察院与相关行政管理、行政执法部门召开了联席会议，一些新举措也被相继推出。

辽宁省确定了行政执法与刑事司法"网上衔接，信息共享"的机制。陕西省针对一些检察干部不熟悉行政执法部门的法定职责和工作流程，要求各市级检察院选派干部到行政执法部门学习锻炼 3 个月。

福建省检察院在与福建省环保局召开了联席会以后确定，发生重大突发环境案件，事发地环保行政主管机关在向上级环保行政主管机关报告的同时，也应当向同级检察机关通报。环保部门作出行政处罚后，应在 5 日内将处罚决定书抄送统计检察院反渎职侵权部门。此外，环保部门在调查过程中，如果认为可能存在渎职失职、贪污贿赂等职务犯罪，可邀请检察机关提前介入调查。

最高检高度关注新律师法

在对"查办危害能源资源和生态环境渎职犯罪专项工作"的采访过程中，最高人民检察院副检察长王振川还表现出对新律师法的高度关注，以及对完善办案制度和工作机制的高度重视。

新律师法正式实施，其中新增、修订条款多达 40 余条，着力于要解决会见难、阅卷难、调查取证难等长期存在于律师界的"老大难"问题。但新法实施 3 个月以来，上述问题并没有呈现出迎刃而解的惊喜。

王振川掷地有声地在"查办危害能源资源和生态环境渎职犯罪专项工作"动员部署大会上强调：修改后的律师法给反渎职侵权检察工作提出了更高要求。

王振川说，新律师法对律师参与诉讼活动作出了许多新的规定，赋予律师的会见权、调查取证权、阅卷权、申请取证或者证人出庭作证权、法庭上言论豁免权等方面都有很大的变化，使职务犯罪侦查工作更加公开、透明，把侦查取证置于过程的变数之中，包括强制措施的变数、犯罪嫌疑人供述的变数、证人证言的变数、同案人之间供述的变数等，这些都给侦查工作带来了新的挑战。

王振川要求各级检察机关一定要高度重视，积极应对。一方面，认真学习贯彻执行修改后的律师法，进一步完善有关办案制度和工作机制，注意听取律师和诉讼参与人的意见，保障律师依法执业，维护诉讼参与人的合法权益；另一方面，要转变侦查观念，规范侦查行为，下大力气苦练内功，提高反渎职侵权侦查能力和水平，特别是依法全面收集、固定和运用证据的能力和水平，严把事实关、证据关、程序关和法律适用关，力求办理的每一起案件都经得起检验。

公丕祥

曾任江苏省高院院长，江苏省人大常委会副主任、党组副书记。被授予"全国十大杰出青年法学家"称号。

—— 作者手记 ——

"全国十大杰出青年法学家"公丕祥是由法学家到大法官最后又到法学家的代表。本文采访他的时候他是江苏省高院院长。我曾经在江苏记者站工作一年，但选入的这一篇却是回到北京总部后的采访。当时他们正好完成了 2007 年度全国法院重点调研课题《"民俗习惯"的司法适用》，而我又曾对泰州两级法院首开全国先河将民俗习惯引入司法裁判的实践做过深度调研和报道，同时我读博士期间就关注研究过公序良俗问题并发表了理论文章，所以我和公院长的交流讨论非常热烈，也感受到了跨学术和实务两个领域的大家风采。

民俗习惯联结乡土中国与法治中国
——就民俗引入司法审判访大法官公丕祥

《"民俗习惯"的司法适用》是 2007 年度全国法院重点调研课题，江苏省高院成为课题承担单位之一。在课题已经结项并顺利通过专家验收之时，特对江苏省高级人民法院院长、课题主持人公丕祥大法官作了专访。

从书本上的法律走向行动中的法律

吴晓锋：泰州市两级法院开全国先河将民俗习惯引入司法审判领域，江苏高院对此高度重视，并作为课题来研究的缘由或者说主旨是什么？

公丕祥：自清末法制改革以来，中国就力图在法律生活领域实现现代化，其中一个重要的努力方向，就是以国家的名义制定大量的、涉及诸多社会生活领域的法律，企望以法律规制人们的行为，形成新的社会秩序。今天的中国，我们仍在不懈地进行着这种努力。

据统计，自1978年以来的20多年中，中国制定了包括宪法在内的400多部法律，800多部行政法规，有力地规范和指引着社会生活的发展方向。作为从书本上的法律走向行动中法律的司法，也是努力按照依法审判的要求，高度重视制定法在社会生活中的贯彻落实。

然而，现实的司法实践告诉我们，在有些情况下，依法审判的结果往往并没有得到当事人和社会公众的普遍认同，"案结事不了"的现象仍然存在。造成这一状况的原因是多方面的。其中，不能忽视的是，社会生活中调整人们行为、形成社会秩序的不仅仅是法律，还有世代相传、约定俗成的民俗习惯，它们坚韧地存在于人们的思想当中，并规范着人们的行为，指导着人们的生活。而且，在一定意义上，民俗习惯更为人们所依归。可以想见的是，当法律与民俗习惯存在一定冲突时，依法审判的结果得不到社会公众的有效认同，也就有了相对合理的解释。

因此，在审判工作中，应当高度重视承载社情民意的民俗习惯的实际运用。只有这样才能体察和体现社情民意，正确适用法律，化解社会矛盾纠纷，做到司法为民。

通过对民俗习惯的司法运用，才能真正理解和回应当代中国群众的生活、群众的情绪、群众的要求，才能对我国现阶段的社会状况和社会需要有正确的认识和把握，进而使审判工作更好地服务于人民需要，促进和谐社会的实现。为此，我们认为有必要深入研究民俗习惯的司法运用这一课题，正确认识存在于当代中国社会中的民俗习惯，理性看待民俗习惯在当代中国司法中的价值意义、适用的可能性及其作用的限度与边界，更好地运用民俗习惯解决社会矛盾纠纷，实现"案结事了"司法目标，最大限度地减少社会中的不和谐因素，为构建社会主义和谐社会提供有力的司法保障。

吴晓锋：哪些民俗习惯可以进入司法视野并得到运用？

公丕祥：首先，运用于司法审判中的民俗习惯应当是善良的。人民法院的司法活动，在功能上不仅仅是解决纠纷，还具有法治示范宣传、规则确立指引的作用。因此，对于进入司法审判中的民俗习惯，必须进行必要的甄别分析。审判中所运用的民俗习惯，必须是善良的，不能违背社会主义的法律精神和原则，不能侵害社会公共利益，不能与社会主义道德风尚相背离。

其次，运用于司法审判中的民俗习惯应当是补充性的。法律法规有明确规定的，应当优先适用法律法规。只有当法律规定比较原则，甚至存在空白时，才可以考虑民俗习惯的运用。这是民俗习惯运用于司法所必须遵循的一项基本原则。但是值得注意的是，面对某种纠纷的解决，既有法律的规定，又有民俗习惯的调整，只要民俗习惯的运用与社会公共利益不相冲突，不侵害第三人的合法利益，在征得当事人同意的情况下，一般可以考虑优先适用民俗习惯，或者通过调解的方式解决纠纷。

然后运用于司法审判中的民俗习惯应当是规范的。不同地区的民俗习惯是有差异的，不同群体对民俗习惯的认知与遵从也是不同的。将民俗习惯引入司法审判过程，不可避免地会遇到民俗习惯的地域性与司法裁判的统一性，民俗习惯的非正式性与当事人的可接受性等问题。因此，民俗习惯的司法运用不仅仅要解决一个观念问题和认识问题，还要有一系列科学、合理的程序、机制来加以规范。

民俗引入司法有助于提高司法社会认同度

吴晓锋：将民俗习惯引入司法裁判的意义主要体现在哪些方面？

公丕祥：在当代中国的法律与司法国情条件下，深入研究民俗习惯的司法运用，具有显而易见的价值意义：

一是推进和谐司法建设的需要。人民法院除依法司法外，还必须高度重视和谐司法建设，充分注重社会生活中长期形成、世代积累、体现着社情民意的善良民俗习惯的运用。在不与现行法冲突的条件下，将善良民俗习惯有条件地引入司法裁判领域，有助于运用和谐的司法方式最大限度地实现案结事了，促进社会和谐。

二是提升司法社会公信力的需要。当前涉诉信访压力的不断增大，从一个侧面反映出司法裁判的公信力需要进一步提高。提升司法公信力，要求法官不能机械办案，而要更加注重司法的社会效果。善良的民俗习惯凝结着社会大众的普遍性的价值判断准则，体现着社会成员的普遍性的社会经验。将民俗习惯引入司法裁判过程，无疑有助于提高司法的社会认同度。

三是规范法官自由裁量权的需要。目前，法官自由裁量权行使有时会被滥用，造成社会对司法产生种种不利的评价。如何规范法官的自由裁量权，成为法院面临和亟待解决的一个重要问题。民俗习惯既为法官行使自由裁量权提供了可能的空间，也规定了必要的边界。

四是改进社会治理的需要。社会转型期的一个重要问题，就是要通过良好的社会治理、社会管理形成有机的社会秩序。将民俗习惯引入司法过程，可以与司法外解决纠纷方式形成良性互动，有助于进一步完善多元化的社会治理结构与机制，促进社会和谐。

民俗习惯受社会物质生活条件影响与制约

吴晓锋：从目前泰州法院的实践以及学者的论述中可以看出：民俗习惯主要与乡土社会相连，是这样吗？江苏省高院在调研中有何新的发现，尤其是经济发展水平差距较大的地区有差异吗？

公丕祥：著名社会学家费孝通先生在他的《乡土中国》一书中有这

样一个重要判断：从基层看，中国社会是乡土性的。从调研的情况来看，民俗习惯多数存在于乡土社会当中。这一点，在涉及婚姻、家庭、继承、赡养、抚养、相邻关系等民事纠纷的审判当中有着充分的体现。在这些传统民事纠纷中，民俗习惯的司法运用较为常见。通过对体现于司法领域的民俗习惯分析与研究，我们发现民俗习惯还有着两个重要的特点：

一是民俗习惯的产生、发展、变迁受社会物质生活条件的影响与制约。比如，江苏省的经济有着较为明显的分化，苏南如苏州、无锡地区私营企业、外资企业十分发达，外来务工人员较多，甚至超过了本地人口，人员的流动性也较大；苏北地区农业经济仍占较大比重，农业人口比例也较大。

在苏南地区召开的法官座谈会上，课题组拿出在苏北地区广泛存在的诸如"嫁出去的女儿，泼出去的水""男方悔亲，女方不返还彩礼；女方悔亲，要全部返还彩礼"等在农耕社会当中常见的民俗习惯，询问当地法官是如何处理涉及此类习惯纠纷的。许多法官的回答比较一致，就是这类纠纷在当地 10 年前比较突出，现在随着经济的发展，不再按民俗习惯那一套来行事，而是找法院依法了断。

传统民俗习惯在苏南地区的变革，其根源在于当地经济社会发生了很大的变化。

二是民俗习惯生生不息，它们随着经济社会的不断发展而不停地发生、发展和变迁。在调研中，我们还发现苏南地区既有传统的民俗习惯的"死亡"与变化，但也有不少新的习惯在生成。这一点在经济领域中的表现尤为明显。这主要是因为作为一种社会规范，一定意义上，民俗习惯与法律一样属于上层建筑的范畴。因此，民俗习惯的产生、发展、变迁也要受社会物质生活条件的制约。经济社会的发展会带来传统习惯的消失与变革，也会产生新的习惯。一定意义上，民俗习惯是生生不息、始终流淌于社会生活当中的，社会物质生活条件是民俗习惯生生不息的源泉。

无论民俗习惯如何发生、发展、变迁，但有一点可以肯定，那就是民俗习惯是一个民族文化积淀的重要组成部分，是当代中国司法中可以有效加以利用的本土资源。

今天的中国，民俗习惯仍在发挥着重要的规范作用，可以预见的是，它们还将继续甚至永远发挥着作用。就人民法院的工作而言，在司法的过程中，以积极、务实、审慎的态度研究、运用民俗习惯，必将对更好地实现当代中国司法的追求与理想大有裨益。

宋鱼水

现任中共第十九届中央候补委员，全国妇联副主席（兼），北京知识产权法院党组成员、副院长兼政治部主任。

—— 作者手记 ——

读书的时候就知道了"辨法析理，胜败皆服"的宋鱼水法官，2007 年终于见到了她。那时她是有着"中国知识产权第一庭"美誉的北京市海淀区法院知识产权庭庭长，采访的主题是网络侵权案件的审理。宋鱼水是中国女法官的杰出代表和骄傲，她几乎获得过法院系统的所有奖项和荣誉，她的事迹还搬上了电影荧屏《真水无香》，见到她的那一刻，你感到这一切对她来说都是实至名归，都是真实写照。

宋鱼水：网络侵权案激增带来新挑战

北京市海淀区处于文化产业发展的前沿阵地。长期以来，该区的知识产权纠纷不仅数量多，新类型案件也层出不穷。于是，成就了海淀区人民法院知识产权庭"中国知识产权第一庭"的美誉。因此，就知识产权保护，尤其是网络侵权案件的审理问题专访了海淀区人民法院知识产权庭庭长宋鱼水。

网络成侵犯知识产权主要途径

吴晓锋：近两年，网络侵权盗版案件数量上有什么特点？占知识产权案件总数的比例有多大？

宋鱼水：近几年来，法院受理的各种类型网络侵犯著作权案增长幅度较大。去年，北京市法院受理的著作权一审案件 1915 件，其中涉及网络的有 792 件，占 41.4%。今年仅上半年，全市受理著作权案件 1743 件，其中网络著作权案件 1304 件，占 75%。截至今年 8 月，海淀法院受理的著作权案件共有 1079 件，其中涉及网络的有 847 件，占 78.5%。这些案件中的绝大部分都是侵权类案件。

吴晓锋：这两年这类案件为什么有这么大的增幅呢？

宋鱼水：这一方面是海淀区的区域特点所致。海淀区处于文化产业发展的前沿阵地，知识产权纠纷较多；另一方面，传统的侵权盗版打击已见成效，但网络的迅速发展使侵权盗版问题有了新的空间和途径，权利人纷纷进行网络维权，造成涉及网络的案件在短时间内大幅度增加。

吴晓锋：数字图书馆侵权、电子地图被盗用等新型网络侵权，取代传统的文字抄袭、剽窃，日渐成为关注的焦点，那么网络侵权盗版案件有哪些常见的类型？

宋鱼水：按照侵权方式来分，常见的侵权案件类型主要有：1. 网站侵权播放他人作品的案件，作品包括图片、文字、歌曲、电影电视剧等。近两年，一些视频分享网站，如悠视网、酷 6 网等因为提供电影电视剧的在线播放和下载服务而频繁被诉。2. 数字图书馆侵权的案件。3. 网吧局域网侵权播放电影电视剧的案件。4. 其他新类型案件。如 GPS 卫星导航仪中盗版使用他人的电子地图，同业竞争者盗版他人网站网页设计、图书封面设计、产品宣传册等。

吴晓锋：能具体谈谈数字图书馆案件吗？

宋鱼水：2002 年，陈兴良诉国家数字图书馆有限责任公司一案，是我国首例数字图书馆侵犯著作权案。近年来，数字图书馆侵权案不断攀升也给审判工作带来了很大的压力。特别是今年上半年海淀法院受理的 500 余硕士、博士起诉万方数据公司以及 30 余硕士、博士起诉同方知网公司案件，引起了我们的高度重视，正在联合多方力量进行调研。

网络侵权治理的瓶颈

吴晓锋：网络在带给大家便利的同时，为什么会有那么多侵权盗版的情况呢？

宋鱼水：这主要有以下几方面原因：一是技术的发展使作品传播方式发生变化，更容易被侵权盗版。如今，几乎任何作品都可用二进制数字编码表现出来，由计算机进行处理、存储并通过互联网传输。这些数字产品具有无形磨损性、可变性和易复制性，所以对用户而言，使用侵权产品与正版产品可能区别不大，且大多数数字产品经久耐用。对制作网络产品的商家而言，使用侵权产品能降低经营成本。

二是文化层面的原因，中国传统法律文化中权利意识相对淡漠，也缺少知识就是生产力、就是效益、就是金钱的意识。这也多少影响了人们的消费心态，人们在潜意识里对得到有形物所作的付出心安理得，但在获取抽象物时，哪怕付出不多却也不太情愿。

三是国内法制尚不健全，立法、执法、司法、守法尚未形成完美的合力，导致诉讼中的当事人对法律理解产生很多分歧，经常是公说公有理，婆说婆有理，难以达成法律共识。由于部分案件标的小，外地的当事人又居多，直接导致的结果就是维权成本高。

吴晓锋：据资料显示，每年都有不少纠纷无法立案，网络侵权盗版案件对原告有什么要求？是不是权益受到侵害的人都是适格原告？

宋鱼水：原告是否适格是作出有效判决的前提。由于网络中信息的提供者和使用者不易识别，作者署名又比较随意（常常是笔名），因而作者或其他权利人常常难以证明自己的权利人身份，这就是"如何证明我就是我"的问题。

吴晓锋：对于原告有"适不适格"的要求，那么对于侵权者的认定有什么要求呢？

宋鱼水：由于网络世界的虚拟性，如何确定被告是否是实际侵权人也有困难，即"如何证明他就是他"。就被告的适格问题而言，由于主页、邮箱等注册只需填写相应表格即可，其中许多内容是可以虚构的，确定侵权人成为司法实践中的一大困难。

吴晓锋：与传统的侵权盗版案件相比较，涉案网络的案件在审理中除了原被告适格的问题，还有什么棘手的问题？

宋鱼水：总的来说是案件类型比较复杂。不仅包括文字、影视、摄影作品等纠纷，还涉及数字图书馆、搜索引擎或链接、提供存储空间等层出不穷的新问题，而且较多的新技术也给审判带来了挑战。

吴晓锋：对于一些涉及不断创新的网络技术问题的案件，可能法律规定永远是滞后的，怎么解决呢？

宋鱼水：我国目前的法律法规仍不健全，虽然著作权法修改后增加了"信息网络传播权"，最高人民法院也发布了相关司法解释，但是，法律对于一些基本的网络权利和问题仍缺乏明确的规定，如对于网络链接、搜索、网络服务提供商责任以及实践中不断涌现的网络新型权利等缺乏明确、及时的规定。尤其是部分案件涉及网络技术问题，如本院去年审理的360安全卫士关于"恶意软件"的案件，通常文科出身的法官需要进行有关知识的"补课"，审理难度较大。

当然，法律的滞后性问题确实值得关注，在经济、技术迅速发展的情况下，确实需要有序的规则，审判案件也需要这种有序规则的支持。这种支持是各方面的，我们正在经历这个过程，如果有了全面的支持，一定会更好地解决滞后问题。

吴晓锋：据说海淀法院知识产权庭有大量案件的主要被告都在外地，这对审判工作是否也会造成影响？

宋鱼水：这是一个比较复杂的问题。有些案件原告起诉多个被告，与海淀区有关的被告只是销售商，这种跨管辖的案件确实给日常的审理工作带来了很大难度。但当事人也有其特殊性。比如，我们在审查一起案件时，认为主要侵权行为地和被告所在地不在我院，曾试图将该案件移送有管辖权的法院，但当事人非常有意见，他举出的理由是，从外地到北京，先找了律师，如果不在北京立案，还要去另外一个异地法院，这意味着其还要承担本人再次增加的费用及该律师的差旅费等费用，这些费用足以让其对诉讼望而却步。此外，案件受理多的法院和少的法院经验不一样，也是其考虑的因素。总之，问题是比较复杂的，解决起来有很大难度。对法院工作而言，一是送达难，那么多被告，一一送达非常困难；二是管辖异议多，必然拖延诉讼时间；三是当事人往来北京困难，调解难度加大。

吴晓锋：法院如何确定赔偿标准？法院在确定赔偿数额的时候是不是也需要平衡多方面的利益需求？

宋鱼水：赔偿问题主要是实际损害赔偿原则。在具体操作层面，有两个问题考虑得比较多，一是有关赔偿标准的法律规定和司法解释；二是不同法院之间所认同的共识性标准，因为裁判还需要经验积累。

近年来，我院受理的关联案件占较大比例，同一权利人分别起诉不同被告侵权，以及不同权利人起诉同一被告侵权案件比较突出。除了万方数据公司被诉的 500 余案件；几年来，中鸟人公司因音像制品被侵权而在海淀法院提起的诉讼已近 100 件；今年至今，广东中凯公司因电影被侵权也起诉了 37 件。这些案件处理中考虑的不仅是案件纠纷本身，也需要考虑司法对相关行业的指引作用，社会效果层面不可回避。

网络版权保护在探索中前行

吴晓锋：网络盗版侵权案件的审结情况怎样？调解结案率如何？

宋鱼水：截至去年，我庭受理的半数以上的案件均以调撤方式（调解或是经调解当事人和解后，原告撤诉）结案。大部分被告在接到起诉状后都能及时停止侵权，包括删除侵权作品或是停止使用等。调撤案件当事人自动履行的情况非常好，几乎是 100%。另外，作出判决的案件，当事人大都能主动履行，上诉比较少，2007 年全年的上诉率是 21%。

吴晓锋：海淀法院素有"中国知识产权第一庭"之称，审理了大量的网络盗版侵权的案件，你对于加强知识产权保护工作有何建议？

宋鱼水：切实加强知识产权保护工作，要综合运用法律的、经济的和行政的手段，引导企业、科研院所和高等学校采取有效措施，切实保护自己的知识产权，充分尊重他人的知识产权。侵权盗版治理是一项涉及立法、司法、执法和行政管理等多方面的综合性工作，各有关部门要互相支持，密切配合，以形成统一、协调的著作权保护体系。十多年来，我们在审理网络侵权案件中作出了一些探索，从根本上说，权利的实质是利益，知识产权的利益最主要的保护对象首先是权利人，权利人不仅是作者，也包括传播者。权利人结成联盟保护自己的利益，盗版者的空间就会日渐缩小，这是一个此消彼长的过程。因此，我们建议企事业单位要把保护知识产权作为建立现代企业制度和现代科研院所制度的一项重要内容，并鼓励和扶持文化领域行业协会等团体的发展，建立维权自治组织等。

江必新

现任最高人民法院党组副书记、副院长，二级大法官，第十三届全国人民代表大会宪法和法律委员会副主任委员。

—— 作者手记 ——

最高人民法院副院长江必新大法官，同时也是一位著名学者，曾获得"全国十大杰出青年法学家"称号。他的治学和实务涉及的面很广，对许多问题都有深入思考，是我印象中最有学者气质的法官，不仅是学问和思想，而且外形气质比很多学者还更儒雅。本书我选取的是对他的独家专访谈民诉法审判监督程序的修订以及司法解释，因为他既是民诉法修正案的提案人（作为全国人大代表），也是该司法解释出台的见证人，当时分管全国法院审判监督工作。

案多人少 省级高院亟待扩编

"新民诉法再审程序的实施，带给人民法院工作的影响绝不亚于死刑核准制度的改革。"最高人民法院副院长江必新说。然而，相比较为统一行使死刑核准权所做过的全面准备而言，人民法院为实施新民诉法再审程序所做的准备工作并不充分。

在民诉法修正案关于上提一级管辖权制度设定后，原本由各基层法院和中级法院承担的申请再审案件等办案任务，大多转由高级以上人民法院承担。从目前所掌握的情形来看，高级以上人民法院面临着相当繁重的再审办案压力，增加必要的机构与人员势在必行。

以部分高级法院受理的申请再审案件数量为例，2008 年 1 月至 8 月，福建省高院同比增长近 10 倍，北京市高院同比增长 4.4 倍，广东省高院同比增长 4.12 倍，江苏省高院同比增长 4.44 倍；还有一些省市检察机关抗诉案件的数量也呈增长态势，上海市高院再审案件中的 80% 便源于检察机关的抗诉。

伴随民诉法修正案实施带来的申请再审案件等办案压力，各地高级法院在立案机构、审监机构的人员配备上，普遍出现了案多人少的矛盾。各高级法院均积极应对，采取各种有效措施迎接挑战，力争及时审结申请再审等类案件，防止造成新的案件积压现象的发生，避免由此损害到当事人申请再审的权利。

江必新副院长透露，民诉法修正案实施后，各高级法院除向各地省编办申请增加必要编制外，多数法院还分别从本院其他相关审判部门抽调部分人员、从各中级法院借调部分人员等来扩充原有立案庭或审监庭的人员规模，增加再审办案力量。部分高级法院则积极向省组织部、省编委申请增设立案、审监机构。如北京与上海高院分别增设申诉复查庭；黑龙江与安徽高院分别增设立案二庭；辽宁高院增设立案三庭；湖北高院增设立案二庭和审监三庭；吉林高院则增设了立案二庭、再审立案一庭、再审立案二庭以及审监二庭等。

与此同时，各地高院根据申请再审案件立案受理、事由审查、再审审理三阶段的法律特征，结合本地实际情况，还积极调整申请再审案件审查及再审案件审理的职能分工模式，以进一步合理配置司法资源，加大申请再审等类案件的审结力度。根据初步了解的情况，目前主要有六种模式：一是立案庭受理并审查、审监庭审理模式；二是专设机构审查模式；三是立案庭登记、各民庭审查、审监庭审理模式；四是立案庭登记、各民庭审查并审理、审监庭职权再审模式；五是立案庭登记并审查、各民庭与审监庭共同审理模式；六是立案庭、各民庭、审监庭均参与审查的模式。

新民诉法再审程序实施后，最高人民法院实际也面临着申请再审案件、抗诉案件等大量增加的情况，而且可以预见，随着今年各地高级法院再审案件审查期限的结束以及审查及审理结果的相继作出，明年最高人民法院将全面迎来新民诉法再审程序实施带来的办案压力考验，形势必将十分严峻，任务必将十分艰巨。江必新副院长表示，如何更加合理地划分再审职能分工、增设必要的机构、增加必要的人员，最高人民法院均需要积极地努力、审慎地应对。

最为核心的改革理念是建立再审之诉

——独家专访最高人民法院副院长江必新

所谓再审之诉，简单来说，就是将宪法所规定的申诉权利，将当事人对生效裁判的申诉权利，提升为一种诉讼权利。由此，通常所谓的申诉权，在民诉法修正案中被进一步明确为申请再审的诉权。犹如一审起诉权和二审上诉权一样，只要申请再审符合法定条件，人民法院即应当在 5 日内受理，以此解决以往申诉立案难问题。

申诉难问题一直是社会普遍关注的话题，也是近年来始终困扰人民法院的工作难题。随着中央司法体制与工作机制改革浪潮的推进，全国人大适时通过了关于修改《中华人民共和国民事诉讼法》的决定。

日前，最高人民法院根据该修正案研究制定了关于适用《中华人民共和国民事诉讼法》审判监督程序若干问题的解释，并自 2008 年 12 月 1 日起施行。

据了解，十届全国人大五次会议期间，包括时任湖南省高级人民法院院长江必新在内的 30 名全国人大代表曾提出《关于修改民事诉讼法以解决"执行难""申诉难"的议案》，并提出了民事诉讼法修正案草案的建议稿。全国人大常委会法制工作委员会以该议案为基础，吸收其他代表有关议案的意见，并考虑专家建议，会同全国人大内务司法委员会和最高人民法院、最高人民检察院多次研究修改并最终通过了上述民事诉讼法修正案。2007年底，江必新同志回任最高人民法院副院长，分管负责全国法院审判监督工作。为此，专门采访了最高人民法院副院长江必新。

2002 年即开始起草

吴晓锋：您作为民诉法修正案的提案人以及有关审判监督程序司法解释出台的见证人，能否给我们介绍一下修正案通过以及司法解释制定的基本背景？

江必新：全国人大对民诉法审判监督程序进行修订以及最高人民法院就审判监督程序作出司法解释，其最为主要的考虑当然是为了破解申诉这个难题。

长期以来，不断增多的申诉始终困扰着人民法院，社会各界也强烈呼吁有效解决申诉难问题，人们普遍期待着建立公开、高效、平等的再审程序，最大限度地保护当事人的申诉权利。党中央审时度势，在党的十六大报告中即明确提出了司法体制与工作机制改革的目标要求，2004年底由中央确定的司法体制与工作机制改革事项中，进一步将民事审判监督程序改革列为重要任务之一。因该项改革需要以民诉法的修订为前提，按照中央依法推进司法改革的原则要求，全国人大及时作出了关于修改民诉法的决定。显然，民诉法修正案的背景之一就是要以审判监督制度改革为依托努力化解申诉难。当然，民诉法修正案的另一重要内容便是对执行程序进行修订，其同样是为了推进执行制度改革以尽可能地缓解执行难的问题。

在民诉法修正案公布之前，最高人民法院即开展了审判监督制度改革的调研，并曾选择广东、江苏等部分高级法院进行相关试点，而且从2002年开始即着手研究制定有关审判监督程序方面的司法解释草案。后由于全国人大启动民诉法的修订工作，相关司法解释的起草随之停滞，但司法解释草案的不少内容已为民诉法修正案所吸收。

近日，最高人民法院在民诉法修正案的基础上，进一步制定下发有关审判监督程序的司法解释，既是贯彻落实民诉法修正案精神、细化保护当事人申请再审权利的需要，也是总结各地审判监督经验并规范再审案件审查与审理程序的需要。及时制定下发该项司法解释，能够为当事人申请再审提供更具操作性的规范，从而更好地保障当事人申请再审权利的行使，进一步有效地解决申诉难问题。

辩证看待申诉难

吴晓锋：人们一直在谈论申诉难问题，而有些人却不能认同申诉难的存在，您对此有何看法？

江必新：我认为，对这一问题应当全面地看、辩证地看：一方面，申诉难问题在一些法院确实存在，这主要表现在以下几个方面：

一是由于过去法律对申诉立案及作出审查结论的时间未作明确规定，一些当事人的申诉难以获得及时的立案审查或长时间没有审查结论；

二是由于过去法律允许当事人既可向原审法院申诉，也可向上一级法院申诉，而上级法院由于案多人少的压力却又通常要求一项申诉原则上应经原审法院优先处理，故当原审法院因不愿自行纠错而将申诉拒之门外时，申诉人不得不在上下级法院之间来回奔波；

三是申诉复查程序不是很透明，当事人在申诉程序中参与度不够，复查结果的公信度不强；

四是有的法院领导认为将大量人力、物力花在申诉再审上得不偿失（因为复查 100 件，也只有几件依法应当改判），不如将这些人力、物力用在一审、二审上，否则，案多人少，造成大量一、二审案件堆积，将形成更多的质量效率问题，因而没有为申诉再审工作配备足够的人力、物力；

五是有的法院工作人员对既判力的认识存在偏颇，或担心纠错后善后工作难做，造成有的确有错误的案件纠正不及时。

但另一方面，也确有一些当事人滥用申诉权：有的借申诉拖延执行或逃避生效裁判所确定的义务；有的借申诉掩盖过错或推卸可能被追究的责任；有的借申诉上访让政府解决与诉讼完全无关的困难；有的借申诉谋取非法利益；有的借申诉进入诉讼"快车道"，搞诉讼"加塞儿"；等等。

大量滥用申诉权的存在，不仅扰乱了正常的诉讼秩序和申诉秩序，浪费了诉讼资源，而且使一些真正有冤屈的当事人得不到及时有效救济。尤其应当提及的是，一项法院生效裁判可以被多次、反复而又几乎不受限制地申请再审，甚至因多渠道过问而被反复地改判，这也引起了社会各界对司法权威的普遍担忧，人们由此对司法的终局性产生怀疑，司法作为解决纷争的应有社会价值似乎面临着越来越严峻的挑战！

建立再审之诉

吴晓锋：民诉法修正案及有关审判监督程序的司法解释是怎样化解申诉难题的？为此又作了哪些具体的规定？

江必新：一个最为核心的改革理念便是建立再审之诉。所谓再审之诉，简单来说，就是将宪法所规定的申诉权利，将当事人对生效裁判的申诉权利，提升为一种诉讼权利。由此，通常所谓的申诉权，在民诉法修正案中被进一步明确为申请再审的诉权。犹如一审起诉权和二审上诉权一样，只要申请再审符合法定条件，人民法院即应当在5日内受理，以此解决以往申诉立案难问题。

不仅如此，既然申请再审被视为一种特定的针对生效裁判而发起的诉讼，那么对于该项特定之诉即应以正当的程序来处理。为此，民诉法修正案及有关审判监督程序的司法解释，进一步明确原则上由作出生效裁判的上一级法院受理再审申请，以此避免上下级法院互相推诿现象的发生；明确了再审申请书的制作要求，再审申请书由此成为法定诉讼文书之一；规定将一方当事人的再审申请及时通知对方被申请人，不仅平等保护了对方当事人应有的抗辩权利，而且增加了申请再审案件审查处理的透明度；明确了申请再审案件的审查期限（原则上为3个月），以此确保申请再审案件获得快速审结；明确了以裁定方式结案的要求，去掉了以往采用通知方式单方驳回申请人请求的做法，使得申请再审的诉讼特性更加鲜明。

总之，民诉法修正案的颁行以及人民法院近年来的努力，使以往申诉人的诸多抱怨正在获得逐步缓解。

不鼓励反复申诉

吴晓锋：民诉法修正案以及配套司法解释起草过程中存在哪些主要的争议，其难点何在，您能否简要加以介绍？

江必新：民诉法修正案以及配套司法解释起草过程中遇到的问题很多，也确实存在着一些难点以及各方面意见分歧较大的问题。

在 2007 年民诉法修正时，争议较大的问题是"申请再审管辖的上提一级"，也就是当事人不服发生法律效力的判决、裁定，是完全向上一级人民法院申请再审还是由原审法院分流一部分以减少"高层壅堵"现象，一种意见（包括我们所提提案）认为，将申请再审管辖完全上提一级固然有利于解决"自己的刀削不了自己的把"的问题，但在高级法院和最高人民法院没有大幅度增加编制和机构的情况下，必然形成"高层壅堵"和矛盾聚集高端的问题。故可以考虑，对未经原审人民法院审判委员会讨论决定的案件，当事人应向原审人民法院申请再审。

修正案没有采纳该建议，我理解，其隐含的意义是：即使大幅度增加编制和机构，也要解决"申诉难"问题。在起草和讨论有关审判监督程序配套司法解释过程中，主要的争议问题是上一级人民法院审查裁定驳回的申请再审案件，当事人能否以同样的再审事由再次提出再审申请。从反馈意见来看，不少人认为，一审中存在的错误在二审中一般能够得到纠正，申请再审上提一级以后，绝大多数案件结果的公正性已经得到保障，而且反复申诉，使裁判长久不能确定，更难以执行，不仅损害对方当事人权益，而且给一些申诉人规避执行义务开了方便之门，故认为应当对以同样的再审事由再次提出再审申请予以适当限制。

但另一些人认为，明确限制再审次数，时机尚不成熟，实践中可以先按此操作。司法解释中第二十四条第二款"驳回再审申请的裁定一经送达，即发生法律效力"，实际上就是这个意思。配套司法解释中的难点，主要是关于"新的证据"的界定和对待，以及案外人申请再审等问题。对"新的证据"的把握和认定成为难点，是因为该问题虽然看似仅为再审程序中的问题，但实际上再审新的证据的认定和对待的规定，必然关涉到第一、二审程序中的举证时限和证据失权制度。而案外人申请再审的问题之所以成为难点，主要是因为案外人可以申请再审的情况非常复杂，而且具体处理时也较棘手。

再审案件压力增大

吴晓锋：新民诉法再审程序实施后，人民法院面临哪些新的问题？

江必新：新民诉法再审程序的实施，其带给人民法院工作的影响绝不亚于死刑核准制度的改革。然而，相比较为统一行使死刑核准权所做过的全面准备而言，人民法院为实施新民诉法再审程序所做的准备工作并不充分。

我个人认为，对新民诉法再审程序实施引发的以下几个问题应当给予充分的关注：

一是新再审程序实施带来的办案压力问题。在民诉法修正案关于上提一级管辖权制度设定后，原本由各基层法院和中级法院承担的申请再审案件等办案任务，大多转由高级以上人民法院承担。从目前所掌握的情形来看，高级以上人民法院面临着相当繁重的再审办案压力，增加必要的机构与人员势在必行。以部分高级法院受理的申请再审案件数量为例，2008年1月至8月，福建高院同比增长近10倍，北京高院同比增长4.4倍，广东高院同比增长4.12倍，江苏高院同比增长4.44倍；还有一些省市检察机关抗诉案件的数量也呈增长态势，上海高院再审案件中的80%便来源于检察机关的抗诉。

二是"诉访分离"工作格局的全新构建问题。在民诉法设定再审之诉权利后，以往情形下对生效裁判的正当申诉案件，现均统一纳入申请再审诉讼案件中加以解决，并有着立案、审查及其期限等严格的程序要求。这样一来，法院的再审之诉的审查工作与一般信访的应对工作必然要进行分离，法院不能再将正当的再审申请与一般来信、来访工作混合对待。两者处理的程序不相同，处理的方向不相同，工作措施也大不相同。为此，必须进一步科学界定诉访分离的标准，在再审之诉已经基本明确的前提下，主要是界定好信访工作的界限，并按照分流疏导信访、督导信访、息诉罢访、终结信访等相关要求，尽早建立健全应对信访的专项性工作机制。

三是申请再审案件审查程度的把握问题。在审判监督制度改革试点过程中，对于申请再审案件是否应当裁定进入再审的标准问题，曾有过所谓"有诉必理""宽进严出""严进严出"等多种标准的尝试，或者所谓"可能错误"或"确有错误"的不同再审启动标准。新民诉法再审程序实施后，除非以提供"新的证据"为由启动再审而必须达到或审查到足以推翻原判标准外，凡申请再审事由成立的，皆应当裁定再审，至于申请再审事由成立是否必然导致最终的改判，原则上不应再与是否启动再审相挂钩。因此，所谓"宽进严出""严进严出""可能错误""确有错误"等，是否还应作为申请再审案件的审查标准，值得斟酌。

合理配置司法资源

吴晓锋：针对再审办案压力加大的现状，各地法院采取了哪些具体措施？最高人民法院下一步有何考虑？

江必新：伴随民诉法修正案实施带来的申请再审案件等办案压力，各地高级法院在立案机构、审监机构的人员配备上，普遍出现了案多人少的矛盾。各高级法院均积极应对，采取各种有效措施迎接挑战，力争及时审结申请再审等类案件，防止造成新的案件积压现象的发生，避免由此损害到当事人申请再审的权利。

为此，民诉法修正案实施后，各高级法院除向各地省编办申请增加必要编制外，多数法院还分别从本院其他相关审判部门抽调部分人员、从各中级法院借调部分人员等来扩充原有立案庭或审监庭的人员规模，增加再审办案力量。部分高级法院则积极向省组织部、省编委申请增设立案、审监机构。如北京与上海高院分别增设申诉复查庭、黑龙江与安徽高院分别增设立案二庭、辽宁高院增设立案三庭、湖北高院增设立案二庭和审监三庭、吉林高院则增设了立案二庭、再审立案一庭、再审立案二庭以及审监二庭等。与此同时，各地高院根据申请再审案件立案受理、事由审查、再审审理三阶段的法律特征，结合本地实际情况，还积极调整申请再审案件审查及再审案件审理的职能分工模式，以进一步合理配置司法资源，加大申请再审等类案件的审结力度。

根据初步了解的情况，目前主要有六种模式：一是立案庭受理并审查、审监庭审理模式；二是专设机构审查模式；三是立案庭登记、各民庭审查、审监庭审理模式；四是立案庭登记、各民庭审查并审理、审监庭职权再审模式；五是立案庭登记并审查、各民庭与审监庭共同审理模式；六是立案庭、各民庭、审监庭均参与审查的模式。

新民诉法再审程序实施后，最高人民法院实际也面临着申请再审案件、抗诉案件等大量增加的情况，而且可以预见，随着今年各地高级法院再审案件审查期限的结束以及审查及审理结果的相继作出，明年最高人民法院将全面迎来新民诉法再审程序实施带来的办案压力考验，形势必将十分严峻，任务必将十分艰巨。

如何更加合理地划分再审职能分工、增设必要的机构、增加必要的人员，最高人民法院均需要积极地努力、审慎地应对。相信在党中央的关心与支持下，在全社会的理解与配合下，在全国法院的艰辛努力下，遵照新民诉法再审程序以及配套司法解释的规定，长期以来的申诉难问题有望获得逐步解决。

虞政平

现任最高人民法院审判监督庭副庭长。2009年获首届"全国审判业务专家"称号。被授予"全国十大杰出青年法学家"称号。

—— 作者手记 ——

最高人民法院审判监督庭副庭长虞政平，又一枚妥妥的专家型法官，获得"全国十大杰出青年法学家"称号。他长期致力于再审制度改革研究。我们曾经共同策划过报纸上两个整版的关于再审制度改革的报道，也专访了江必新副院长，所以为了体例安排好看的需要，为政平副庭长做的专访就改成了他的署名文章，此文同必新副院长的专访还有另外一篇深度报道一起共同构成了这组特别策划报道，刊发后影响巨大，对再审之诉实务起到了指引性作用。政平法官孜孜以求，笔耕不辍，经常会看到他有大作面世。

再审制度改革的回顾与展望

新的再审之诉制度建立后，犹如起诉、上诉原则上不可以重复进行一样，再审之诉原则上也不可以重复进行。

2008年4月1日，民事诉讼法修正案正式施行。

2008年12月1日，有关审判监督程序的司法解释公布实施。

这是再审制度改革的法制化成果，表明再审制度改革告一段落。回顾我国再审制度改革走过的基本历程，是一幅多种声音呼唤、多种力量角逐、多种努力推进的壮丽画面。

再审变革势在必行

伴随着中华人民共和国成立以来走过的司法历程、伴随着各类社会矛盾纠纷的逐年累积、伴随着社会转型期难以避免的各种利益冲突，近年来每年都有大量的群众申诉冲击着法院、检察院、人大等各级国家机关的大门。人民群众的申诉，日益成为影响社会稳定不可忽视的重要因素。

各级人大及其代表站在人民群众的立场，不断将其所接触到的涉法申诉向法院提出过问，并希望得到及时、透明、充分的答复，以不断增强其过问监督的有效性；各级检察机关为了忠实履行宪法所赋予的法律以及审判监督的职责，面对不服生效裁判而仰仗其法定监督权力提出的申诉，积极拓展其监督业务，向法院依法提出抗诉和各种检察建议，为了老百姓的申诉权益，有监督到底的态势。

面对人民群众的申诉、面对人大及其代表进行的过问监督、面对检察机关提出的抗诉，人民法院正面临着越来越难以承受的再审办案压力，人民法院的司法公信力令社会普遍担忧。

很显然，无论是人民群众还是人大及其代表、无论是人民检察院还是人民法院，对为了回应老百姓的申诉（申请再审）而设立的再审制度并不满意，均要求对再审制度进行改革。尽管各方对再审制度改革的出发点和落脚点可能各有不同，但均努力呼吁再审制度改革，努力推进再审制度改革。社会各界尤其是专家学者也对再审制度改革给予重点关注。

解决申诉难与维护司法权威并重

按照党的十五大提出的司法改革的目标要求，按照党的十六大提出的司法体制与工作机制改革的目标要求，再审制度改革日渐迈向深入。人民法院的第一个五年改革纲要和第二个五年改革纲要以及人民检察院的相关改革纲要中，均积极回应再审制度改革的要求，并不断落实再审制度改革的具体举措，随着民诉法修正案的颁布实施，再审制度改革已经获得重大进展与突破。

再审制度改革始终有其明确的价值追求：一方面有效强化当事人申请再审的权利，着力解决老百姓申诉难的问题；另一方面必须有效树立和维护司法权威，着力解决司法终审权问题。

在以往再审制度下，老百姓的正当申诉要想获得公正高效的回应与处理，的确较难。尽管宪法和三大诉讼法均赋予了当事人申诉或申请再审的权利，尽管人大及其代表也的确在积极地过问案件，尽管人民检察院繁忙地进行着审判监督，尽管人民法院全力以赴地办理群众来信与来访，但在绝大多数的申诉人看来，他们的申诉依然是石沉大海，依然是杳无音信，依然是不了了之。

同时，与之相对应的是一部分人认为，似乎人民法院作出的任何生效裁判均可受到申诉的质疑，无论生效裁判是由哪一级法院作出、无论生效裁判作出已过多长时间、无论已经作出生效裁判的案件进行过多少次的再审和反复的处理，当事人依然可以缠诉不止，人大及其代表依然可以反复过问，人民检察院依然可以依法逐级抗诉，各种团体和各党政领导依然可在当事人潦草的上访信或告状信上不停地批转法院，人民法院似乎已经因为其所作出的生效裁判而陷入难以自拔的苦海深渊之中。司法权、审判权不仅缺少应有的尊严，甚至成为众矢之的，原本中立运行的司法权力面临着前所未有的被动局面，原本作为国家机器化解矛盾、平息争端、维护稳定的司法职能更是受到严重制约。

这种申诉人不满意、法院自身也不满意的再审工作格局，必须加以改变。任何再审制度改革方案的设计，必须有利于公正高效地解决老百姓的申诉，必须有利于维护司法权威，必须在回应老百姓的申诉与维护司法终审权之间寻找到最佳的结合点。

冲破传统法律文化观念阻击

再审制度改革方案设计过程中有着很多的困惑与艰难抉择，如法院与检察院的职权再审权是否需要保留、再审案件管辖权怎样设定更为妥当、再审理由该怎样把握、申请再审的期限该怎样选择、再审程序的阶段划分与再审案件的审理方式该如何界定与规范、是否应当规定不得再审的情形，等等。再审制度改革方案的设计与选择，也许是一个循序渐进的过程，再审制度改革的价值的追求也许不能一步到位，虽然目前有关司法权威的理念，正在逐步树立与加强，但仍难一步到位。

尽管如此，就已经取得的再审制度改革成果而言，我们对其可能遇到的阻力及可能带来的影响却不容忽视。几千年来，传统法律文化下不服即申、越级上访、缠访闹访等不良申诉观念与倾向，必须通过社会各部门的大力宣传予以有效扭转，必须通过新设立的再审之诉制度有效加以遏制，必须通过大力倡导文明申诉、依法申诉、有序申诉、服判息诉等新的再审观念积极替代。若是传统申冤法律文化不能得以有效改良，任何文明的再审制度改革设计，均有可能举步维艰，甚至在敞开大门接纳再审申请之后，使法院面临更加被动的局面，使司法权应有的尊严与地位受到更加严峻的挑战。

新的再审之诉制度建立后，犹如起诉、上诉原则上不可以重复进行一样，再审之诉原则上也不可以重复地进行。如此必然意味着包括人大及其代表以及党政领导等各有关方面，要尽可能地放弃过问法院个案的监督方式或领导方法，以确保法院审判权在中立的基础上公正运行，以避免过多的申诉人仰仗多渠道的权力，对法院施加办案压力，甚至为其不当申诉谋取不当之利益。唯有以不过问法院办案的方式全力支持法院的公正办案，甚至是宽容司法不可避免的错误，才能最大限度地发挥司法权保障全社会公平正义的价值功能，以此促成健康有序的申诉法制环境早日形成。

新制度挑战法院办案能力

新的再审制度，将对法院办案能力形成巨大挑战。法院不仅要开门受理再审申请，而且还要依法定诉讼程序办理，这是法院处理申诉不同于行政部门应对申诉的特点所在。每一起符合法定事由的再审申请都将形成一件诉讼案件，每一件申请再审案件均需适当的审判组织审查、审理、合议并作出裁决，上下级法院之间更多的案卷、裁判将面临着移送和送达的问题，这些都是实实在在的工作量，需要实实在在的人力、物力投入。目前各级法院的人力、物力准备是否到位，是否足以应对新的申诉与申请再审浪潮，这已经引起法院等各部门的高度重视。

最高人民法院办理二审案件的工作格局正在打破；针对各级人民法院设立的一、二审案件的民事级别管辖制度也已经调整；各级人民法院为应对信访、申诉以及再审案件办理而设置的庭室或配备的法官队伍也正面临着新的配置。新的再审制度，将稳步提升司法公正的水平和司法权威的形象。迫于再审带来的压力，原审法院与原审法官将更加注重审判质量，将尽可能避免一切引发申诉的情形发生，不仅更加注重程序公正，而且更要实现实体之公平；不仅不能一判了之，而且更要注重服判息诉。

人们将不能没完没了地申诉，没完没了地对生效裁判尤其是再审裁判提出质疑。司法裁判毕竟是由一批受过法律熏陶、受过职业培训、有着丰富司法经验的人作出的，如果社会对这样的一批人不加以信任、不寄予厚望的话，那么还有谁作出的裁判才能令人信服呢？社会的矛盾纠纷又能以怎样的方式获得化解与平息呢？没有终审权的司法权又如何保证一切争端按照既定程序最终获得和平的解决呢？再审制度改革的任务尚未完成，尚需时日，尚待深化……

沈德咏

曾任最高人民法院常务副院长，一级大法官，现任第十九届中央委员，十三届全国政协社会和法制委员会主任。

——作者手记——

专访最高人民法院常务副院长沈德咏大法官谈司法大众化的问题，是因为那时法律界一场沸沸扬扬的争鸣——"应该坚持司法职业化还是司法大众化"。难得轻易不接受专访的沈德咏大法官同意了我的专访，也许也是想在众声喧哗中厘清一些问题，为司法大众化正名。他的核心观点是司法大众化与司法职业化并不矛盾，在加强司法职业化的建设中不该淡忘司法的大众化和司法工作群众路线。十多年过去了，这个问题已经不再争议，与司法大众化相伴而生的司法工作群众路线不但没有淡出我们的视野，而是各地各行业都在大力发展和创新"枫桥经验"这个已经讲了50多年的故事，各级法院也在积极发挥司法职能发展"枫桥经验"。

沈德咏：司法大众化不能被淡忘

《中国基层法院正在让司法回归大众》的报道，在社会上引起强烈反响。"司法大众化"这个命题，借由基层法院的一个机制创新样本为载体而登场，似乎让前一阵法律界沸沸扬扬的司法职业化与大众化之争一下豁然开朗：司法大众化的真正含义是什么？是不是司法大众化就放弃职业化了？司法大众化是不是空洞的命题？

为了从理论到实践上全面地了解人民法院的"司法大众化"，为了

上面问题的讨论更加清晰，特别采访了最高人民法院副院长沈德咏。

司法大众化不能被淡忘

吴晓锋：我们注意到近来"司法大众化"这个命题突然又回到了我们的视野，您也曾经在《人民司法》上撰文探讨有关"司法大众化"的几个问题，请问我们在这个时候去关注和研究司法大众化的原因何在？

沈德咏：一个时期以来，司法职业化在某种程度上，代表着我国法官制度改革的方向。

从技术层面而言，司法具有较强的职业属性应该是没有异议的。在特定的历史阶段对司法职业化给予必要的关注和推动，对于加强职业法官队伍建设，提升法官队伍的整体素质，无疑也是具有积极意义的。但我们也应当清醒地看到在司法职业化的语境下，司法的大众化似乎被人们所淡忘。与此同时，与司法大众化相伴而生的司法工作群众路线也开始淡出我们的视野，其结果是司法与人民渐行渐远，虽然我们付出了艰辛的努力，但司法的行为及其结果却往往得不到社会的理解和认同。这一现象不能不引起我们的高度重视和深刻反思。这也就是我们关注和研究司法大众化的原因所在。

司法大众化并非一味盲从民意

吴晓锋：相对于司法职业化而言，司法大众化的含义和表现是什么？

沈德咏：司法大众化是相对于司法职业化而言的，但是与司法职业化并不矛盾。司法大众化并非是大众司法，并非是全民皆可做法官或一味盲从民意，也并非是代替当事人或包办当事人的行为，而是在坚持司法职业化的基本标准、遵循司法基本规律的基础上，突出强调坚持司法工作的群众路线，突出强调民众知晓司法、参与司法、监督司法，突出强调司法必须以维护人民群众的合法权益为归依。

司法大众化主要包括以下几个层面的内容：在宪政层面强调司法属于人民，司法服务的对象应该是一国之内最广大的基本民众；司法制度在设计上应该适合广大民众的需要，纠纷解决方式的选择、审判的方式方法、审判的组织形式、审判的场所应当体现便民、利民的原则；法官所依赖的知识、使用的语言、司法文书的格式与文风、生活方式和道德情操等应当与广大民众的现实生活基本保持一致；法官审理案件应当深入群众进行调查研究，以增强其社会阅历和综合知识，了解和把握社情民意；应当有组织地发动民众与职业法官一起从事审判活动；应以民众的意见作为评判司法工作成败与否的最终标准。

司法的人民性是司法大众化的宪政基础

吴晓锋：请具体阐释一下司法大众化存在的宪政基础和法理基础。

沈德咏：司法的人民性是司法大众化的宪政基础。人民性是中国特色社会主义司法制度的最重要特征。司法权同国家的所有的其他权力一样源于人民，司法机关和司法人员根据人民的委托行使司法权。这就从根本上决定了社会主义司法制度的人民性，决定了司法必须体现人民的意志，决定了司法必须坚持精英主义和平民主义融合的基本原则。

扩大司法民主，加强司法能力建设是司法大众化的法理基础。所谓司法民主，是指必须充分吸收诉讼当事人和人民群众参与诉讼进程，必须认真听取诉讼当事人和人民群众的意见。司法民主就是要使司法过程最大限度地实现公开化、透明化，要让人民群众能够以看得见的方式来实现正义；就是要确保人民群众的参与权和知情权，以实现对司法工作的有效监督。司法大众化的本质就是司法民主。一切从群众中来，到群众中去，才能赢得人民群众的广泛支持和普遍认同。

司法大众化和职业化并不对立

吴晓锋：对于司法大众化的命题，长期以来理论界尚有不同的声音，认为它违背了审判独立、司法消极的原则，您对此怎么认为？当下，您怎么看待司法职业化和司法大众化之争？

沈德咏：众所周知，即便在宣称实行彻底的司法独立的国家，在司法的制度安排和实际运作上仍然存在典型的大众化做法，理论上也不认为这些做法有悖于审判独立、司法中立和司法消极的原则。我国是中国共产党领导的社会主义国家，中国特色社会主义司法制度使司法的大众化成为必要和可能。在我国司法制度下，司法大众化的存在有其宪政基础、法理基础、政策基础和实践基础。尤其在社会主义初级阶段，司法大众化的存在有其必要性和合理价值。从司法规律和发展走向上看，司法职业化和司法大众化也并非是矛盾和对立的，而是可以兼容和统一的。

中国特色社会主义司法制度与西方司法制度最明显的差异在于司法的人民性。增强群众观念，贯彻专群结合的方针，不能脱离群众孤立办案，封闭办案将司法工作神秘化。人民司法绝对不是少数人的权利，人民法院独立行使审判权并不排斥司法的民主化、大众化，人民群众应当有更多的方式和渠道来参与司法、监督司法。

所以，司法的大众化是当前我们更应该予以关注的问题。我国司法改革的基本目标是建立和完善中国特色的社会主义司法制度，这是一个能够体现政治性、人民性、法律性相统一的公正高效权威的司法制度。司法改革不能脱离这个目标，脱离中国特定的历史文化传统和现实国情，照搬西方做法，单走精英路线，实现自我封闭。近年来，日本、俄罗斯、英国等国家的司法改革表明，一些西方国家也在探索、建立和完善体现司法为民和司法大众化的制度。司法大众化并非是我国司法工作的独创，在世界很多国家的司法制度中多有所体现，且为近年来一些国家的司法改革所倡导。因此，我们大可不必舍本逐末，放弃本土资源中的有益经验和行之有效的做法。对司法改革的走向、路径、方式、方法应当有调整，走司法专业化和大众化结合的道路。

司法大众化被许多国家的司法改革所倡导

吴晓锋：能为我们介绍一下国外对于司法大众化的运用情况吗？

沈德咏：像英美国家数百年来所实行的平民法官制度，一些根本没有受过法律教育的普通公民被选拔担任法官，审理那些普通人较为熟悉的能够作出正确判断的案件。这项制度主要存在于英格兰和威尔士的治安法院，以及美国具有有限管辖权的初审法院。

又如一向以精密司法著称的日本，在2001年公布的日本司法制度改革审议会意见书中提出的日本司法制度改革基本方针，就是通过国民广泛参与司法，提高民众对司法的信赖感，形成诉讼方便、通俗易懂、国民满意的司法制度。其具体做法是：实行裁判员制度，有普通公民与职业法官组成混合的法庭审理刑事案件，通过国民参加诉讼过程，巩固司法的国民基础；成立法官任命咨询委员会，法官的任命要接受公众的审查；律师在民事调解案件以及家庭调解案件中，可以以非专职的方式，从与专职裁判官同等的立场来主宰调解程序；在全国所有的100个基层法院和家庭法院都成立了法院委员会，在司法行政管理中更广泛地反映民众的意见，增加司法管理的透明度；设立有普通民众组成的起诉委员会，审查检察官决定的不起诉案件是否适当；在刑事案件中，民众的意见或被害人及其家属的要求成为法院判决的重要因素之一；降低诉讼费用，方便民众诉讼。

再如俄罗斯的司法改革中，陪审团制度的引入令人瞩目。陪审团在扩大普通民众的司法参与、克服以往对司法制度的不信任方面发挥了重要作用。甚至在相对传统保守的英国，2002年司法改革的报告也明确提出，刑事司法总之就是为公众服务，因此公众对司法制度的了解、信任与参与极为重要。

总之，世界上很多国家在推行司法职业化的前提下，都力图为司法的大众化留下一块制度空间，以便把大众理性和民间智慧引入司法，防止职业理性导致的精英专制。在我国，这些制度主要包括陪审制度、公开审判制度、马锡五审判方式、人民监督员制度、诉调对接机制、多元化纠纷解决机制。

司法公正要让人民看得见

吴晓锋：目光从国外回到中国，我国将如何实现司法大众化？如何保障民众广泛参与司法、了解司法、信任司法？

沈德咏：努力拓展人民群众参与司法的渠道。要坚持人民陪审制度，充分发挥陪审功能，通过最大化地借助民众的智慧和生活经验，辅助专业人员知识上的不足和思维方式上的欠缺。要高度重视新形势下强化诉讼调解职能的重大意义。通过建立科学的机制，聘请人大代表、人民群众担任司法协助员，开辟司法协助网络，提高调解、和解的结案率，最大限度实现案结事了。要积极探索在法官主导下适度社会化的调解新机制。指导人民调解组织或会同律师、社会力量共同调解，努力把矛盾纠纷化解在诉讼形成前，缓解法院案件数量持续增长带来的办案压力。

充分保障人民群众的知情权和监督权。人民群众对司法的要求和期待，很大方面来自对司法公开度的关注。进一步推行司法公开，以人民看得见的方式感受司法公正，是实现司法大众化的重要途径。要坚决落实各项审判和执行公开规定，充分保障当事人对案件进展情况的知悉权利；要逐步加大裁判文书网上公开的力度，力争做到及时准确完整地发布；尝试网络或电视直播庭审，建立审判与执行人员简历查询制度。要公开一切依法可以公开的司法内容和工作环节，尽可能揭开人民法院工作的神秘面纱。通过依法公开、及时公开、全面公开实现法院内外监督工作机制的有效衔接。建立起及时答复、及时反馈、及时征询的工作模式，最大限度地发挥内外各项监督机制有效衔接的合力。防止司法不公现象出现，防止违法违纪现象的蔓延。

审判工作、司法工作要贴近民心、贴近民情、贴近民意，解决群众最关心的现实问题。要切实加强审判作风建设，创新运用马锡五审判方式，深入基层、深入群众调查研究，改变单纯坐堂办案、闭门办案、机械办案的"衙门作风"。严格规范司法强制措施，严禁随意侵犯、限制和剥夺当事人权利。在化解人民内部矛盾的过程中，让群众听得清楚，听得明白，听得亲切，并要做好耐心细致的思想教育工作，运用法制宣传、说法引导和依法调解等方法，促使当事人主动履行法律义务。

公正高效权威的社会主义司法制度，绝不能高高在上，脱离群众。只有让人民群众走近司法，亲近司法，参与司法，信赖司法，让司法大众化重新归位，人民法院的各项工作才能赢得最为广泛的群众基础，赢得最为真切的群众拥护，赢得最为强劲的群众支持。

谢鹏程

现任最高人民检察院检察理论研究所所长，民盟中央第十二届法制委员会主任，中国法学会法理学研究会副会长。

—— 作者手记 ——

挑选谢鹏程的访谈，我在其中的两篇之间反复权衡了好几次，一篇是关于检察机关直接立案侦查案件的审查决定逮捕权上提一级改革的专访，一篇是 2009 年著名的"躲猫猫"事件的采访，前者是我国逮捕程序的重大改革，后者是轰动一时的法治公共事件。最终我还是选择了"躲猫猫"事件，因为这是一个对检察机关和公安系统影响巨大，暴露痼疾的重大事件，这是中国公众通过互联网参政议政、监督政府意识觉醒的一个标志性事件，也是一个政府主动接受公众监督的官民良性互动的典范。

"躲猫猫"事件暴露出现行监督机制局部失灵

2009 年 2 月 27 日 17 时，云南省政府新闻办就"躲猫猫"事件真相召开了新闻发布会，公布了"躲猫猫"事件的司法调查结果。

3 月 3 日，《检察日报》又发布权威消息：涉嫌渎职犯罪的晋宁县看守所监管民警李东明、苏绍录二人，已于 2 月 27 日被昆明市检察院以玩忽职守罪立案侦查。近段时间处于舆论漩涡的"躲猫猫"事件终告一段落，但这并不意味着结束，当网络上群情激昂的责问声渐渐消退时，或许正是我们对这一事件理性反思的真正开始。

一个有悖常识的解释所掀起的轩然大波，一个"民主"却收效甚微的民间介入调查的尝试，一个千呼万唤始出来的事实真相，反思"躲猫猫"事件中的这些是是非非并检讨其中的问题是极其必要的。为此，特专访最高人民检察院检察理论研究所副所长谢鹏程博士。

吴晓锋："躲猫猫"事件的调查结论发布之前已有一个官方版本和一个民间版本，与此大相径庭。如何看待这一结论出台的"一波三折"？

谢鹏程："躲猫猫"事件的调查结论前后出现了三个版本，最后的官方版本查明了案件真相，赢得了公众的信任。这"一波三折"说明了现行监督制约机制存在局部的失灵现象，但同时也说明了现行监督制约机制在整体上是有效的，是有能力保障司法公正的。严肃查处"躲猫猫"事件并借以检讨看守所的管理秩序和检察监督机制，防止类似事件的发生，都是必要的，有利于促进公正司法。

吴晓锋：2009 年 2 月 19 日下午，云南省委宣传部在网上发布公告，邀请网民和社会人士参与对"躲猫猫"事件的调查。起因在于之前的官方调查结论受到网络上铺天盖地的质疑。这一现象说明了什么？政府公信力的缺失或是民众法律意识的增强？

谢鹏程：网络上热议"躲猫猫"事件并引起党政机关的重视，这体现了网络舆论在现代社会和政治生活中发挥着越来越大的作用，也说明网络舆论已经成为对公权力的一种重要监督方式。

但是，从法律上说，民间调查组织参与调查这样的事件是没有根据的，也没有规定相应的程序以及调查结果的证据效力。从实际效果来看，它因为没有必要的、强制性的、专业性的调查手段，也难以取得预期的调查结果。

"躲猫猫"事件中出现的民间调查形式，只是反映了大众民主意识的增强，公民对行使参与权、了解权和监督权的热情，并不能反映或者证明公民法律意识的增强或者法律水平的提高，相反，在一定程度上暴露了法律知识的不足和法治观念的淡漠。

按照我国现行法律，对"躲猫猫"之类事件的进一步调查至少有三条正规的途径：一是上级公安机关；二是上级检察机关；三是人大及其常委会可以组织关于特定问题的调查委员会，并且根据调查委员会的报告，作出相应的决议。地方党委可以督促有关国家机关依法查处。

司法中的问题应当通过司法程序来解决，不能病急乱投医。非法治的方法可能解决一时的问题，但难以建立长效机制，不利于法治的进步。我们要增强法治观念，善于通过建立健全法律制度克服司法中的弊端，善于运用法律来解决法律问题。

民间团体承担或者参与司法案件的调查不是法治社会所提倡和广泛适用的调查方式，也没有必要和可能将这种调查方式法律化。

"躲猫猫"事件的调查给我们一个教训，那就是处理这样的案件不能把希望寄托在民间组织的身上。

吴晓锋：2009年2月20日上午，包括8位网民在内的15人组成的调查委员会前往晋宁县看守所实地调查，并于当晚完成调查报告。2月21日凌晨，该报告由云南网全文公布。这一被许多人称为"推动中国法治进程"的首创行为是否值得发扬和推广？民间团体应当如何发挥对司法的监督作用？

谢鹏程：在任何法治国家里，民间团体或者组织对司法案件的调查都没有法律效力，其取得的证据都需要司法机关的进一步调查和确认。

民间团体承担或者参与司法案件的调查不是法治社会所提倡和广泛适用的调查方式，也没有必要和可能将这种调查方式法律化。当然，对于非司法案件，这种民间调查方式或许可以发挥更大的作用。

虽然民间组织在司法案件的调查中难以发挥直接、重大的作用，其调查结论也没有法律效力，但是，在看守所、监狱等羁押场所引入民间组织的监督，如公民代表对羁押人犯的场所进行定期和不定期的巡视等，这在国外是比较普遍的做法。一般来说，羁押人犯的场所具有较强的封闭性，社会对其了解的方式有限，了解途径少，进入的程序比较严格，因而比较容易出现权力滥用和腐败现象。解决的办法就是要适当地提高透明度，让人民群众和社会团体具有一定的途径，可以按照一定的程序获得观察、了解和监督的机会。

以权利制约权力的机制必须与以权力制约权力的机制结合起来，并且以法律程序的方式结合起来，才能在民主和法治方面发挥积极的影响力。如果用以权利制约权力的机制来替代以权力制约权力的机制，不仅难以取得预期的效果，而且可能造成混乱，譬如"文化大革命"，其后果就是阻碍了国家的民主和法治的进步。从"躲猫猫"事件可以看出，大众开始关心到权力运行相对封闭、人权保障相对薄弱的羁押场所，这是人权保障意识的觉醒、社会文明的进步。

吴晓锋：尽管调查团成员已经在努力保持其独立性，如有报道称调查所需费用都是 AA 制，拒绝当地吃请，但众所期待的民间调查报告同样受到质疑。它没有推倒之前颇受质疑的官方报告，而且并无实质性内容。而调查者被拒绝会见在押嫌疑人、浏览监控录像等是这一调查报告没有实质性进展的一个原因。那么，这些要求被拒绝是否合法？它与公民的知情权是否相关？

谢鹏程：正如前面所说，民间组织没有法定的调查权，也没有侦查机关的强制性侦查措施，被调查者没有接受调查的法定义务，因而拒绝其调查是自然的事情。"躲猫猫"事件的调查给我们一个教训，那就是处理这样的案件不能把希望寄托在民间组织的身上。当然，该民间组织为了树立其公信力所采取的一些做法是值得公安机关和检察机关学习的。为什么第一次官方调查失真而第二次调查获得了事实真相？除了上级机关的领导和压力，恰恰是在办案中注意了这样的一些细节问题，即在调查者与被调查对象之间保持了一定的距离，保证了办案的客观公正。

从这里，我们可以检讨驻所检察室在工作机制上存在的不足，驻所检察室本来是一种外部的、专门的法律监督，如果其人员不能与看守所、监狱等羁押机关在工作上保持一定距离，在生活、福利等方面完全脱离联系，就容易被同化，就难以发挥法律监督职能，甚至丧失法律监督的动力和能力。严重的错误往往是一些常识性的错误，低级的错误。忽略了常识性的规则，工作机制就会出现重大漏洞，就可能极大地损害司法公正。

司法被视为保障正义的最后一道屏障。进入了司法程序，就要尊重司法的独立裁判，按照法治精神和司法规律改革和完善这种社会参与和监督的机制。

吴晓锋：云南省委宣传部组织网民等调查"躲猫猫"事件，被很多人认为是干预独立司法？您怎么看待这种调查与独立司法的关系？

谢鹏程：这种组织网民调查的活动没有对司法活动造成实质性影响，既没有替代司法调查，也没有干预司法裁决，因而只是一种不符合法治精神的参与方式，在客观上和理论上还不构成对独立司法的干预。在西方国家，司法被视为保障正义的最后一道屏障。之所以如此，是因为如果有其他方式能够解决问题，就不必诉诸司法了。进入了司法程序，就要尊重司法的独立裁判，不能再干预司法了。

至于网民调查活动，虽然调查的问题是司法失职渎职，但它本身应该属于司法之前的程序和方式，不涉及司法程序，更没有干扰司法调查或者侦查活动。至于这种调查与独立司法的关系，只要它不妨碍司法活动，就不损害独立司法；如果它发现了一些证据或者线索，应当主动提交司法机关，对于一些容易灭失的或者需要强制收集的证据，要配合司法机关进行调查取证，这样就可以发挥积极的作用，否则可能影响司法调查的质量和效率，影响最终实现公正的裁判。

吴晓锋：在"躲猫猫"事件中，可以看到公安机关、检察机关、宣传部、网民、媒体等不同主体。您如何看待这些主体在这类事件中的作用？

谢鹏程："躲猫猫"事件的发生暴露了负责调查的公安机关和检察机关都有一定程度的失职渎职问题。不过，案件真相的查明也是在公安机关和检察机关的努力下实现的。这说明司法问题必须通过司法程序解决，司法机关有责任、有能力解决，也有体制和程序上的保障。我们现在还找不到，也不必找到司法机关的替代者来解决这样的问题。因此，调查"躲猫猫"事件的法定主体是司法机关。省委宣传部、网民、媒体作为事件演变过程的参与方，对事件的解决起到了很好的监督作用，这是应当充分肯定的，但它们都不是调查事件的法定主体。

当然，我们应当进一步研究和探索社会参与司法的方式和社会监督司法的机制，并按照法治精神和司法规律改革和完善这种参与和监督的机制。我认为，目前可以设想和改进的主要是司法机关的工作机制，加强司法的民主性和专业性，以民主性为基础和保障，以专业性为根本和着力点，进一步开放司法过程，提高司法的透明度，开辟人民群众和新闻机构参与、了解和监督司法的新途径、新窗口，建立新机制、新程序。这样的制度创新，有助于形成长效的社会监督机制，防止李荞明悲剧的重演，防止"躲猫猫"事件的再发生，进一步提高我国司法的公信力。

吴晓锋：李荞明24岁的年轻生命已逝，他的死让很多人联想到孙志刚的死曾经推动了制度的变革。这一事件会不会产生类似的效应或者更大的改革效应？

谢鹏程：李荞明之死与孙志刚之死同样可悲，但发生的制度原因不同，因而对法治进程的影响方式自然不同，改革效应也会不同。后者涉及的收容审查制度，本身就是一项不符合人权保障标准的、面临废除或者改革的制度，所以孙志刚之死导致了该制度的终止。李荞明之死涉及的不是哪一项制度不合理，不是废除或者建立一项制度就能够解决或者避免的，而是现行的看守所管理制度和法律监督制度的局部失灵。

换言之，严格按照现行的法律制度办事，是可以避免这类事件的。问题主要出在执法不严、监督不力上。因此，解决问题的办法是要健全有关管理制度和监督制度。两者在我国的司法改革进程中都是重要的事件。对于一个变革中的、充满活力的国家，悲痛转化的力量往往是非常强大的，必然会有效地推动社会进步和司法文明。

吴晓锋："躲猫猫"事件对于司法改革特别是检察改革有什么影响或者启示？

谢鹏程："躲猫猫"事件暴露的问题是多方面的，其中最主要的有两个方面，一是看守所里存在牢头狱霸，管理不严；二是驻所检察室未能及时建议看守所弥补管理上的漏洞并在事后查明事实真相，监督不力。牢头狱霸是古今中外普遍存在的恶劣现象，作为侵犯人权的严重表现和滋生腐败的温床，它是现代文明和社会主义法治所不能容忍的。看守所主要是羁押未决犯即犯罪嫌疑人的场所，是执行刑事强制措施的场所，羁押工作的目的是保障刑事诉讼的顺利进行，不具有惩罚的职能。对待犯罪嫌疑人应当比对待罪犯更为人道，其人身权利应得到更加有效的保障和尊重。从看守所工作机制改革来说，管理秩序、文明执法和人权保障水平是重要目标，必须围绕秩序、文明和人权建立健全相关的制度，并保证制度的有效执行，切实杜绝牢头狱霸现象。

"躲猫猫"事件对检察改革的启示主要有两点：一是要深化监所检察工作机制的改革，建立健全监所的保障机制，使驻所检察室与羁押机关保持一定的距离，防止被同化；要加强驻所检察室的力量，提高其法律监督能力，加强对羁押场所的法律监督职能，在解决超期羁押问题的基础上，把防治牢头狱霸和刑讯逼供作为强化法律监督的重点工作，充分发挥监所检察的监督制约作用。二是进一步加强上级人民检察院对下级人民检察院工作的领导，形成检察工作一体化的机制，有效地排除地方因素的不当干扰，克服地方保护主义，增强法律监督的整体效能。

钱锋

曾任重庆市高级人民法院院长，二级大法官。现任退役军人事务部副部长。

—— 作者手记 ——

下文是 2009 年对时任重庆高院院长钱锋大法官的专访。那一年，网上曝出了所谓的"精神病门"事件：北大法学院某教授语出惊人，说"老上访户 99% 以上精神有问题"，这迅速发酵成一个公共话题的讨论。大法官钱锋和重庆法院及时地、勇敢地亮出自己对涉诉信访案件"有理推定"的观点，维护上访者权益，而实际上，钱锋早在 2008 年就提出了这一观点。如今大法官钱锋已成为退役军人事务部副部长，想必在对军人权益的维护和关怀上非常贴心而有力吧。

大法官钱锋谈涉诉信访：
接访时应一律假定上访人有理

北大教授孙东东曾公开发表言论："对那些老上访专业户，我负责任地说，不说百分之一百，至少百分之九十九以上精神有问题，都是偏执型精神障碍。"这一惊人表述，激起网上千层浪。而孙东东的四重身份：著名学府北京大学的教授、北京大学司法鉴定中心主任、卫生部专家委员、《精神卫生法》起草组主要成员之一，更让民众对信访遭遇的不被有关机关认可的担忧越发加深。

信访是我国现行制度框架内的公民的合法利益诉求行为，是一项具有中国特色的权利救济制度。孙东东的言论仅仅是一家之言，其于 2009 年 4 月 6 日的致歉，更是说明了信访之合法性乃为公理。

与孙东东对上访者的表述形成鲜明对照的，是重庆市高级人民法院院长钱锋主张对涉诉信访实行有理推定的表达，足可见法院和大法官作为人权保护最后一道屏障的司法体系体察民情、听取民意、关注民生的积极姿态。为了深入了解对于涉诉信访的有理推定原则，特专访了重庆市高级人民法院院长钱锋。

上访群众不是刁民

吴晓锋：一些社会研究人员认为，百分之八十的上访者是无理取闹，是为了自己的私利向政府没完没了提不合理要求的人，他们是政府工作的添乱者，麻烦的制造者，是不安全的因素，而只有百分之二十是确有冤屈的。在有些官员的眼中，这百分之八十的上访者就是"刁民"。您怎么看待上访者及所谓的"刁民"的提法？

钱锋：申诉是每个人的权利。就涉诉信访而言，人民群众通过信访渠道表达诉求和愿望，是对宪法和法律所赋予的申诉权、申请再审权的行使，是对自身所拥有民主权利的行使，上访群众也不等于"刁民"。大部分申诉起码从他们自身而言都是有道理的。当然，是否立案，是否进入再审，由哪级法院处理则需要审查后才能确定。

如何看待上访者，归根结底涉及一个信访工作观念问题。就人民法院而言，要切实转变立案信访工作观念，在接访时首先应一律假定上访人有理，就跟法律规定的"未经人民法院依法判决，对任何人都不得确定有罪"一样，涉诉信访只有经审查无理后才能认定其无理。

吴晓锋：对涉诉信访实行有理推定，您是在什么时候提出来的？基于怎样的考虑？

钱锋：最早提出对涉诉信访实行有理推定，是在 2008 年 8 月。这一提法是为了积极回应人民群众对法院工作的新要求、新期待，以体现人民法院工作的人民性和专业性的有机统一，也算是我们在新时期对于涉诉信访工作观念的有益探索吧。

结合实际情况，当前涉诉信访形势严峻。之所以如此，固然有"清官意识"等传统文化因素的影响，但应当看到，转型时期社会矛盾凸显仍是涉诉信访居高不下的根本原因。随着改革的不断深化、社会利益格局的调整，由此产生的分配不均和两极分化问题，尤其是因拆迁、失地、下岗等处理不当产生的矛盾，引发了群众的不满情绪，加之部分干部执法水平不高，甚至权钱交易、徇私枉法，使得矛盾在一定范围内更趋激化。坚持"有理推定"，杜绝了一开始就假定上访人为无理或刁民从而一推了之可能导致的更激烈的社会矛盾。

有理推定不单讲法理

吴晓锋："有理推定"中的"理"字指的就是法理吗？

钱锋：这里的"理"，还不单单就是"法理"，更应该是人民群众心目中的"情理""道理"，是人民群众对自身权益的诉求。人民法院理当站在老百姓的立场上，设身处地地为他们着想，并切实关心他们的痛痒，耐心听取他们的诉求。

这就要求人民法院在信访工作中要带着深厚的群众感情，听民声、了民情、解民忧、排民难，使法院工作真正贴近群众、扎根群众，从点点滴滴的小事入手，积极回应人民群众的期待，从而不断增进人民群众的认同和信任，增强司法公信力和权威性。

吴晓锋：对于涉诉信访实行有理推定，是否会对法院提出更多的要求？或者说，法院对于公民在信访过程中申诉权的行使有着怎样的配合义务呢？

钱锋：首先，要尊重上访群众的权利。一听上访就认为是"小题大做""无理取闹"甚至是"精神病"的观念，是先入为主地站到了上访群众的对立面，是对上访群众民主权利的藐视，也是法律观念淡薄的表现。要耐心听取上访群众的诉求，完完整整听取上访人的陈述诉求、理由。要将"听"作为一种作风来要求，作为一种能力来培养。"听"本身就是消除不满和对立的一种手段，是了解民情、体察民情的一种重要渠道，也是明辨是非、分清曲直的一种办法。

其次，要切实保障上访群众的权利。这就要求我们必须完善审查制度，保障和方便上访群众"讲理"。从程序上讲，要确保整个信访过程安全、便捷、有效，使上访群众得到真正的尊重和关怀。从实体上讲，对于经过审查认定确有错误的申诉、申请再审案件，要坚决纠正，还当事人一个清白；对于经审查认定属无理的，要做好解释工作，必要时也要进行法治教育。

关切上访群众生活处境

吴晓锋：对于涉诉信访实行有理推定，是否也将会带来涉诉信访工作机制的进一步完善问题？重庆市法院系统在这方面有哪些具体的做法呢？

钱锋：坚持"有理推定"，从观念层面契合了信访工作法治化的历史进程，必将有力推动相关法律法规及政策的有效落实，促进涉诉信访工作机制进一步完善。

重庆法院 2008 年以来推行来访接待"一把椅子、一张笑脸、一杯热茶、一句问候"的"四个一"要求以改进接访作风；开通院长邮箱，建立邮箱反映问题的交办、督办及反馈机制；审判业务庭领导到信访岗位轮岗以提高接访能力。在此基础上，还认真落实了人民法院"三五改革"纲要，建立健全"诉"与"访"分离制度、领导干部接访和走访下访制度、涉诉信访终结机制以及涉诉信访工作责任制等。

总之，在"有理推定"观念的指引下，人民法院通过各项制度设计和措施创新，进一步拓宽和畅通信访渠道，将会更加便于当事人表达诉求及其合理诉求的有效解决，从而推动最高人民法院王胜俊院长所说的"科学、畅通、有效、简便的民意表达机制"的建立。

吴晓锋：实践中，申诉难、申请再审难的问题比较突出，涉诉信访的有理推定对于这一问题的解决是否也具有重要意义？

钱锋：是的。由于社会发展的阶段性和复杂性，有时由于各种主客观原因的限制，政策、法律在制定或执行过程中可能存在问题和不足。有的案件可能无法水落石出，或者各执一词难有定论，或者裁判结果于法有据但与群众普遍认同的公道还有差距。

涉诉信访实行有理推定，在强调思想感情、民主意识以及制度设计的同时，还要求人民法院不能以绝对的、机械的"合法不合法"处理涉诉信访案件，要坚持"以人为本"，加强对上访群众的人文关怀，最大限度地关切其生存生活处境，从而消弭分歧矛盾，促进社会和谐。

这是化解社会冲突的必然要求

吴晓锋：我们注意到，您的有理推定始终是以"为民"为中心，与法律"体现对人的终极关怀"这一基本法理念相契合。您认为，法院在信访工作上还需要怎样的具体行动才能算是对这一基本理念的真正践行？

钱锋：对于政策、法律与民风民俗存在出入的，要做耐心细致的说服解释和服判息诉工作，特别注重败诉方的心理感受，引导当事人理解法院处理结论，尽量消除对抗情绪。

涉诉重复上访和上访老户主要集中在农民、下岗工人、退休人员等低收入群体，通常并不严重的经济损失，对他们的生活就会产生非常严重的影响。相当部分上访群众表面上对具体诉讼结果的表达诉求，其潜意识中是对其困难生存状态强烈不满的宣泄，以及得到社会扶助的期待。

从这个意义上说，不论其明确提出的具体诉求是否合法，国家都有责任对这类司法领域的特殊困难群体给予特别关怀，实施扶贫救困，这既是人道主义的体现，也是化解社会冲突的必然要求。三十年的改革发展，国家财力日增，有了调节社会冲突的机制和本钱。因此，对生活确有困难的上访群众给予适当救济也是"有理推定"的应有之义。

当然，作为一项新的工作理念和要求，涉诉信访"有理推定"也还有待进一步地深入理解和实践。

宋晓明

曾任最高人民法院审判委员会委员、民事审判第三庭庭长、民二庭庭长等职。

—— 作者手记 ——

下面选入的这篇报道，在报纸上刊登的时候副标题是"对话最高人民法院民二庭负责人"，而没有出现宋晓明庭长的名字，正如庭里同事对他的评价"宋庭高调做事、低调做人"。法律的生命在于实施，宋庭非常重视商事审判的宣传工作，借助媒体及时向社会宣传、厘清、提示商事审判的一些疑点难点重点问题，包括出台的司法解释、审理的新类型案件等。宋庭不止一次地对我说"宣传法治，推动法治进程，这是我们双方（法院和法治媒体）共同的使命"，没有矫情，也不是大话，但确实是上了一个层次。法院和媒体，共同做好这些报道，不是谁恳求谁，不是谁成全谁，而是志同道合的共同理想——推动中国法治建设。

最高人民法院民二庭负责人
答疑破产法司法适用问题

2007 年 6 月开始实施的新企业破产法，是我国市场主体退出法治建设方面的重要突破，对我国社会主义市场经济法律体系的完善产生了深远的影响，也是我国经济转轨时期的重要标志性事件。经过两年的实施，新企业破产法对市场经济建设的贡献已有显现，但尚未充分发挥其对市场经济应有的作用。人民法院在审理企业破产案件中，如何充分利用破产制度积极拯救危困企业，为规范市场主体退出机制、维护市场运行秩序提供司法保障？在企业破产法实施两周年之际，特专访了最高人民法院民二庭负责人宋晓明。

依法受理破产清算案件

有的法院以补交材料等为由长期不予受理破产申请，也不出具不予受理的裁定，这明显不符合破产法的规定，也不利于当事人依法行使诉讼权利。

吴晓锋：企业破产法作为规范市场主体退出的法律规范，对维护市场经济的正常秩序和促进市场经济的健康发展有着重要作用。但是，目前全国法院受理的破产案件数量较少，有的法院甚至不受理，尤其是破产清算申请。企业破产法被许多人认为是"束之高阁"，其积极作用还未充分发挥。请问您是如何看待这个问题的？

宋晓明：关于破产清算问题，首先，从观念和态度上讲，人民法院应当充分认识到企业破产法净化市场的作用：畅通企业法人退出法律通道，建立企业法人依法、规范退出市场的良性法律机制。对于经营严重亏损、不符合市场经济发展需要的企业法人，应及时通过破产清算程序使其从市场中退出。对于虽存在借破产逃废债务可能但符合破产法规定的受理条件的，也应将其纳入法定的破产清算程序中来，通过撤销和否定其不当处置财产等行为，以及追究相关者责任等方式，一方面让其借破产逃废债务的目的落空；另一方面强行剥夺其市场主体资格，避免其继续扰乱市场秩序。人民法院应正确面对破产案件审理中诸如维稳压力、人少案多压力、绩效考核压力等现实困难，以积极的态度应对各种挑战，依法受理破产申请。

其次，就具体措施而言，人民法院应当在依法受理破产清算案件上有积极作为。对于不同申请人提出的破产清算申请，应当区别进行审查，依法受理企业破产清算申请。尤其是对债权人申请债务人破产清算的，人民法院审查的重点是债务人是否不能清偿到期债务，而不能以债权人无法提交债务人财产状况等为由，不受理债权人的申请。债务人是否不能清偿到期债务并且资产不足以清偿全部债务，或者不能清偿到期债务并且明显缺乏清偿债务能力，应由债务人通过异议程序举证予以证明。债务人不能证明其资产足以偿还全部债务或者不予证明的，则推定债务人出现了破产原因，人民法院应当依法裁定受理债权人对债务人的破产清算申请。另外，人民法院对申请人提出的破产申请应依法作出是否受理的裁定，目前，据我们了解，有的法院以补交材料等为由长期不予受理破产申请，也不出具不予受理的裁定，这明显不符合破产法的规定，也不利于当事人依法行使诉讼权利。

积极受理重整、和解申请

对于经营暂时出现困难，但有发展前景、对社会有重大影响的企业，人民法院要充分利用破产重整制度，调动各方利害关系人的积极性，共同致力于挽救困难企业。

吴晓锋：破产重整制度是新破产法的一大亮点，这两年在各地法院有了很多成功的尝试，与破产清算相比，法院似乎更偏爱运用重整。这是什么原因？努力推动破产重整和和解有什么重要意义？

宋晓明：破产重整和和解程序是企业破产法设置的两个破产预防程序，旨在企业出现破产原因或者存在破产之虞时，通过这两个程序对企业进行积极拯救。人民法院应当充分发挥重整和和解程序的作用，积极挽救仍具发展前景的危困企业。

破产重整和和解制度，不仅为尚有挽救希望的困难企业提供了避免破产清算死亡、获得再生的机会，有利于与债务人相关的债权人、出资人、职工、关联企业各方实现共赢，社会资源也因此得到充分的发挥和利用。

破产重整和和解程序的适用，体现了现代企业破产法的社会价值取向，突出了企业破产法在公平保护债权人的前提下，对债务人进行积极挽救的立法目的，努力推动企业重整和和解成功，减少企业破产给社会带来的不利影响，是人民法院审理企业破产案件的重要目标，也是人民法院商事审判工作服务于保增长、保民生、保稳定大局的必然要求，对于构建和谐社会也具有重要的现实意义。

吴晓锋：在挽救有希望的困难企业上，人民法院将会有哪些具体的做法？

宋晓明：人民法院应充分发挥司法的主观能动性，特别注重做好释明和调解工作，通过破产重整和和解程序的合理适用，加强对债务人的挽救。

对于经营暂时出现困难，但有发展前景、对社会有重大影响的企业，人民法院要充分利用破产重整制度，调动各方利害关系人的积极性，共同致力于挽救困难企业。对于经营规模较小，虽有挽救必要但重整成本明显高于重整收益的困难企业，人民法院则可通过和解方式挽救企业。

对于同时申请债务人清算、重整、和解的，人民法院要根据债务人的实际情况和各方当事人的意愿，在组织各方当事人充分论证的基础上，对于有重整或者和解可能的，应当尽可能优先受理有利于债务人复苏的重整或和解申请。人民法院有必要加强破产程序中的调解工作，在法律允许的框架下，积极支持债务人、管理人和战略投资者等为挽救企业所做的各项工作，为挽救困难企业创造良好的法律环境。

审慎适用强制批准裁量权

人民法院应在严格审查基础上，综合考虑社会公共利益，积极审慎适用裁量权。对不符合强制批准条件的，不能假挽救企业之名违法批准。

吴晓锋：给那些有希望的企业重整的机会是件好事，但因为涉及多方重要利益，这就决定了对有条件的企业进行重整的复杂性。人民法院在这方面是否有一些严格的程序性规定或其他限制性规定？

宋晓明：就通过重整程序挽救企业而言，人民法院在审理重整案件时，一方面，要在法律允许的框架下积极创造条件挽救危困企业，保障我国国民经济健康发展；另一方面，还要强调必须依法裁定批准重整计划草案，包括各表决组通过和未全部通过两种情形下的裁定批准。

首先，人民法院要严格依照法定条件裁定批准各表决组已通过的重整计划草案。对于各表决组均按照法定标准通过了重整计划草案，人民法院裁定批准的，应从两个方面进行审查。第一，鉴于该情形主要涉及表决组内部利益的冲突，因此，人民法院的审查主要针对投反对票的债权人的异议理由，着重于对异议债权人利益的合法保护进行形式上的审查。第二，要注意审查重整计划草案中债务人经营方案的内容是否违反法律、行政法规强制性规定，重整计划草案是否涉及国家行政许可事项。

其次，人民法院要审慎适用强制批准裁量权，在依法保障债权人和出资人合法权益的前提下，实现对困境企业的挽救。对于部分表决组未通过重整计划草案，人民法院强制批准的，因此时关涉的是不同表决组债权人利益的冲突，因此，人民法院批准时应坚持债权人利益最大化、公平对待和绝对优先三项基本原则。要保证反对重整计划草案的债权人或者出资人在重整中至少可以获得在破产清算中本可获得的清偿，即要保护对重整计划持反对意见的少数当事人的既得利益。这里要特别注意，在确定重整计划草案被提请批准时依照破产清算程序所能获得的清偿比例时，人民法院应充分考虑其计算方法是否科学、客观、准确，是否充分保护了利害关系人的应有利益。如债权人组以资产评估报告低估了资产价值，甚至虚假，损害了债权人利益；或者重整计划不公，债权削减比例很大，而出资人权益调整比例过小或者没调整；或者大股东对经营失败负有重大责任，应分担更多损失而重整计划未体现；或债转股时引入的新出资人出资的资产质量差影响债权清偿等为由，对重整计划草案投反对票的，人民法院不宜简单以重整计划草案中的清偿率高于破产清算的清偿率为由，裁定批准重整计划草案，而应充分协调各方利益，综合各种因素考虑债权人意见的合理性，慎重作出裁定。同时，应保证持反对意见的表决组获得按比例的清偿或者按比例的削减。破产法对清算程序规定的优先顺序，在重整程序中对持反对意见的表决组同样适用。

人民法院应在严格审查基础上，综合考虑社会公共利益，积极审慎适用裁量权。对不符合强制批准条件的，不能假挽救企业之名违法批准。上级人民法院应肩负起监督职责，对于利害关系人对重整程序中存在问题的反映要认真审查，如果确实存在问题，应当及时向受理重整案件的人民法院指出，并予以纠正。

做好企业破产案件中的维稳工作

有条件的地方，应通过政府设立的维稳基金或鼓励第三方垫款等方式，优先解决破产企业职工的安置问题。政府或第三方就劳动债权的垫款，可以在破产程序中按照职工债权的受偿顺序优先获得清偿。

吴晓锋：破产清算所涉利益极多，不仅包括债权人、债务人、出资人的利益，还包括企业职工的利益，甚至关系到地方利益及社会利益等，因此，作为维护市场秩序的企业破产法在实施过程中又极有可能因为具体处理不当而引发社会稳定问题。对此，人民法院有哪些相应的举措？

宋晓明：总的来说，就是一句话：坚定依靠党委领导和政府支持，做好企业破产案件中的维稳工作，为服务大局提供司法保障。

破产清算程序是通过司法手段集中化解企业债务风险的重要制度，因涉及多方利益，各方矛盾极为集中和突出，处理不当，极易引发群体性、突发性事件，严重影响社会稳定。因此，人民法院审理企业破产案件，一定要在当地党委的领导下，紧紧依靠政府，充分利用和积极参加政府建立的风险预警机制、联动机制、应急机制、资金保障机制、风险防范机制等，力求主动、务实、有效地做好企业破产案件中维护社会稳定的工作。

对于职工生存问题突出、众多债权人矛盾激化、债务人弃厂逃债等敏感类破产案件，要及时发现问题，尽早向当地党委、政府汇报，加强

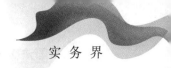

与各部门的沟通、配合、协调，及时采取有力措施，积极疏导并解决各种矛盾纠纷，避免债权人哄抢财产、职工集体上访，以及企业出资人和高级管理人员非法出境等，将不稳定因素消除在萌芽状态。

有条件的地方，应从保增长、保民生、保稳定的大局出发，通过政府设立的维稳基金或鼓励第三方垫款等方式，优先解决破产企业职工的安置问题，政府或第三方就劳动债权的垫款，可以在破产程序中按照职工债权的受偿顺序优先获得清偿。

采用适当方式妥善指定适格管理人

对于重大、疑难案件，不能简单以随机方式确定管理人。

吴晓锋：破产管理人制度是新破产法的一大亮点，法院将如何促进管理人队伍建设，以何种方式指定适格管理人？管理人普遍反映随机摇号的方式并不科学，对此有何更好的办法？

宋晓明：人民法院应采用适当方式妥善指定适格管理人，尤其是对于重大、疑难案件，不能简单以随机方式确定管理人。审理破产案件的业务庭，要根据案件实际情况决定采用哪类管理人。决定采用中介机构做管理人，或以中介机构做清算组管理人成员的，业务庭还要对中介机构管理人，以及清算组管理人中的中介机构成员的产生方式作出决定，再由有关部门依照有关规定以随机方式、竞争方式或接受推荐的方式产生中介机构管理人或中介机构成员。重整程序中，因涉及重大资产重组、经营模式选择、新出资人引入等商业运作内容，在我国目前管理人队伍尚未完全成熟的情况下，为保障重整的高效、顺利进行，在指定管理人时，人民法院的审判组织应根据实际情况选择管理人的形式和指定方式以便产生适格的管理人，充分发挥管理人在挽救企业和净化市场中的积极作用。

充分保护债权人和职工的合法权益

职工债权表决组未通过重整计划草案的，人民法院的强制批准必须以职工债权全额清偿为前提。

吴晓锋：在破产所涉及的各方面利益里，债权人合法权益和职工合法权益的重要性尤其突出。人民法院在企业破产法的适用上如何保护这两方面的利益？

宋晓明：首先，就充分保护债权人合法权益方面，人民法院要做的就是正确适用企业破产法的各项制度。具体而言，有以下几点：

一是在审理企业破产案件中，要充分调动管理人的积极性，引导管理人发挥其应有的职能作用，利用法律手段，尽可能地去发现和追收债务人财产，使债权人利益获得最大化保护。二是充分发挥债权人会议和债权人委员会的职能作用。就关涉债权人利益的重大事项，要切实保障债权人的参与权和话语权，在不违背法律强制性规定的前提下，尽可能尊重债权人的意志。三是通过排除破产豁免原则的适用，依法追究有限责任公司股东、股份有限公司董事、控股股东、实际控制人等清算义务人的民事责任，充分保障债权人合法利益。

其次，就维护职工合法权益方面，我们主张人民法院注重保障民生，在破产程序中切实维护职工合法权益。依法优先保护劳动者权益，是破产法律制度的重要价值取向，也是当前经济形势下人民法院保障民生、维护稳定的重要任务。人民法院在审理企业破产案件中，要切实维护职工的合法权益，严格依法保护职工利益。

债权人会议中应有债务人的职工和工会代表参加，保障职工对破产程序的参与权与话语权。重整计划草案表决时，要将职工工资等债权特别分组进行表决，充分尊重职工的意愿；职工债权表决组未通过重整计划草案的，人民法院的强制批准必须以职工债权全额清偿为前提。企业继续经营原业务的，人民法院要引导债务人或管理人制作企业重整计划草案时，尽可能安置原有企业职工再就业，防止职工失业所带来的社会

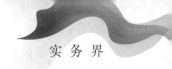

震荡。应依法保障职工工资等债权的优先清偿。

鉴于职工权利保护是一个系统工程，人民法院还要注重与国家社会保障部门、劳动部门、工商行政管理部门、人事组织部门等的协调和沟通，积极建言献策，条件成熟时，逐步建立起一整套职工保障体制，以便从制度上确保职工利益的维护。

妥善处理破产衍生诉讼

企业破产法中有关管辖的规定，应优先于民事诉讼法及其他有关法律、司法解释中有关管辖的规定予以适用。

吴晓锋：新企业破产法施行后，人民法院将审理大批破产衍生诉讼，请问这些破产衍生诉讼主要包括哪些案件？法院对于这些案件将如何处理？

宋晓明：破产衍生诉讼，通俗说就是与破产案件有关的案件，包括旧案件和新案件两类。旧案件是指人民法院受理破产申请时，已开始而尚未审结的有关破产企业的民事诉讼案件；新案件是指人民法院受理破产申请后，就有关破产企业的实体权益之争新提起的民事诉讼案件。

旧案件在案件性质上包括了各种普通民商事案件。这类案件在管理人接管财产后，原则上还按照正常案件继续进行审理。但要注意：第一，要将原法定代表人变更为管理人或管理人的代表人、负责人；第二，如系破产企业为债务人的给付之诉，判项中应载明，鉴于债务人已进入破产程序，其给付义务应在破产清偿程序中一并清偿。

新案件主要包括债权确认诉讼、追收债权诉讼、请求交付财产诉讼、解除合同诉讼、破产撤销权诉讼、别除权诉讼、抵销权诉讼、确认无效行为诉讼、取回权诉讼、追收未缴出资诉讼、追收抽逃出资诉讼、追偿非正常收入或侵占企业财产诉讼、要求债务人的董事等因执行职务不当给公司造成损失或违反忠实义务和勤勉义务致使企业破产承担民事责任的诉讼、要求债务人的法定代表人和其他直接责任人员因无效行为和可撤销行为造成损害承担赔偿责任的诉讼、要求管理人未勤勉尽责和忠实执行职务造成损失承担赔偿责任的诉讼等。人民法院审理上述新案件时，应注意区分管理人代表债务人参加的诉讼，和以管理人自身作为诉讼主体参加的诉讼。

新案件的管辖法院应当按照破产法的规定确定。企业破产法中有关管辖的规定，应优先于民事诉讼法及其他有关法律、司法解释中有关管辖的规定予以适用。受理破产申请的人民法院在依法取得管辖权的前提下，可以根据企业破产法第四条的规定，适用民事诉讼法关于指定管辖的规定。上述案件法院内部应按照一般民事商事案件的分工，由各业务庭室分别审理，各业务庭室应在审限内尽快审结，以保障破产程序高效、高质进行。

注重破产程序和执行程序的衔接

破产程序启动后，其他与之相冲突的对债务人财产采取的所有保全措施和执行程序都应解除和中止。

吴晓锋：破产程序与执行程序都涉及对债务人财产的执行却又有各自的不同特征，破产程序因其启动原因的特殊性，又必然导致其对民事执行程序具有优先性，这在实践中带来了一些矛盾困惑。法院对此该如何处理？

宋晓明：人民法院应充分认识破产程序和执行程序的不同功能定位，充分发挥企业破产法公平保护全体债权人的作用。破产程序是对债务人全部财产进行的概括执行，注重对所有债权的公平受偿。强制执行程序是对债务人的个别执行，注重的是对个别债权的保护。

破产程序因其启动原因的特殊性，必然导致其对民事执行程序具有优先性，具有对一般债务清偿程序的排他性。因此，破产程序启动后，其他与之相冲突的对债务人财产采取的所有保全措施和执行程序都应解除和中止。

人民法院要注重做好破产程序和执行程序的衔接工作，确保破产财产妥善处置。涉及人民法院内部破产程序和执行程序的操作的，应注意不同法院、不同审判部门、不同程序的协调与配合。

涉及债务人财产被其他具有强制执行权力的国家行政机关采取保全措施或执行程序的，人民法院应积极与上述机关进行协调和沟通，取得有关机关的配合，依法解除有关保全措施，中止有关执行程序，保障破产程序顺利进行。

保持关联企业破产中的利益平衡

对于明显利用关联关系损害其他债权人利益的，可依法审慎适用关联企业实质合并破产等制度。

吴晓锋：关联企业破产案件是破产案件审理中的一个棘手问题，尤其是实践中关联企业利用关联关系来损害其他债权人利益的事件也多有发生，人民法院在这类案件的审理中是否会有应对措施？

宋晓明：人民法院在审理关联企业破产案件时，对于明显利用关联关系损害其他债权人利益的，可依法审慎适用关联企业实质合并破产等制度。

具体而言，人民法院应综合考虑各关联企业是否存在混同的财务报表、企业间资产和流动资产的合并程度、各企业之间的利益统一性和所有权关系、分别确定单个企业的财产和负债的困难程度和成本大小、是否存在违法的财产转让、实质合并破产是否有利于增加企业重整的可能性等因素，裁定是否受理合并破产的申请。

因实质合并破产制度在我国破产法下尚无明确规定，公司法有一定规定，实践中已经有了一些积极的探索和试验，应该说还是取得了较好的社会效果和法律效果的，因此，人民法院在审理关联企业破产案件中，应继续积极探索，不断总结经验，以便高质、高效地审理关联企业破产案件，对经济社会中严重扭曲的利益关系予以合理的矫正，公平保护全体债权人利益，促进市场经济秩序健康、有序发展。

黄明耀

曾任重庆市三中院院长、一中院院长，获"全国审判业务专家"称号，现任重庆市高级人民法院党组副书记、副院长。

—— 作者手记 ——

明耀师兄读博士时高我两届，其渊博的学识和翩翩风度在师弟师妹中收获了不少粉丝。做这篇采访的时候他是重庆一中院院长，如今是重庆高院常务副院长，还分管宣传工作，担任新闻发言人。他当时正好主持了一个调研课题，并完成了重庆首个土地行政征收案件的调研报告。土地征收纠纷是一个长期存在的问题，也一直是法院行政审判工作的重点之一，在对最高人民法院五巡庭副庭长刘竹梅法官的采访中她同样谈到这个问题，并提出了诉源同治的路径。

关注征地问题就是关注可持续发展 与社会和谐的问题

——专访课题组主持人重庆一中院院长黄明耀博士

针对重庆首份土地行政征收案件（以下简称征地案件）调研报告特采访了该调研课题主持人、重庆一中院院长黄明耀博士。

吴晓锋：重庆一中院能把司法关怀的目光投向土地，投向农村、农民，令人起敬。在您看来，妥善解决征地问题有何现实的重要意义？

黄明耀：中央 1 号文件连续 6 年关注"三农"问题。征地问题表面上涉及的是农地问题，实际上是"三农""可持续发展"与"社会和谐"等三个问题交织在一起的综合体。

第一，农民所耕种的土地被国家征收了，这是土地所有权的流转问题，关系到农村土地集体所有权及农民的社员权等复杂的法律问题，甚至还关系到"农村"（很多土地被全部征收的，农村的建制被依法撤销）概念本身的存废问题。

第二，城市空间扩大必然会圈占周边的农地，这关系到农业发展的问题，而农业是关乎国计民生的基础产业，所以近6年来，中央1号文件一直保持"实行最严格的土地制度"的提法，要求"严守18亿亩耕地红线"。

第三，农民对土地享有哪些权利，或者说土地承载了农民的哪些权利？土地是农民生存的根基，土地承担了农民的各项保障功能。政府为了公共利益征收了土地，就应当承担起为失地农民后续保障的责任，重点解决失地农民的生存和发展问题。

第四，补偿安置标准的制定、补偿安置费的发放关系到被征地农民的生计，此类问题如果处理不好，极易导致争议扩大，矛盾激化，影响整个社会的协调、可持续发展。总而言之，我们关注征地问题就是在关注可持续发展与社会和谐稳定的问题，亦是司法亲民、司法为民的题中之意。

吴晓锋：重庆是一个集大城市、大农村为一体的特殊的直辖市，2007年又获批全国统筹城乡综合配套改革试验区，重庆一中院在种类众多的行政案件中，选择征地案件作为2008年度重点调研课题，是不是还与重庆这个特殊的背景相关？

黄明耀：是的。重庆还集大库区、大山区和少数民族聚居区于一体，城乡二元结构突出。直辖以来至今，为满足城市快速扩张的需要，政府征地的范围和面积都在急剧扩大，因征地引发的"官民矛盾"日益加剧成为社会矛盾纠纷比较集中的重点涉诉领域。

特别是2007年6月重庆市获批全国统筹城乡综合配套改革试验区后，

探索和解决这些矛盾的重要性和紧迫性更加凸显。

吴晓锋：那么你们希望通过该调研解决哪些问题？

黄明耀：征地案件已成为我市当前行政审判工作的重点。我们调研的目的在于"四个着力于"，保障民生民权，服务城乡统筹：着力于对各级政府和行政机关在土地征收中实施的保障和改善民生的宏观调控措施和合法的行政行为，依法给予维护和支持；着力于对损害行政相对人合法权益的行为，依法通过裁判予以规范，妥善平衡个人利益、公共利益、国家利益关系，维护社会安定；着力于适时分析征地案件审判中的疑难复杂问题，统一法律适用；着力于结合案件审理，积极向有关部门提出司法建议，向党委、人大建言献策，为完善政策与地方立法提供决策参考。

吴晓锋：征地问题中最核心的问题是什么？

黄明耀：征地补偿安置争议。补偿安置争议矛盾突出，且因法律规定与现实情况脱节，导致诉讼不可能解决"失地农民"关心的核心问题。这主要表现在四个方面：第一，补偿安置标准较低，使被征地农民原有生活水平难以保持。第二，农村房屋的拆迁补偿偏离价值基础，争议较大。第三，确定土地补偿费和安置补助费的支付对象争议较大，如轮换回乡人员与"外嫁女""空挂户""上门女婿"等。第四，久征不用引发新的补偿安置争议。

吴晓锋：在征地案件的实际审理与此项课题的调查过程中，你们认为最难解决的问题是什么？

黄明耀：一是公共利益的判断问题。从实质上看，征地程序的启动，必须系出于维护公共利益之需，但目前由于对该项公共利益的判断缺乏明确具体的规定，政府有关部门在很大程度上拥有行政自由裁量的空间，属于行政合理性的范畴。对此，不仅法院与行政机关难以统一认识，就是在法院系统内部不同审级，以及同一法院的法官之间亦持有不同的认识。二是人民法院对征地案件的相关事实认定困难。

吴晓锋：针对上述难题，重庆一中院在审理该类案件中有哪些做法？

黄明耀：我们在审理该类案件时有很多做法。如设立原告诉讼引导

机制,针对征地案件原告起诉不熟悉程序、诉求不当等问题,大力推行"导诉制度",引导当事人正确行使诉讼权利。

强化司法救助。将失地农民纳入法律援助的对象,尽量对其减、免、缓诉讼费用,真正实现对失地农民的司法保护。

推行行政案件指定管辖,积极探索行政争议解决新机制。开展"审务进园区"活动,促进经济平稳较快发展。

刘贵祥

> 二级大法官。曾任最高人民法院民四庭庭长，现任最高人民法院审判委员会副部级专职委员。

—— 作者手记 ——

采访过刘贵祥法官几次，从涉外商事审判到执行工作，无论什么内容都能信手拈来，驾轻就熟。选入的该篇是在他担任最高人民法院民四庭庭长时候的访谈。最高人民法院出台的首个审理外商投资纠纷的司法解释，自然有重要意义。我也曾经参加过他们庭主办的研讨会，充分感受到这位对外经济贸易大学国际法博士的理论水平。他现在是最高人民法院审判委员会副部级专职委员，二级大法官。

最高人民法院将出台首个审理外商投资纠纷司法解释

最高人民法院即将就审理外商投资企业纠纷案件出台司法解释。据悉，这也是我国外商投资企业纠纷领域首度出台司法解释。

该司法解释将涉及未报批合同的效力、未经审批的外商投资企业股权转让合同的处理、中外合资经营企业股权转让股东优先购买权、未经审批的外商投资企业股权质押合同的处理、委托投资法律关系的处理以及因虚假报批材料未获得股东地位纠纷的处理、因虚假报批材料丧失股东地位纠纷的处理等十几个方面的问题。

近年来，外商投资在中国的年增长比率达到20%，已成为中国国民经济的重要组成部分。但随之而来的是层出不穷的外商投资纠纷，既困扰企业也困扰司法审判。

审批制度成为审理外资纠纷难点

"在涉外商事审判中，外资审批对民事合同效力的影响成为实践中审理外商投资企业纠纷的一个难点问题。"最高人民法院民事审判第四庭庭长刘贵祥说。

始于改革开放之初的我国外商投资企业审批制度，包括设立外商投资企业的审批和外商投资企业成立后的变更审批两种类型，其中，设立审批又包括立项审批与合同、章程、协议书等的审批。在我国新公司法颁布之后，不少学者对外商投资企业审批制度大为诟病。

外资审批制度同样困扰法院司法实践，审判和执行中的许多难题都与如何对待未审批合同的效力问题有关。最高人民法院民事审判第四庭庭长刘贵祥向记者分析道：

在合同效力问题上。以股权转让为例，根据《股权变更规定》第三条，未经审批机关批准的股权变更无效。于是，问题接踵而至：既然合同无效，当事人报批义务来自何处？实践中，当事人怠于履行报批义务根源莫不在此。负有报批义务的当事人完全可以待价而沽，视行情而作出是否报批的决定，觉得报批对自己有利的，就去报批；反之，则不去报批。

此外，根据现行外资审批制度，合同的所有细节均须报批。实践中，主合同已报批，但事后当事人又就某些细节问题达成了补充协议的，该补充协议是否也在报批之列？如认为应报批，客观上导致了当事人会采取其他方式规避，实践中出现的"阴阳合同"即为其适例。如认为无须报批，则报批的范围如何确定？又会产生新的问题。

据最高人民法院民四庭调研分析，股权转让纠纷是近年来外商投资企业纠纷中出现率比较高的问题，在最高人民法院审理的涉外商事案件中占 20% 左右的比例，但总体来看，争议的焦点仍集中在未经行政机关审批的股权转让协议的效力以及相应的法律后果上。

针对实务审判中的争议，刘贵祥认为，在未经行政审批时，不宜直接认定股权转让协议无效，而应认定此协议未生效。成立但未生效的合同，对合同当事人仍具有一般形式上的拘束力，当事人不能随便解除合同，仍负有一定的附随义务。外商投资企业法规定到有关的行政部门报批是需要外商投资企业去履行，而非合同的相对人。因此案件审理中法院可将外商投资企业追加为第三人，由出让方和外商投资企业一起履行报批义务。一方怠于履行报批义务的，另一方可以请求解除合同，并请求承担违约责任而非缔约过失责任。这样一来，不诚信当事人就再也难以利用合同无效制度来钻空子了。

而隐名投资者要求确认其股东身份，在司法实务中尚难有突破，刘贵祥认为主要障碍仍在于行政审批。对于委托投资协议的效力，他认为除非违反法律禁止性规定，否则不能仅仅以没有履行行政审批手续为由认定合同无效，一般应认定为其有效。在对隐名股东股权确认请求不支持的情况下，并不是不给隐名股东任何救济，而救济的路径应是委托投资协议。也就是说，隐名股东只能根据委托投资协议主张合同法上的效力，但不能主张组织法上的基于股东身份而产生的权利。

刘贵祥说，当未在外商投资企业批准证书上记载的涉外股权的实际受让人请求人民法院确认其股东地位和股权份额时，因为事涉审批，《第二次全国涉外商事海事审判工作会议纪要》（以下简称《纪要》）第 87 条规定，人民法院应当告知其通过行政程序解决，如其坚持提起民事诉讼的，应当判决驳回其诉讼请求。但当事人试图通过行政程序解决时，发现其同样无从获得救济。因为当其要求行政机关进行审批时，根据《股权变更规定》的相关规定，申请变更股权的，企业至少应向审批机关报送诸如企业董事会关于投资者股权变更的决议、转让方与受让方签订的并经其他投资者签字或以其他书面方式认可的股权转让协议等文件。而发生纠纷大多意味着转让人、企业乃至其他股东不予积极配合，单凭受让人自身的努力根本无法完成报批手续，因而连审批机关的形式审批都难以通过，更不用说获得最后的审批了。既然不能获得审批的原因在于当事人不报批而非审批机关不审批，则错在当事人本身而非审批机关，因而也难以对其提起行政复议或行政诉讼。可见，《纪要》在尊重行政权的同时，客观上造成了部门之间的推诿，不利于当事人合法权益的保护。

刘贵祥说，根据《纪要》第87条的规定，批准证书的记载具有确权的功能，但在某些案件中，名义股东根本未参与公司的经营，甚至都没有出资，仅是挂个名，而隐名投资人既进行了出资，又实际参与了经营，此时，如不允许法院予以确权，难谓公允。相同的情形，如认为批准具有确定力，则经审批的外资审批合同如存在无效或可撤销情形时，是应通过行政程序解决还是在民事程序解决？

拓宽侵害股东权益的救济途径

据刘贵祥介绍，实践中侵害外商投资企业股东权益的情况时有发生，大体可以区分为两类：一是以欺诈手段使实际投资人丧失股东资格或不能取得合法的股东地位；二是侵犯股东的知情权、盈余分配权、表决权等股东权益。后者与内资公司侵犯股东权益纠纷无实质区别，裁判标准比较统一，而前者却困扰司法审判，难以实现对被侵害者的救济。因此，此次司法解释也会对此作出规定。

甲公司与乙公司签订中外合资经营合同后，由甲公司负责办理报批及登记手续，但甲公司将与自己有关联关系的宝景公司报批并登记为合资一方，乙公司知悉后向法院起诉请求确认其股东资格。此时，甲公司与乙公司间的合同本身并不存在因欺诈而可撤销的问题，而是甲公司在履行合同过程中实施了欺诈行为，导致乙公司遭受了损失，构成侵权。乙公司是否可直接向法院请求确认其本应具有的股东地位？

法院在审理这类案件时存在两种分歧：一种意见认为，在审批机关的批准证书上没有记载乙公司为合资一方的情况下，乙公司不能据以确权，因此法院应驳回其诉讼请求。另一种意见则认为，在甲公司侵犯乙公司权益的事实可以认定的情况下，应确认乙公司的股东资格。

最高人民法院民四庭认为，以上两种意见均有偏颇之处。应允许乙公司享有更多的救济途径。如乙公司选择确认股东资格的，因外商投资企业股东资格的取得须外资审批机关审批，法院可确认甲公司构成侵权或违约，判令其在确定的期限内办理审批手续。如果甲公司怠于或不履行该义务，则由乙公司凭判决书及有关出资证明办理审批手续。当然，审批机关审查的结果，可能是予以批准，也可能不予批准。在审批机关不予批准的情况下，乙公司可退而求其次，另行起诉请求甲公司返还投资款、赔偿损失。这样既拓宽了对乙公司的救济途径，又能够与行政审批相衔接。

刘贵祥特别指出，根据现行法律法规的规定，股东的变更需有董事会的决议、章程修改文本、修改后的合资合同等文件资料，但在股权纠纷出现时，这些文件资料是不可能签署的，这是一个法律障碍。"这一点，审批机关与法院应当取得共识，区分常态情况下的审批与发生纠纷时例外情况下的审批，以保护当事人的合法权益。"刘贵祥说。

侵害外商投资企业股东权益还可能涉及股权执行问题。有一种观点认为，中外合资企业较之于内资的有限公司具有更多的人合性因素，因此更应该强调合作各方的信赖关系，所以中外合资企业法规定，合营一方如向第三者转让其全部或部分出资额，须经合营他方同意，并经审批机构批准，合营一方转让其全部或部分出资额时，合营方有优先购买权，违反上述规定的，其转让无效。因此，外商投资企业的股东可以在无须任何合理理由的情况下，就可以阻止其他股东转让股权。根据此种观点，一旦老股东不同意，法院便不能强制执行，如此，一个非常糟糕的结果就出现了：被执行人很有可能与老股东串通，使老股东不同意股权转让，从而化解法院的强制执行，出现违背法律公正的情形。

针对这一难题，刘贵祥认为应区别不同的情况处理，如债权人系其他股东的，因其并不涉及优先购买权问题，法院可直接执行，审批机关应协助完成变更审批手续。此时可能涉及企业性质的变更，但这属于变更审批问题，与执行本身无关。如债权人系第三人的，此时涉及其他股东的优先购买权问题，应适用公司法第七十三条的规定。根据该条规定，人民法院依照法律规定的强制执行程序转让股东的股权时，应当通知公司及全体股东，其他股东在同等条件下有优先购买权。

张金锁

曾任吉林省人民检察院检察长、党组书记，二级大检察官。

—— 作者手记 ——

这是 2011 年全国"两会"上对时任吉林省人民检察院检察长、全国人大代表张金锁的专访，他那年提交了一份《关于设置法官、检察官单独职务序列的建议》。身处检察工作一线的张金锁大检察官多年来关注法律职业队伍建设，认为生硬地套用公务员法来管理法官、检察官不符合司法职业工作规律，并挫伤法官、检察官工作积极性，建议改革单一的行政管理体系，在法院检察院内部实行法官、检察官及辅助人员的分类管理和逐级选拔制度。2015 年 9 月 15 日，中央全面深化改革领导小组第十六次会议审议通过了《法官、检察官单独职务序列改革试点方案》，把法官、检察官单独列出来，实行有别于其他公务员的管理模式，按职业特点进行管理。目前，随着司法体制改革的推进，该项改革目标多数已经实现。

全国人大代表张金锁：法官、检察官单独序列管理利于人才资源整合

"法官、检察官是相对独立的司法者，并非行政色彩浓厚的公务员。"全国人大代表、吉林省检察院检察长张金锁边拿给记者一份拟好的《关于设置法官、检察官单独职务序列的建议》，一边同记者聊起他关注法律职业队伍建设的理由。

多年以来，法官、检察官一直被当作普通公务员管理，公务员法规定：

"法律对公务员中领导成员的产生、任免、监督以及法官、检察官等的义务、权力和管理另有规定的,从其规定。"但就目前来看,"另有规定"并不存在,"这不符合司法机关特殊性的要求,给法院、检察院的工作带来不少问题。"身处检察工作一线的张金锁感同身受。

在张金锁看来,生硬地按照公务员法来管理法官、检察官是不符合现实情况的。法官和检察官的职级比例(分为十二级)、准入制度(需通过司法考试等)、产生方式(法官和检察官由人大及其常委会任命)等同公务员法的规定存在诸多严格区别。"普通公务员并没有分十二级、通过司法考试的要求,其产生方式是行政首长任命。"

实践中的问题不止于此。法官、检察官任职条件要求高,但工资与普通公务员一样同行政职级挂钩,"若行政职级晋升缓慢,法官、检察官的工资福利会受到直接影响。这是很不公平的。"张金锁坦言这种现状容易挫伤法官、检察官工作的积极性。他还提到在机构改革及人事调整中,一些法官、检察官也被采取"一刀切"政策,在50岁左右、年富力强、理论和实践经验丰富的时候提前离岗,"这是人力资源的巨大损失"。

遗憾之余,张金锁建议改革法院、检察院目前单一的行政管理体制,在法院、检察院内部实行法官、检察官及辅助人员分类管理和逐级选拔制度。

"可将法院、检察院内部人员按分工划分为法官(检察官)、辅助人员、行政人员三大类,按照审判或检察工作需求、工作内容、工作量大小、能力要求等指标定编、定岗、定责、定比例,因事设职,实行不同的准入制度,制定不同的考核制度和职务职级晋升办法,确定不同的工资福利待遇和退、休离职条件。对法官、检察官实行不同于普通公务员、符合司法工作规律和法律职业特点的单独序列管理制度。"张金锁说。

张金锁认为,对法官、检察官等单独序列管理、分类管理既利于调动法官、检察官的积极性,也利于整合司法人才资源。

如今,司法人员职业保障已被纳入司法体制改革范围。张金锁对司法人员管理体制的改革充满期待,"相信这项改革将为法官、检察官更好地履行职权创造条件,这对于促进司法公正、廉洁而言也是一个推动力。"

卫留成

曾任海南省省委书记、省人大常委会主任，现任全国人大环境与资源保护委员会副主任委员。

—— 作者手记 ——

采访卫留成的时候，他是海南省省委书记兼任人大常委会主任，之后他去了全国人大，现在任全国人大环境与资源保护委员会副主任委员，所以他与立法算是有很深的渊源。宣布海南建国际旅游岛的第二年，在那年的全国"两会"上，我突袭采访卫留成书记，完全没有事先的申请和准备。出人意料的是他竟然爽快地答应了，然后马上就侃侃而谈，谈法制对于国际旅游岛建设的重要性，谈国际旅游岛建设的立法工作，如数家珍。我想如果不是他对法制的重视，不是他亲力亲为地指导并参与立法工作，他是不会接受我的专访，尤其不可能在毫无准备的情况下接受专访的。另外，当时的海南省委常委、三亚市委书记姜斯宪也接受了我的专访谈《法治环境是三亚软环境核心》。期待更多主政一方的官员更加重视法治建设，也更加自信地畅谈法治建设！

以法制保障国际旅游岛建设发展

自《国务院关于推进海南国际旅游岛建设发展的若干意见》出台，海南国际旅游岛建设上升为国家战略之后，全社会有目共睹的是，海南省在2010年颁布了大量的地方性法规，充分利用特区立法权，立法先行，为国际旅游岛建设提供了法制保障。

卫留成说："《国务院关于推进海南国际旅游岛建设发展的若干意

见》不光发展旅游,而是要把海南作为一个试验区,要从旅游切入,找准定位,做好经济社会的全面发展。那么这个定位怎么定,做什么,怎么做,就必须要有一个规划纲要,必须要从法制的高度来统领海南国际旅游岛的建设发展。这就需要有法律法规作保障,把法立好了,以后就严格地按照这个路子走下去。"

卫留成介绍,2010 年 7 月 31 日,海南省第四届人大常委会第十六次会议通过了《海南国际旅游岛建设发展规划纲要》,同时该规划纲要也获得了国家发改委的正式批复,提出了 2010 年至 2020 年海南国际旅游岛建设发展的全面工作部署,在资源配置、开发时序、发展与保护等方面作出了系统的安排,是海南国际旅游岛建设发展的基本蓝图、行动纲领和法制保障。

"我们计划十年两步走,争取到 2015 年,基本形成与国际惯例接轨、与旅游岛建设发展要求相适应的地方性法规架构。"卫留成说。他表示,海南将充分发挥经济特区授权立法的优势,借鉴国际成功经验,加强生态环境保护、农村改革、城市规划、旅游管理等方面的立法,加快组织实施海南国际旅游岛建设发展专项立法计划。

及时将国家赋予海南的优惠政策、配套措施和有关规章制度,通过立法的形式转化为地方性法规,通过立法推进体制机制创新。

据卫留成介绍,2010 年海南国际旅游岛建设发展专项立法计划包括二十几个立法项目。其中,《海南省游艇管理试行办法》是我国第一部专门规范游艇产业发展的地方性规章。在海南"豇豆事件"后,海南省及时修订了《海南经济特区农药管理若干规定》,被业内称为"全国最为严厉";修订《洋浦经济开发区条例》,扩大该区管理局的管理权限和行政审批权,赋予其更多自主权;针对外地购房者多的特点,修订了《海南经济特区物业管理条例》,对业主大会的组成和职责、物业的使用与维护作出新规定;等等。之后,海南省人大常委会已审议通过了五项国际旅游岛建设发展相关法规,它们分别是《海南国际旅游岛建设发展条例》《海南经济特区旅行社管理规定》《海南经济特区导游人员管理规定》《海南省旅游景区景点管理规定》《海南经济特区旅游价格管理规定》。

"我们可能是对旅游立法最多的省份了。"卫留成说。而他对于立法显现的效果也非常满意，"去年春节三亚的酒店价格是放开的。今年作了规定后，春节期间三亚的整个旅游价格都回归了平稳。"

据记者了解，这位重视立法的省委书记，其实对于司法也非常重视。据悉，海南法院能够得以成立全国首家有编制的环保法庭，也与卫留成对环境和司法工作的高度重视密切相关。

"有了立法保障，有了司法保障，有法可依，执法必严，公正司法，国际旅游岛的建设发展就可以规范地有序地进行。"卫留成说。

江伟

曾任海南省三亚市副市长、公安局局长。现任海南省公安厅党委委员、巡视员。

—— 作者手记 ——

春节期间人气最旺的地方是哪里？不用多想，自然是三亚。三亚市的公安民警每年春节便会承受巨大的压力，我曾经有两年的"新春走基层"是和三亚公安一起度过的，见证了三亚在整个春节期间乃至前后更长的时间的安保压力和广大公安干警的辛劳，听到当时的三亚副市长、公安局局长江伟说得最多的一句话是"千言万语抓落实"。再好的计划，再好的预案，落实不了都等于零。"落实"二字就是江伟心里的紧箍咒，一个冬天都念着。

"平安三亚"助推公安社会管理创新

近年来，海南省三亚市以其优越的自然条件吸引了众多中外游客，成为中国最佳旅游度假目的地。尤其是海南建设国际旅游岛战略出台后，三亚更成为国际旅游岛建设的桥头堡，开发建设加速，旅游市场火爆。

"这是可喜的局面，但对于我们又是很大的压力。"三亚市副市长、公安局局长江伟说，这样密集的人流、物流，这么多的大项目在较短时间汇集到一个不大的城市，在全国也比较少见，这给三亚市城市管理，特别是城市治安管理带来不小的压力。

面对新形势、新挑战，三亚市公安机关很快找到了突破点——以打造"平安三亚"为核心来推动社会管理创新，进而服务和保障国际旅游岛建设发展。两年下来，三亚公安机关社会管理的创新思路和做法受到了公安部的肯定，也为中外游客和本地市民交上了一份满意答卷。

信息制导未动先知

"抓早抓小，未动先知是我们的工作思路，在这方面信息工作非常重要。"江伟说。

江伟介绍，三亚市公安局由国保部门牵头建立了维护稳定信息工作机制，组建了信息员队伍，千方百计收集深层次、预警性、内幕性信息，为党委、政府决策提供有力依据。同时建立信息研判和风险评估机制，通过信息会商会议等有效机制，深入分析研究城市开发建设过程中群体性事件的规律特点，评估风险等级，提出工作建议，最大限度地把矛盾纠纷解决在萌芽状态。

2011年9月初，三亚警方获悉吉阳镇六道村某项目在建设过程中存在不稳定因素。深入调查后警方发现，该项目的征地赔偿、安置等方面一直未能落实到位，导致部分村民对施工方及政府相关职能部门不满。而该村村民十分团结，若未妥善处理好赔偿问题就强行施工，有引发群体性事件的风险。

9月10日上午，江伟率三亚市公安局相关部门负责人到现场了解情况，并研究部署相关工作。10日下午，各相关职能部门组成以吉阳镇政府牵头的联合工作组并召集六道村村民代表召开协调会议。会上，联合工作组向村民代表进行法治教育宣传，明确聚众阻挠施工是违法行为，镇政府则与村民代表签订《承诺书》，就解决赔偿问题作出承诺。

一起一触即发的群体性事件，在其萌芽阶段就得以妥善解决。像这样，利用信息工作提前化解可能引发的群体性事件，三亚市公安局今年以来已经化解了6起，而排查化解刚刚露出苗头的重大社会矛盾纠纷达12起。

动态管控精确打击

"白天能见到警察，晚上能见到警灯，感觉很安全。"这是在街头采访中，听到最多的一句话。

这正是三亚市公安局建设"全覆盖、网格化、无间隙"治安防控体系，有效控制动态环境下社会治安的结果。据介绍，三亚警方在市区设立了八个"110"接处警岗亭，巡逻守候，就近接处警，快速反应；在市区和城郊结合部，设置了22个治安岗点，由指挥中心统一指挥调度，盘查可疑车辆，堵截犯罪嫌疑人。

"除了社会面治安防控，我们还构建精确打击机制，创新打击违法犯罪。"江伟介绍。

针对前几年三亚街头、景区时常发生飞车抢劫案件的情况，2010年初三亚市公安局抽调精干力量组成数个打击"两抢一盗"专业队，分别部署在几个犯罪嫌疑人重点聚集地区，专门打团伙、破串案。此举至今共打掉"两抢一盗"犯罪团伙十多个，抓获犯罪嫌疑人近百名，破案近300起。

如今，三亚的社会治安持续稳定，城市生活多彩繁荣。以前一些夜宵大排档出于安全考虑，深夜12时就收摊打烊，现在已经通宵营业，而且数量越来越多，成为三亚一景。

纳入实有 外管无漏

对外国人的服务和管理，既是三亚城市社会管理的特点，也是难点。三亚市公安局专门成立外管工作领导小组，建立了以派出所为依托的外管工作机制。

"外国人管理工作的根基在派出所，管理工作的落脚点也在派出所。以派出所为依托，以住宿登记为抓手，将外国人纳入实有人口管理。"江伟介绍，在三亚的各基层派出所，都建立了"六个一"，即一个基层出入境管理系统、一名外事民警、一支外事协管员队伍、一套工作制度、一本出入境管理工作台账、一个流动人口管理站。

据悉，三亚市公安局建立了 18 个流动人口管理工作站共计 164 人，既管外来流动人口，又管居住在自购房、租赁房中的外国人。外事民警通过密切联系外事协管员，积极开展外国人住宿登记延伸到社区警务室的试点工作，避免出现外国人遗漏、失管问题。外国人住宿登记率 99%以上，位居全国 130 个外国人管理重点城市前列。

2011 年 9 月，外事民警根据外事协管员提供的线索，发现一名在三亚的阿塞拜疆人签证逾期后未按规定及时离境，警方通过掌握的信息，于 9 月 22 日将该人查获，并根据《中华人民共和国外国人入境出境管理法实施细则》的相关规定将其行政拘留五日。一年来，三亚各级公安机关共查处非法入境、非法居留、非法就业的"三非"外国人 70 多名，报列不准入境人员 16 名，遣送出境 16 名，使得外国人遗漏、失管的问题得到了解决。

屈建民

曾任海南省政府法制办主任、海南省司法厅厅长，现任海南省人大常委会秘书长。

—— 作者手记 ——

屈建民的职业生涯走遍了大半个法律圈，政法委、法院、政府法制办、司法厅、人大常委会……采访此文的时候，他刚履新海南省司法厅厅长一个多月，丰富的法律职业经历，铸就了一个法律职业人思想的广度和高度，他很快进入司法行政工作的角色中。他对司法行政工作的理解和准确概括，现在来讲，依然适用。更难得的是屈厅长非常重视媒体，对舆论监督持欢迎态度，表示希望借助我们记者的"眼睛"和"耳朵"发现和了解基层存在的问题，可以直接向他报告。

屈建民：弘扬司法行政干警奉献精神

"既要履行法律职能，又要承担社会责任。"履新一个多月的海南省司法厅党委书记、厅长屈建民如是说。

职业生涯始终与法律有缘

屈建民出身法律科班，是西北政法大学复校后79级本科生，1998年他在中国人民大学脱产攻读法律硕士两年。

他的职业生涯轨迹始终没有脱离法律职业。大学毕业后，屈建民便去陕西省委政法委工作了十一年，被选调到了海南省高级人民法院，从中国人民大学学成归来后参加副厅级干部公选成为海南省委政法委副秘书长，之后担任过海口中院院长和近五年省政府副秘书长、省法制办主任兼省政府首席法律顾问。

正是这种丰富的阅历，铸就了一个法律职业人思想的广度和高度，形成了他对于党委中心工作如何部署，政府如何依法行政，司法如何为大局服务等的深刻理解，也使他很快进入司法行政工作的角色中。

"司法行政工作既有专政职能又有公共服务和社会管理的职能。"屈建民阐释说，"专政职能是指监狱机关对刑罚的执行。而其他则是大量的服务和管理职能，如人民调解、法制宣传、律师、公证、司法鉴定、法律援助等。无论是专政职能还是服务管理职能，都是当前社会管理工作的重要内容和主要阵地。"

确保监所安全不出问题

刚刚到任，屈建民便马不停蹄地展开调研，并很快提出了明确的工作思路。

"党委、政府对司法行政工作最为重视的是监狱、劳教（戒毒）场所的安全稳定。"3月开始，屈建民大部分时间都在基层一线调研，他先后到省监狱局、省劳教局、三江监狱、三亚监狱、乐东监狱、第三劳教（戒毒）所、第一劳教（戒毒）所、海口市司法局等地调研，对监狱、劳教（戒毒）工作提出了明确的目标和任务：保底线，求发展。

屈建民说，保底线包含两方面内容：一方面，是不断加强管理教育工作，确保场所安全，实现"四无"目标。实现"四无"是监狱、劳教（戒毒）场所安全的标准，监所一旦发生安全事故，势必打乱我们的正常秩序，甚至在政治、经济上造成重大损失。另一方面，是不断加强队伍建设尤其是各级领导班子建设，确保干警队伍不出现严重违法违纪问题。

"求发展"的目标是什么呢？屈建民概括为：围绕省委、省政府中心工作，充分发挥职能作用，开拓创新，积极进取，每年工作都有新的亮点，争取用两至三年时间，使海南监狱劳教各项工作步入全国先进行列，为海南经济社会发展作出更大贡献。

谈及"求发展"时，屈建民说，首先要把改造教育罪犯作为光荣使命，以一种社会责任感来创新工作思路和方法，使之成为对社会无害而有益的人。同时，以不断净化社会环境和治安环境为己任，切实抓好强制隔离戒毒，使他们戒掉毒瘾，重返社会。

近年来，海南吸毒人数持续上升。各级党委、政府在禁毒戒毒工作方面下了大力气，但形势仍然严峻，任重道远。"吸毒人员对老百姓、对社会的潜在威胁很大，只要一个村、一个小区、一条街道有吸毒人员的存在，那大家就会惶恐不安，甚至比有些刑事案件带来的社会心理伤害更难以消弭和恢复。"屈建民目光中充满了焦虑。他认为，劳教戒毒民警更应该"像父母、像教师、像医生"，更应该有高度的社会责任感，而不仅仅是一名法律工作者。

主动作为 树形象 求发展

谈到司法行政的其他工作，屈建民强调"作为"二字，提出了"以作为树形象，以作为求发展"的要求。

人民调解、普法宣传、法律援助等工作很重要，但没有一个衡量标准。到底要做到什么程度？要怎么做才叫好？这是屈建民履新以来思考最多的问题。

对此，屈建民说："责任比能力更重要，而对社会的责任感是一种最可贵的担当。下一步，要加强对司法行政干警社会责任感的培养和提升，尤其在调解工作和法律援助等领域更需要社会责任感、需要良心，需要奉献，需要服务精神。"他表示，2012年，海南省司法行政系统将围绕努力提升法律服务水平，努力维护困难群众合法权益，努力维护社会和谐稳定，加强社会管理创新，加强普法依法治理，推进法治文化体系建设等方面主动作为、主动服务，以作为树形象，以作为求发展。

贾志鸿

曾任海南省人民检察院检察长，二级大检察官。

—— 作者手记 ——

贾志鸿从1992年调到海南省人民检察院，算是从海南本土成长起来的大检察官，他对海南有深刻认识，对国际旅游岛建设有独到见解。本文是在他刚刚履新海南省人民检察院检察长时我对他的专访。他坦言只有保护好海南的青山绿水，才能吸引更多的国内外游客来海南旅游度假，全省检察机关将把维护海南生态环境作为检察机关执法工作重点，将加大对乱砍滥伐毁坏森林、海防林等违法犯罪行为的打击力度，从严查办环境污染违法犯罪案件，为海南生态环境"增绿""护蓝"。

贾志鸿：为海南生态环境"增绿""护蓝"

随着海南国际旅游岛建设的推进、三沙市的设立、文昌国家航天城的建成、亚洲博鳌论坛成功走过12个年头。海南岛，一个正在崛起的年轻省份，它的青山绿水、碧海蓝天吸引了越来越多的国内外目光，正在国际上扮演着越来越重要的角色。检察机关作为法律监督机关，如何更好地发挥其职能作用，保护好海南良好的生态发展环境成为其一个非常重要的任务。为此，特采访了海南省人民检察院新任检察长贾志鸿。

以执法办案为中心，既要"门面"好看，更要"拳头"过硬

执法办案是法律监督的基本手段，是检察机关的中心工作，其他各项检察工作都要围绕执法办案来开展，服从于执法办案。

贾志鸿作了一个很生动的比喻："如果说，公诉工作是检察机关的'门面'，那么查办职务犯罪就是检察机关的'拳头'。我们既要'门面'好看，更要'拳头'过硬。"

贾志鸿说，当前海南全省检察机关的重点工作是毫不动摇地抓紧抓好查办职务犯罪工作，紧紧围绕土地流转、涉农惠民、政府投资项目建设和生态环境建设四个重点领域，坚持"老虎""苍蝇"一起打，扎实开展为期两年的查办和预防发生在群众身边、损害群众利益职务犯罪专项工作，深入推进集中查办土地征用、出让、转让领域职务犯罪专项工作，加大对国土、资源、生态和环境领域职务犯罪打击力度。同时，结合办案加强预防调查、犯罪分析和对策研究，努力从源头上减少腐败发生。

"只有保护好海南的'青山绿水'，才能吸引更多的国内外游客来海南旅游度假，全省检察机关将把维护海南生态环境作为检察机关执法工作重点。"贾志鸿坦言，为海南国际旅游岛建设保驾护航，就必须加大对乱砍滥伐毁坏森林、海防林等违法犯罪行为的打击力度，从严查办环境污染违法犯罪案件，为海南生态环境"增绿""护蓝"。

服务保障"项目建设年"，深入推进派驻乡镇检察室工作

据了解，今年，海南全省拟安排省重点建设项目 349 个，其中新增项目 190 个，项目总投资 1.5 万亿元，涉及的土地征用面积、土地征用补偿款的量很大。

"如何预防和减少农村土地征用补偿款发放过程中的职务犯罪，确保征地补偿款能如数发放到农民群众手中，既维护好群众利益，又保障重大项目建设顺利推进，乡镇检察室在这方面大有作为。"贾志鸿说，"海

南在全国率先开展了派驻乡镇检察室试点工作。这是全省检察机关举全系统之力推动的一项创新性工作。乡镇检察室要通过参与重大项目建设和周边社会环境综合整治、配合地方党委政府化解矛盾纠纷、监督征地补偿款发放和管理等工作,来服务保障重大项目建设,助力海南科学发展、绿色崛起。"

贾志鸿认为,乡镇检察室只有结合农村实际进行广泛调研,全面掌握本地重点项目建设、本辖区内土地征用情况和社情民意,才能进行同步跟踪监督。要做到补偿款发放到哪个环节,乡镇检察室就跟踪监督到哪个环节,及时从中收集发现侵吞农民补偿款、侵害群众利益的职务犯罪线索。

贾志鸿表示,要以派驻检察室为"平台",把乡镇检察室工作与预防农村土地征用补偿领域职务犯罪、保障"两委"换届选举工作有机结合起来,增强敏锐性,从走访接访、化解矛盾纠纷、查办案件中发现征用补偿款发放,村务管理中存在的苗头性、倾向性问题,及时向地方党委政府提出对策建议,提升服务的针对性和实效性。

对自身腐败问题"零容忍",全力加强检察队伍建设

4月2日,海南省检察院召开全省检察机关反腐倡廉建设工作电视电话会议,传达学习全国检察机关反腐倡廉建设工作会议精神,回顾总结了我省五年来的党风廉政建设和反腐倡廉工作,并就2013年检察机关自身反腐败工作作出具体部署。

贾志鸿介绍说,海南检察机关明确以领导干部、重点执法岗位和关键环节为重点,已全面推进廉政风险防控机制建设,明确界定各类职责事项,查找廉政风险,评定风险等级,制定防控措施,不断规范权力运行,提高及时发现、果断纠错、督促问责的防控能力。比较2003年至2007年上一个五年,检察机关违纪违法立案数和追究纪律责任人数分别下降了37%和58%。

　　"打铁还需自身硬，对自身腐败问题坚决做到'零容忍'。"贾志鸿在谈到检察队伍建设时称，一定要紧紧抓住执法一线岗位、关键环节和领导干部等重点，教育、发现、查究"三位一体"，坚持有案必办、有腐必惩，坚决查究各类违纪违法特别是关系案、人情案、金钱案和执法不公、司法腐败的案件，坚决清除害群之马。

　　同时，以开展整治"庸懒散奢贪"为抓手，不断加强和改进作风建设。将专项整治与开展以为民务实清廉为主要内容的群众路线教育实践活动结合起来，与贯彻落实中央八项规定，省委、省政府二十条规定和高检院、省检察院的实施办法结合起来，围绕执法办案，下大力气解决执法办案中存在的突出问题，着力打造一支作风过硬、纪律严明、为民务实清廉的检察队伍。

　　目前，海南检察机关正逐步建立和完善公众投诉受理制度、网络巡查发现送查制度、违法违纪案件剖析和通报制度，不断增强自我净化、自我完善、自我革新、自我提高的能力。

马善祥

重庆市人民调解员，2014 年被评为"时代楷模"，2018 年党中央、国务院授予其"改革先锋"称号，颁授改革先锋奖章。入选"改革开放 40 周年政法系统新闻影响力人物"。

—— 作者手记 ——

本书中有三个人的事迹被拍成了电影，分别是《真水无香》的原型宋鱼水法官，《邹碧华》原型邹碧华法官，《幸福马上来》原型人民调解员马善祥，一并收录进这本书。他们三人不仅是道德模范，同时也是业务专家。当你走近马善祥，你也不得不从心底佩服，调解也是学问，也出专家，马善祥撰写了 152 本（共 520 多万字）工作笔记，总结形成了有 60 多种方法的"老马工作法"。2018 年 6 月 6 日，司法部为马善祥等 10 名调解员颁发"全国人民调解专家"证书。因为我被派在重庆记者站工作，所以对马善祥采访很多，走近他，你才不得不佩服他的"独门绝技"，感叹调解专家是如何炼成的。

"只要用心去调，就有解"

——时代楷模马善祥扎根基层 27 年调解矛盾有方法

"老文，你要多注意健康。你的情况我们已经向街道反映了，帮你申请了 1000 元稻草援助资金。"老马一边说一边为 75 岁的老兵文应明揉捏曾在战斗中受伤的腰部。

听着老马温和的话语，感受着腰间有力的按摩，文应明原本激愤的心情渐渐平复。经过老马分析，他渐渐打消了再去找单位的念头。"为了帮我渡过难关，老马还连续两次为我申请到 1000 元救助资金，解了我的燃眉之急。"文应明说。

"老马"名叫马善祥，是重庆市江北区观音桥街道办事处的一名人民调解员，也是"老马工作室"负责人。退休后，他坚持与群众在一起，已从事基层人民调解工作和群众思想工作 27 年，带领他的团队成功调解各类矛盾纠纷 2000 余起。

因工作突出，社会反响好，马善祥荣获了"2013 年感动重庆十大人物"称号以及中宣部授予的全国"时代楷模"称号。

2014 年 11 月，中共中央政治局常委、中央书记处书记刘云山来重庆调研期间，还专门与马善祥进行交流，并强调"着力弘扬法治精神，积极推动法治实践，把全面推进依法治国的任务落到实处"。

马善祥说，这么大一个国家，这么多人，天天都会有矛盾，但他有一个信念，"所有的人民内部矛盾都是可以解决的，办法总比困难多，但只要用心去调，就有解"。

经过 27 年基层调解工作的经验积累，马善祥对人民调解工作总结了一套完整的理论体系，更有一套得心应手的调解方法，形成卓有成效的"老马工作法"，重庆市司法局还开展了由他亲自讲课的人民调解万人大培训活动。

用感情感动群众

扎根基层，对群众充满感情，是马善祥从事人民调解事业热情不减的动力。重庆某土石方公司吊车司机崔开建因房屋纠纷，过度伤心，晕倒在施工现场，滚下十多米深坡，摔断左腿。生活的不顺、身体的伤痛，让小崔身心俱疲，产生了轻生的绝望想法。

老马得知后及时介入，先后五次去医院看望他，十多次与其家属交谈，历时 3 个月终于帮助小崔解开了心结。崔开建说:"我永远都不会忘记你,在我最困难最不想活下去的时候,是你时时在牵挂和鼓励我,你为我做了太多的事!"

老马虽然不是万能的,但有事找老马准没错。早在 2012 年,一家饭店老板袁世新、李成芬夫妇,因城市拆迁改造,门面被强拆,一度陷入痛苦和绝望之中。

经马善祥调解,达成调解协议后,袁世新夫妇专门给马善祥写了一封感谢信,信中写道:"感谢你对我们自始至终的关怀,特别是我们被强拆之后,你及时写给我的那封信,让我感动得流泪,阻止了我当时轻生的念头,让我坚强地去战胜困难,使我终身不忘。"

在 2013 年度"感动重庆十大人物"颁奖晚会上,老马说,身为干部,要让群众感受到我们与群众始终在一起,"群众被你感动,他就会为你改变!"

用真相消除矛盾

2014 年 2 月,一名 66 岁的中年妇女做手术时死在病床上,家属情绪激动,认为是医疗事故,要求医院赔偿损失;医院则表示按规程操作,病人死亡纯属意外。双方争执不下,家属将死者遗体抬到医院门口,矛盾一触即发。

老马了解情况后及时介入,列出七条事实:医院低估了手术风险;医护人员技术、设备存在局限,病人昏迷后找不到原因;不排除麻醉过敏导致意外死亡;病人患有糖尿病,术中可能产生生理变化导致死亡;手术有风险;所有证据证明医院未违规操作;病人术前签署了手术知情同意书。

在这客观公正的七条事实面前,双方哑口无言,都服气了。最终,双方接受老马提出的赔偿方案,一起复杂的医患纠纷就此得以化解。"事实真相决定责任,责任决定赔偿,"老马说,"只有还原真相才能真正消除矛盾。"

"老马工作室"的书柜上摆满了整整一层的笔记本，每本上面都标明了时间和序号。27年来，老马边工作边摸索，基于大量实例写出152本、520多万字的工作笔记，总结形成"忍辱负重""肢体语言"等60多种富有成效的"老马工作法"。

"群众要出几口气，干部就要受几口气，群众才能够信任你。"老马在央视《时代楷模发布厅》介绍他的"忍辱负重工作法"时说，"困难群众生活过得去，我们当干部的良心上才过得去。"

老马认为，为群众办好一件事，需要很多思考和琢磨，"基层老百姓很可能一辈子就找领导干部办一件事，办好了会记一辈子的好；办得不好，很可能会一辈子记党和政府的不好。所以群众工作事关社会稳定、人民幸福"。

用坚持回答"为了谁"

"父亲对外人比对家人好。"老马的儿子马仁驹曾经一度对父亲不理解，每当这时，老马总是纠正他："那不是外人，是群众！"

"我在街道工作这么久，无论去哪个地方办公，都要求一定要给我安排到进大门的第一间房子。"老马说，工作室不能藏着掖着，一定要让群众第一眼就能看见。

猫儿石社区居民何庆中说，老马是社区居民最信赖的人，"他的话，居民们最听得进去"。老马的邻居张富新说，不少人认为群众素质高低不齐，不通情达理。但是老马始终坚信群众是通情达理的，站在客观立场上坚决维护群众合法权益，赢得了群众的信任和拥戴。

2012年，因为年龄原因，老马不再担任领导职务，他提出的唯一要求就是继续做群众工作，他说："我要干到80岁！"

"老马工作室"工作人员王俊说，在日常工作中，老马不止一次告诉她"一定要带着感情做群众工作"，工作久了会松懈、会枯燥，但要做到

"N+1"次的坚持，一心为了群众、真诚对待群众。

"用'N+1'次的坚持，一切从群众的需要出发"，把群众的小事当作自己的大事，引导群众在矛盾旋涡中保持理性克制并促成矛盾的化解。马善祥二十七年如一日，用实际行动对"为了谁，依靠谁，我是谁"这个问题作出了令人信服、令人感动的回答。

江北区委政法委干部吉琳深有感触地说："能够把群众的小事当作自己的大事，能够引导群众在矛盾旋涡中保持理性克制并最终促成矛盾化解，这就是我们政法干部从马善祥身上看到的优秀素质，这永远值得我们学习！"

张轩

曾任重庆市高级人民法院院长，二级大法官，重庆市委副书记，现任重庆市人大常委会主任。

—— 作者手记 ——

重庆市人大常委会主任张轩，法律院校出身，做过重庆市高级人民法院院长和重庆市委副书记，对立法、执法、司法、守法等法治建设的全过程无疑有较深的认识和体会，事实亦如此。专访过张轩主任两次，亲切端庄，成竹于胸，严谨细致，表述非常清晰和准确，连那些数据性的信息我后来核对时也准确无误。下文是2016年全国"两会"上对张轩的专访。

改善法治环境　推动经济发展

——访重庆市人大常委会主任张轩

党的十八大以来，重庆以其经济持续快速发展，外商投资逆势持续增长，生态环境美丽宜居，法治环境公平有序聚焦了各界目光。人们在追问，一个西部内陆城市，为什么会取得如此骄人的成绩？

我们很容易看到经济数据、生态环境，它光鲜亮丽地摆在那里，不管你关不关注。而追问之下，背后显得默默无闻的公平有序的经济发展法治环境亟待更多关注。近年来重庆围绕经济发展法治环境做了哪些工作？为此，特专访了全国人大代表、重庆市人大常委会主任张轩。

"党的十八大提出全面推进依法治国，人大主导的立法工作是执法、司法、守法的重要基石，在依法治国的大背景下，人大立法工作越来越凸显它的重要作用。"张轩说。

自 2013 年以来，重庆市四届人大及其常委会坚持问题导向，先后开展了全面清理地方性法规、专项评议政府企业发展法治环境工作、专项评议政府规范性文件备案审查三项立法相关工作。

委托第三方清理地方性法规

地方性法规的质量直接关系到依法治市的质量，随着经济社会的快速发展和法治建设的深入推进，有的法规已与改革发展形势不相适应。

"我们这届人大工作的特点就是以问题为导向，在制定五年立法规划时，首先要摸清我们地方性法规的家底，发现存在的问题。"张轩介绍说。

2013 年 6 月 21 日，重庆市人大常委会与西南政法大学签约，正式委托该校对现行有效的 195 件地方性法规进行全面清理，西南政法大学调集了 600 多名教职员工分组参与了为期 6 个月的清理工作。

张轩告诉记者，法规清理是一项重要的立法活动，委托高校对现行地方性法规和政府规章进行全面清理，是地方立法工作方式方法的一次大胆尝试，在全国尚属首次。

"没有委托了事，我们始终坚持对法规清理工作的主导，与学校保持密切沟通，指导协调。"张轩介绍。

作为被委托方的西南政法大学严守清理标准，深入查找问题，有针对性地提出了立法建议。"主要问题找得全、准、明，提出的立法建议具有较高的参考价值。"张轩这样评价西南政法大学提出的立法建议。

"法规清理成果的价值在于运用。"张轩说，西南政法大学建议"尽快修改"的法规，被优先纳入立法规划的有 34 件，此外，很多建议废止、合并、新制定地方性法规的建议，也在立法规划编制过程中受到高度重视。

"在对地方性法规全面清理的基础上，形成了我们五年的立法规划。"张轩介绍说，市政府发现了这项清理工作的价值，也委托西南政法大学

对政府规章进行清理，清理后，市政府一次性废除了二十多件政府规章。

专项评议企业发展法治环境

法治环境在企业发展大环境中是至关重要的一环，为保障各方利益，2014年，重庆市和区县两级人大常委会联动，决定对政府企业发展法治环境工作开展专项评议。

"专项评议是通过对企业召开调研座谈会收集意见、委托第三方对于企业相关的规范性文件进行评估、专题调研小微企业发展环境状况等具体措施开展的。"张轩告诉记者。

通过专项评议，工作组发现了企业发展法治环境工作存在的主要问题。

首先是部分规章和规范性文件质量不高；其次是政府职能转变还不到位，有的履行市场监管职能缺位。据问卷调查统计显示，有23%的调查对象对政府职能部门日常监管履职的评价是"一般"和"不满意"。

此外，违法违规行政时有发生，落实惠企政策措施打折扣，企业投诉工作需要切实加强。据市社情民意调查中心电话调查反映，企业对投诉工作表示"一般""不满意"和"说不清"的占45%。

"调研的时候我们发现，人大与企业召开座谈会时了解的情况与从政府部门了解到的情况差距较大。"张轩介绍说，"比如，在小微企业的贷款支持上，贷款数额就有几倍差距。企业如果享受得到某些政策，付出的成本代价比享受到政策本身要多。"

针对评议中发现的主要问题，2014年9月，市人大常委会对改善企业发展法治环境工作从加强制度建设、优化行政审批、强化监管职能、加强依法行政以及改进涉企服务五方面提出了建议。

"这次工作评议抓住了'发展'与'法治'的链接点，进一步释放了企业发展活力，改善和优化了我市企业发展法治环境。"张轩说。

规范性文件不公开则无效

规范性文件是实施宪法、法律及法规的重要载体。重庆市把加强和改进规范性文件备案审查工作纳入全面推进依法治市的重要任务。

"针对调研中发现的政府文件不规范的问题，2015 年 2 月，市和区县两级人大常委会联动，对政府规范性文件备案审查工作进行了评议。"张轩介绍说。

评议工作是如何开展的呢？张轩说，除了细化工作方案、抓实自查清理、深入调查研究，注重上下联动、推动边评边改也都是备案审查工作评议的重要手段。

"评议调研时发现了一些问题，比如在某个行业，一个月内，三个不同部门起草的三个文件对同一事项的规定就不同。"张轩说。

针对评议中出现的问题，2015 年 10 月，市政府正式向市人大常委会报送了《政府规范性文件备案审查工作整改方案》，将问题逐一分解落实到市政府有关部门和单位。

"评议中我们发现政府一些部门不清楚什么是规范性文件，加上我们国家法律规定也比较原则，所以这次清理就比较全面，比如，政府出台的有普遍约束力的会议纪要等都纳入了清理。"张轩谈道，2015 年，市政府共对两万多个文件进行了清理，其中，有 13000 多件是规范性文件，之后废除了 7105 件。

通过对规范性文件备案审查工作评议，重庆摸清了政府规范性文件家底。市政府于 2015 年 7 月以规章形式出台了《重庆市行政规范性文件管理办法》，对规范性文件从制定、发布、备案、实施、清理到监督的全过程管理作出明确具体规定。

"办法规定今后政府出台的规范性文件若不公开，视为无效，不得作为执法依据。这对重庆法治建设而言是一个非常大的进步。"张轩说。

2015 年 11 月 23 日，国务院法制办在云南昆明召开全国完善规范性文件合法性审查机制座谈会，对重庆市政府规范性文件管理工作予以高度肯定，并将重庆市确定为全国完善规范性文件合法性审查机制试点单位。

在回答关于经济快速增长与法治环境向好的关系问题时，张轩说，地方法治环境好，企业就会有信心继续投资、继续创业。人大一方面要通过监督为经济发展扫清障碍；另一方面要通过立法推动经济发展，同时促进政府法治意识不断增强，依法行政，努力为经济快速发展营造一个良好的法治环境。

吕良彪

北京大成律师事务所高级合伙人，中国人民大学律师学院客座教授，央视财经频道特约评论员，曾获全国律协"特别贡献奖"。

—— 作者手记 ——

刚到报社工作就认识了北京大成律师事务所吕良彪律师，他那时刚从江西的法院出来到北京做律师不久。做过新闻发言人的他风趣幽默，很有腔调的样子，他调侃自己不务正业，做律师就好好做律师吧，却又喜欢舞文弄墨、写写文章什么的，那又得花去很多时间。他写书、写博客、上电视做评论员，是律师界的"大V"，许多公共事件都可以听到他的声音，他有批判精神，却不赞同"死磕"。他曾获全国律协"特别贡献奖"。

法学教授是否应兼职做律师再引热议

从事法学教育、研究的教师是否应该兼职做律师？这一在法律界争论数年的话题，如今又起波澜，成为一些法律界人士热议的话题。

支持方：利于律师整体水平提升

"兼职律师的教师在实践中积累了丰富的案例，更能洞察法律适用中的关键环节，使教学更具有针对性。同时，丰富的内容积累也使得教学更加真实、生动，让学生能够更好地理解知识。"西南政法大学多名法学教授说。

据重庆市律协统计，截至 2016 年 12 月 31 日，重庆市有兼职律师 427 人，占总数的 4.99%。兼职律师主要由政法院校的教授与社科院的法律相关专业研究员组成，不过大部分是教授。

重庆市司法局律公处处长彭建军说，法学教授兼职律师，在一定程度上有利于律师队伍的壮大与整体水平的提升。在律师制度建立之初，我国律师只有 200 余人，不能满足社会对律师数量的需求，让法学教授兼职律师，能增加律师数量，缓解供需不平衡的矛盾，这也是兼职律师制度施行的一个原因。

重庆市律协主席韩德云的观点与此不谋而合。他说，"法学教授是否应该兼职律师，要看整个律师服务市场的供给，律师的数量和质量是否能满足需求"。不过，他同时亦表示，"这个标准不好判定"。

在采访的样本中，有 32% 的受访者赞成法学教授兼职律师，在这一人群中，法学教授可谓"主力军"。

2007 年，西南财经大学法学院教授吴越曾反对法学教授当律师，但这么多年过去了，情况发生了变化，他的观点也发生了变化。

吴越说："教授兼职需要经过学校同意，学校也有对教师教学科研的各项考核指标。教授如果把兼职当主业是不能通过学校考核的。当初反对教授兼职律师，主要是有的人确实不以教学为重。"

吴越认为，法学教授有着自身的工作和收入，经济压力相对较小，更能关注一些专职律师不愿关注的问题。同时，法学教授往往更珍惜自己的名誉和身份，能为社会提供更优质的法律服务。

反对方：有违公平影响司法公正

在采访中，大约有 52% 的受访者明确表示不赞成法学教授兼职律师。这些受访者的反对原因主要有三：教授的天职是教书育人和治学，从职业伦理讲应该专注于此；教授作为公共知识分子应该相对超脱、中立；教授兼职兼薪律师有损公平。

2007 年，北京市人民检察院王新环博士曾撰文《法学教授不宜兼职律师业务》。10 年过去了，如今在接受采访时，王新环仍不改当初的观点，并透露他正准备再撰写一文重申此观点。

"学者一旦名利缠身，学问距离终结不远。"王新环说，"教授是被社会寄予厚望的精英人群，民众把对知识的信任与尊重集中到教授身上，民众希望当社会典型性事件发生时，教授能作为超脱、中立的人群站出来发表言论。有些学者言论有失公允，究其原因，背后往往可以揪出兼职的尾巴"。

律师吕良彪与王新环的观点不谋而合。"追求一个'大师辈出、学者尊严立世'的伟大时代，是知识分子共同的历史使命。"吕良彪认为，今天的个别知识分子已经丧失了其作为知识分子的使命感，纷纷"争名于朝"或"争利于市"，陷入名利场而远离学术。

"我上大学时的民法老师是知名教授又是知名律师，一学期大部分时间都是他带的学生给我们上课，连最后期末考试都是叫学生来划重点，因为他的业务太忙了。"重庆法官小徐用亲身经历点出了教授兼职律师不利于教学的事实。

除此之外，多数反对者认为法学教授兼职做律师有违公平。重庆某区人民检察院检察长谈及此话题时斩钉截铁，"坚决反对，因为鱼和熊掌不可兼得"。

这用王新环博士的话来解释，就是"教授兼职律师，实则是一方面享受政府提供的盛宴，一方面又通过兼薪获得夜宴"。

多数反对者认为，法学教授如果兼职做律师，他们除了享受有保障性的工资性收入，还享受着律师所不具备的职业尊荣、社会地位、单位福利、职业保障等非货币收入。兼职牟利，这恰恰是一种不公平。

一名律师说，有个别法学教授利用自己"教授"的身份招揽生意，对外扬言法官是自己的学生。在他看来，这种行为颇有权力寻租的嫌疑，影响司法公正。

折中方：建议纳入公职律师范畴

一场争论，见仁见智，谁也无法说服谁。

他山之石，可以攻玉。其他国家对此又是怎么规定的呢？

据了解，国际上允许有之，禁止有之。德国等禁止公立大学法学教授兼职律师；美国、韩国等则允许法学教授兼职律师，但后者私立大学是大学构成主体。于是，就有人提出，中国的大学多是公立大学，所以法学教授不宜兼职律师。

支持者认为法学教授兼职律师可以将理论与实践相结合有利于教学，反对方则认为现在高校的"双导师制"就能很好地解决这一问题，即同时让实务部门的人员如律师、法官、检察官等来兼任导师。

关于律师队伍整体水平得到提高的说法，吕良彪认为站不住脚。"就案件裁判而言，法官、仲裁员群体的实务操作专业水准往往高于教授群体。"他说，"我们不能为追求所谓'专业水准'而牺牲法治应有之原则，公职人员原则上不得兼营商业事务牟取利益，这是法治社会的共识"。

重庆某大学的知情人士告诉记者，大学教授兼职律师需要学校批准，如果该教授在学校还担任领导职务，那么他要获准做兼职律师会比普通教师更难。对于兼职与教学的关系，相信学校可以把好关。

即便能处理好兼职与教学的关系，吴越也特别谈到教授在代理案件时应该有所选择，多做公益性案件。他举例说自己曾经拒绝了为环境侵权案的加害方做辩护。

吕良彪认为，公立大学法学教师可以撰写文章、出具法律意见、代理公益性案件并获取相应报酬，但不宜直接代理商业性案件或收费过高的刑事、行政案件。

有的受访者提出了折中的解决之道，建议将法学教授纳入公职律师范畴，也可考虑将法学教授列为法律援助值班律师。

任一民

浙江京衡律师事务所管理合伙人，浙江省破产管理人协会会长，中国人民大学破产法研究中心研究员。

——作者手记——

2017年在全国首例"A+H"股上市公司破产重整案件——重庆钢铁重整期间，我的好朋友北京外国语大学法学院教授刘静，邀约了有破产管理丰富经验和理论功底的几位律师和我一起关注并研究重钢破产重整。任一民律师在其中倾注了很多的心血，我围绕这个主题作了三篇深度报道，每一篇任律师都是主要的受访嘉宾。选入的这篇是对所有破产重整的上市公司的整体分析。在此也对刘静教授和其他专家一并表示感谢。

50家上市公司重整平均用时148天，小股东权益一定程度上优于债权人

破产重整作为企业破产法新引入的一项制度，近年来被越来越多的濒临破产的上市公司采用。

据统计，自破产法实施至2016年底，国内法院共受理了50家上市公司重整案件，均获成功，平均用时148天，彰显上市公司壳资源独特的商业价值。

业内人士分析，上市公司作为公众公司破产重整与非上市公司相比，受到了法院、地方政府和证监会的特别关注，上市公司所在地的地方政

府均在法院受理前出具了维稳预案。而其最大的不同，体现在重整方案中：小股东权益在一定程度上还优于债权人。这种对股民特殊保护的安排甚至突破了公司法原理，是中国资本市场的独特现象。

13家重整计划为法院强制批准

破产重整的50家上市公司中，上交所20家，深交所30家。按照上市公司进入重整程序时控股股东的性质划分，国有企业共25家，民营企业23家，另有2家无实际控制人。

"这50家上市公司大部分在重整受理前3年的营业收入为下降趋势，且在重整受理前均呈现连续2年或3年亏损态势。"浙江京衡律师事务所执行主任、中国人民大学破产法研究中心研究员任一民对此有专门研究。他说，有些公司已经没有主营业务，或虽有主营业务，但因流动性不足或有效资产被法院查封或执行，无法继续营业。

据统计，法院受理50家上市公司重整时，共16家上市公司股票处于"暂停上市"状态，其余34家上市公司股票处于被实施风险警示的状态。

对于重整期间的管理模式，任一民研究发现，有12宗采用债务人管理模式，但其余38宗均采取管理人管理模式。

这50家上市公司在重整方式上也存在着差异，合计有25家对全部资产和营业事务进行了全部剥离处置，有9家则剥离处置了部分低效资产或营业事务。另有16家则在重整程序中保留了原有的核心资产与业务，重整程序终结后原有主营业务继续经营。

任一民还发现，重整计划报请法院审批前，并不是所有的均通过了各表决组表决同意，有13家上市公司的重整计划是由法院强制批准的。

在重整程序与重大资产重组的衔接上，绝大多数都是在重整计划获得法院批准后才启动重大资产重组，到目前为止只有一家成功实施了重整与重大资产重组同时操作，即2016年南京中院受理的舜天船舶重整案件。

上市公司"壳资源"是成功关键

在任一民看来，50 家上市公司重整成功有 4 个关键因素。

第一，上市公司的主体资格具有较高市场价值。任一民表示，实施审核制模式的上市公司尚属于一种稀缺资源，上市公司的"壳资源"具有较高的市场价值，因此，相比较处于财务困境的非上市公司，上市公司的主体地位，使其具有了独特的商业价值。

第二，对重整投资者具有较强吸引力。任一民说，对于重整投资者而言，既可以采取剥离原有资产和主营业务，注入投资者自身持有的优质资产，从而完成"借壳上市"的目标；同时也可以采取保留或部分保留原有业务，再由投资者注入优质资源，完成业务整合，取得更优业绩，从而使其投资或注入的优质资产获得较好回报。

因此，上市公司重整过程中，往往比较容易招募到众多重整投资者。其中既有产业投资者，也有愿意跟进提供财务支持的财务投资者。

第三，重整成功将降低债权人的损失。进入重整程序的上市公司往往处于严重资不抵债状态，且核心资产（如有）均已设定抵押、质押担保，如果公司破产清算，普通债权人清偿率往往几近于无。但公司若能重整成功，则可以大幅提升普通债权人的受偿率。

2015 年至 2016 年，随着"壳资源"价值的提升，不少重整案例的普通债权人清偿率获得大幅度提升，譬如，2015 年受理的新亿股份和 2016 年受理的川化股份，受偿率从清算条件下的 0 分别提升至 60% 和 50%。

第四，股东权益得到较好维护。50 家重整的上市公司的股东，特别是那些小股东，虽然在重整程序中可能需要让渡通常不超过 20% 的股份，但是当重整投资者注入优质资产后，其所持股权往往会获得高额溢价，溢价收益通常都会超过股份比例让渡所带来的损失。

股民权益受到特别优待

在对 50 家上市公司重整的特点进行分析后，任一民认为上市公司重整具备 7 个特点。

第一，受理程序相对复杂。申请人申请上市公司重整，除提交企业破产法第八条规定的材料外，还应提交关于上市公司具有重整可行性的报告、证券监督管理部门的意见以及上市公司住所地人民政府出具的维稳预案等。

同时，人民法院对上市公司重整申请进行法律审查之后，在裁定受理之前，还应当将相关材料逐级上报最高人民法院审查。非上市公司则只需由有管辖权的法院审查即可。

第二，指定的管理人较多采用清算组模式。目前受理的 50 家上市公司重整案件中，有 12 宗是直接指定中介机构担任管理人，其余 38 宗均指定清算组出任管理人。而这些清算组的成员往往是地方政府部门领导和中介机构共同组成。

虽然近 5 年指定中介机构担任管理人比例有所提升，但主要集中在华南和部分华东地区受理的案件，其余地区受理的上市公司重整案件，大多数还是采取指定清算组出任管理人。

第三，债转股模式运用较多。50 家上市公司重整中，有 20 家上市公司采取了以股票抵偿债务的模式清偿债权，用以清偿的股票除了部分源于原股东的股份让渡以外，其他大都是先采取资本公积转增股本，然后以转增股份抵债的方式清偿负债。

第四，出资人权益保障往往能够比较周全。任一民告诉记者，依据公司法原理，股东对其投资公司承担有限责任，股东的权益应列后于公司债权人。因此，在非上市公司重整中，如债权人无法获得足额清偿，那么股东权益往往调整归零。

但是在上市公司重整中，则突破了该公司法原理，小股东权益在一定程度上还优于债权人。这是中国资本市场上比较独特的现象。

第五，重整周期相对较短。由于进入重整程序的 50 家上市公司，均带有退市风险警示的 *ST 标志，或者面临更为严重的退市风险，由此一来，上市公司的重整期间往往比较短：50 家上市公司平均重整期间为 148 天，相对于非上市公司重整，这一期间算是较短的。

第六，强裁比例较高。如前所述，现有 50 家上市公司重整中，有 13 家上市公司的重整计划是通过法院的强制批准获得通过的，占比高达 26%。这与实践中的非上市公司重整的强裁相比，应该说占比是相对较高的，这是上市公司重整的另一个特点。

对于出现这一现象的原因，任一民认为，应该与上市公司重整牵涉利益主体众多，利害关系人之间的利益冲突比较激烈有关。

第七，法律适用相对复杂。相较于非上市公司重整，上市公司重整在法律适用上尤为复杂，且对利害关系人权益影响巨大。譬如，退市规则标准的变动、重大资产重组规则的调整，等等，均将对上市公司重整的实际效果带来实质性甚至是关键性影响。

刘竹梅

曾任最高人民法院第五巡回法庭分党组副书记、副庭长。现任最高人民法院赔偿委员会办公室主任，全国审判业务专家。

—— 作者手记 ——

以前刘竹梅法官在最高人民法院民二庭的时候就认识，但没有单独采访过，后来她派到第五巡回审判法庭做副庭长，我们的工作联系就多起来，两年的时间里，我单独采访了她三次。刘庭长工作繁忙，但每次都很有耐心地接受我们的采访，有时还会叫上其他法官，大家一起讨论。五巡的工作有很多亮点，很多创新，每次见面我都受益匪浅。此次选入的是采访她本人主审的一个案件，从中可以一睹她的裁判思维和驾驭庭审的能力。

第五巡回法庭开审亿元合同纠纷案

原本只容纳 500 人的模拟法庭，挤满了来自各个学院、不同专业的550 名学生，过道里满满的都是人。这是近日出现在西南政法大学模拟法庭一号庭的一幕。三个小时的庭审，旁听席没有一丝杂音，更没有人员随意出入。

近日，在前期双方多次的沟通协调下，最高人民法院第五巡回法庭在西南政法大学公开开庭审理一起合同纠纷二审案件，第五巡回法庭副庭长刘竹梅亲自承办并担任审判长，正式敲响了第五巡回法庭"庭审进校园"第一槌。

判赔超 1 亿各方上诉至最高法

根据一审查明的事实，2007 年 10 月 8 日，中铝重庆分公司为其年产 80 万吨氧化铝项目发布采购石灰、石灰石招标。涪立公司通过投标并中标后，与中铝重庆分公司签订协议书，约定涪立公司投资建设并经营石灰石矿及石灰生产线，中铝重庆分公司定向采购满足其数量和技术指标的石灰和石灰石，并对具体供货要求、技术指标、价格数量、违约条款，约定每两年签订一次供销合同。

协议签订后，涪立公司完成了前期项目建设及生产线建设。从 2010 年 10 月 19 日开始，双方开始签署一系列购销合同，但实际过程中均未按照合同完全履行。直至 2014 年 6 月 13 日，中铝重庆分公司向涪立公司发出《关于暂停收购石灰、石灰石的函》，明确因氧化铝行业亏损，决定暂时停产。

2015 年 6 月，涪立公司向重庆市高级人民法院起诉，请求判令解除 2007 年签订的协议书，并由中铝重庆分公司及中铝公司共同赔偿项目前期费用、工程建设损失、未履行购销合同损失、安置员工损失、存货等共计 1.6 亿余元。中铝公司及重庆分公司不同意解除合同，认为涪立公司应自负盈亏，且项目是暂时停产，其诉请无请求权基础，购销合同也约定重庆分公司有权终止合同，并就此提出反诉请求。

一审中，经涪立公司申请，对工程造价、工程残值、利润损失、前期费用等进行了鉴定。对于中铝公司及重庆分公司的反诉申请，一审法院裁定不予合并审理，并认为中铝公司因自身经营原因导致未按约定收购产品，且明确表示长期暂停收购，案涉协议合同目的已无法实现，应承担违约责任，判决确认案涉协议解除，中铝及重庆分公司共计赔偿损失 1 亿余元。

一审判决后，各方当事人均不服，上诉至最高人民法院第五巡回法庭。第五巡回法庭受理后，依法组成合议庭公开开庭审理了该案。

法庭确立庭审四大焦点问题

谈及该案审理的重点和难点，刘竹梅表示，该案开庭前，合议庭进行了庭前合议，根据当事人的诉请确立了庭审的四大焦点问题。

第一点是中铝公司及重庆分公司的反诉是否成立。

第二点是合同的性质，这两点是案件审理的前提。因为中铝公司及重庆分公司的反诉是否成立，意味着案件不同的审理方向；而合同是预约合同还是本约合同，则将直接导致最后损失的认定适用不同的规则。所以，需要先就上述两个前提性的问题听取各方当事人的意见。

第三点则是合同的解除，即是当事人依照法律规定和合同约定请求解除合同，还是法院依职权判定合同是否解除。如果是前者，需要法院判令解除合同的话，就要判定当事人是否构成违约；如果是后者，需要法院确认解除合同的话，就要审查当事人的行为是否符合合同解除的要件。如果合同能够解除，就要根据双方在合同履行过程中违约责任的大小，确定合同解除后相关的责任。

第四点是损失的计算问题。刘竹梅说，一审法院委托鉴定机构对损失作了四份鉴定，但诉讼双方对鉴定都有意见，均对鉴定结果提出异议，所以二审还需要对相关损失进行核对，对损失范围作进一步认定。

此案还存在反诉是否构成等一系列的法律问题，涉案相关法律问题之多、案情之复杂、标的额之大，是在场旁听的学生从未接触过的。2016 年 12 月 29 日，最高人民法院第五巡回法庭在重庆市正式挂牌办公，管辖重庆、四川、贵州、云南、西藏 5 省区市有关案件。截至 9 月底，该院已受理各类案件 1300 余件。

案件背后
让学生聆听来自最高法的声音

谈到第五巡回法庭"庭审进校园"的意义，第五巡回法庭副庭长刘竹梅表示，这不仅是第五巡回法庭第一次将开庭安排到校园里，也是西政学生在自己校园第一次旁听到最高人民法院的庭审，其目的是要让同学们亲身感受最高人民法院庭审的规范性和严谨性，让同学们对标准化庭审有一个直观的了解。"一个完整的庭审不仅是按照程序把流程走完，随着庭审的进行，在整个庭审中会有一些突发的事件，这就需要法官具备驾驭庭审的能力。"刘竹梅说。

此外，要让同学们看到，庭审在案件审理中的关键作用。庭审实质化更多的是从刑事审判提出来的，但是我们也在思考民事诉讼的庭审实质化，如何让庭审在案件审理中发挥更关键、更直接、更实质化的作用，是我们一直关注的问题。

"通过庭审，同学们可以了解最高人民法院审理的案件的复杂性，使学生能够领悟到，作为一名法律人，将要面对的案件不仅是非黑即白，如何在这些没有绝对对错的案件中作出判定。"刘竹梅说，最后，希望同学们知道，一个成熟的法律人需要有多方面的积累，既要有程序法、实体法知识，也要有基本法、部门法的专业积累。在这些复杂的案件当中，需调动自身所有法律知识的储备。

杨临萍

曾任最高人民法院民一庭庭长、民二庭庭长，现任党组书记、重庆市高级人民法院院长，二级大法官，全国审判业务专家。

——作者手记——

杨临萍院长来重庆高院履新后不久，我就去拜访采访她，女大法官在我这个法科生心中一向神圣，中国的女大法官也屈指可数，之前仅仅采访过福建高院院长马新岚大法官。临萍院长身上仿佛有一种磁场一下把我吸过去，她满足了我对中国女大法官的所有想象：知性、端庄、睿智、不怒自威、气场强大，又令人舒服，绝不是咄咄逼人、盛气凌人那种，有种大气之美。我们一见如故，相谈甚欢，碰撞出很多思想火花，交谈中见识了她的学问、担当、魄力，这也在以后的工作中得到了证明。

立足审判高质量服务　保障经济社会发展

——重庆高院院长杨临萍代表一席谈

习近平总书记对重庆提出的"两点"（西部大开发的重要战略支点、处在"一带一路"和长江经济带的联结点）定位、"两地"（建设内陆开放高地、成为山清水秀美丽之地）、"两高"（努力推动高质量发展、创造高品质生活）目标和营造良好政治生态、做到"四个扎实"（扎实贯彻新的发展理念、扎实做好保障和改善民生、扎实做好深化改革工作、扎实落实"三严三实"要求）的重要指示要求，为重庆各项事业发展指明了前进方向。

就重庆法院如何立足审判实际，为经济社会发展营造安全、透明、有序的法治化环境等问题，特采访了全国人大代表、重庆市高级人民法院党组书记、院长杨临萍。

依法服务　狠抓落实

"重庆法院妥善处理在推进供给侧结构性改革中发生的各类诉讼案件，做好破产企业救治和清算工作，审结破产案件 142 件，盘活企业资产 71.82 亿元。"杨临萍说。

"为供给侧结构性改革提供坚实司法保障的同时，我们紧紧围绕党中央和重庆市委的决策部署，在推动经济社会高质量发展上狠抓落实。"杨临萍说，重庆高院发布《民营企业法律风险防控提示书》，为企业安全稳定发展构筑司法"防火墙"，这在全国尚属首次。

2018 年，重庆法院审结涉民营企业案件 128625 件，挽回经济损失近 500 亿元。全面构建"1+X"民营经济司法保护工作机制，提升了司法服务民营经济发展的能力和水平。

重庆法院积极融入国家战略，出台深入实施内陆开放高地建设司法保障 16 条。成立两江新区（自贸试验区）法院，设立内陆开放法律研究中心，为内陆开放高地建设提供有力司法保障。

"与此同时，重庆法院强化上游意识，担起上游责任，推动长江经济带'11+1'省市高级法院在重庆签订环境司法协作框架协议，会同市生态环境局出台办法，为生态文明建设提供司法服务和保障。"杨临萍介绍说。

保障法治化营商环境

好的经济发展环境，可以消除影响经济发展的各种障碍和不利因素，为招商引资和企业发展创造条件。"重庆法院审结与经济发展密切相关的

一审民商事案件 304439 件，标的额 1273 亿元，维护了市场经济秩序。"杨临萍说。

重庆法院依法惩罚犯罪，维护稳定有序的社会经济秩序。扎实开展扫黑除恶专项斗争，依法审结涉黑涉恶案件 97 件 645 人，合力扫除恶势力犯罪集团和团伙 59 个。

扫黑除恶的同时，重庆法院审结涉众型经济犯罪案件 403 件，妥善审理金万科公司非法吸收公众存款等一批重大金融案件，服务、保障、防范、化解金融风险。

杨临萍说，重庆法院积极为创新驱动发展提供司法保障，制定知识产权民事诉讼证据指南，审结一审知识产权案件 9830 件，轩尼诗商标侵权案等 3 件案件入选中国法院 50 件典型知识产权案例。

监督和支持行政机关依法行政，维护行政法治环境，是重庆法院优化营商环境着力推动的重要环节。"全市法院审结一审行政案件 8361 件，行政机关负责人出庭应诉 1849 人次。开展法治讲座 424 次，到院旁听庭审 17746 人次，助推法治政府建设。"杨临萍介绍说。

此外，重庆法院加大推进基本解决执行难工作力度，保障各类市场主体胜诉权益得到及时实现。2018 年，受理执行案件 281726 件，执结 237526 件，执行到位 325.47 亿元。基本解决执行难工作先后 7 次受到最高人民法院肯定。

坚持稳中求进工作基调

杨临萍说，下一步，重庆法院将坚持稳中求进工作基调，坚决落实防范化解重大风险政治责任，为经济社会发展提供更优质高效的司法服务和保障。

深入发挥司法服务保障改革发展稳定大局作用。将严惩各类犯罪，纵深推进扫黑除恶专项斗争，全力维护国家安全和社会稳定。加大保护产权和民营经济力度；依法平等保护民营企业合法权益；妥善审理消费、投资、贸易等纠纷；提升金融、破产、知识产权和涉外审判能力。

不断满足人民日益增长的美好生活需要对司法的新要求。将积极推进诉讼服务现代化，完善重庆"易法院"App功能，创新发展新时代"枫桥经验"，完善非诉讼纠纷解决前置机制，推进矛盾纠纷源头治理。妥善审理教育、就业、医疗、社保等民生案件和"三农"案件，维护群众合法权益，助力乡村振兴。深化执行长效机制建设，切实解决执行难。

将以更严要求锻造新时代过硬法院队伍。严格履行全面从严治党政治责任，紧紧围绕革命化、正规化、专业化、职业化要求，创新人才培养机制，加强司法能力建设。始终以"零容忍"态度严惩司法腐败，以廉洁司法确保公正司法。

贺恒扬

现任重庆市人民检察院检察长、党组书记，二级大检察官。

—— 作者手记 ——

刚进报社那年去河南采访公益诉讼，就采访了时任河南省检察院副检察长的贺恒扬，当时他分管民行检察工作，检察机关提起公益诉讼就是从这里发源的。1997 年，全国首例由检察机关提起的公益诉讼诞生于河南省方城县。10 多年过去了，和贺检再次见面我们都成了"重庆人"，我到了报社重庆记者站，贺检到重庆市检察院任检察长。贺检 1984 年大学毕业就一直在检察院工作，注重学术与实务的结合，文章著作成果斐然，是标准的专家型检察官。每次采访和交流，总能感受到他强大的逻辑性和深厚积累，而且直接把他的话记录下来，就是一篇很好的文章，都不用记者去做多少修饰，后来我才从他的一位师兄（现在也是大法官）的口中知道他读书的时候就以文采飞扬、才思敏捷出名。

新时代检察机关要发挥好五大作用

——访重庆市人民检察院检察长贺恒扬

习近平总书记在致第 22 届国际检察官联合会年会暨会员代表大会的贺信中指出："检察官作为公共利益的代表，肩负着重要责任。""中国检察机关是国家的法律监督机关，承担惩治和预防犯罪、对诉讼活动进行监督等职责，是保护国家利益和社会公共利益的一支重要力量。"

3 月 5 日，在重庆代表团驻地，全国人大代表、重庆市人民检察院检察长贺恒扬接受采访时，就新时代检察机关如何发挥职能作用，从五个方面作了阐述。

发挥好法律监督机关作用

"检察机关作为国家法律监督机关，是我国历史条件和基本国情决定的，是党和国家根据我国的政治制度和国情作出的重要制度安排，也符合社会主义法治发展的需要。"贺恒扬说，"自1982年宪法明确规定'中华人民共和国人民检察院是国家的法律监督机关'以来，宪法经历5次修正，检察机关性质和定位一直保持不变。"

贺恒扬说，在宪法明确规定的同时，人民检察院组织法和三大诉讼法修改，进一步丰富和完善刑事、民事、行政、公益诉讼检察四大检察职能体系，细化规定履行职能的8项职权，进一步强化了检察机关的法律监督定位。检察院组织法和修改后的刑事诉讼法保留检察机关部分侦查权，也是为了检察机关更好地履行法律监督职责，更好地对司法权运行实施监督。

"所以，在全面依法治国大背景下，要坚持发挥好检察机关作为国家法律监督机关的作用。"贺恒扬说。

发挥好公共利益代表作用

公益之所在，检察权之所及。

贺恒扬说，检察机关承担维护国家法律统一正确实施的职责使命，法律监督职责职能的公共性、综合性和检察机关所具备的法定手段、专业能力，与维护公共利益的要求高度契合，决定了检察机关更适合担当公共利益代表这一使命。

在贺恒扬看来，检察机关必须以法律监督为基点履行好各项检察职能，担当好公共利益的代表，维护好国家利益和社会公共利益。

发挥好公平正义守护作用

"公平正义是法律监督的内核，是贯穿于法律监督的主线和灵魂。实践中，检察机关不仅自身要做公正司法的实践者，而且还要监督其他机关严格执法公正司法，让办案结果和办案过程均体现公平公正。"贺恒扬说。

贺恒扬进一步解释道，检察机关追诉犯罪、惩恶扬善，是回应社会对公平正义的需要和关切；接受控告、申诉，督促相关机关纠正诉讼违法行为，保护当事人的诉讼权利；监督纠正确有错误的裁判，督促兑现生效裁判；监督刑罚执行，守护刑事司法公平正义的最后一公里；支持困难群体起诉，帮助农民工讨薪、维权等，都是检察机关维护公平正义的举措。

"检察机关不是一方当事人，在法律监督和司法办案中，检察机关没有自身的利益，客观公正是检察官的法定义务，只有始终坚持这一责任，公平正义才能够实现。"贺恒扬说。

发挥好依法治国主力军作用

"良法需要善治，善治需要监督实施，依法充分履行好检察职能是推动依法治国的重要方面，是推动良法善治必不可少的环节。"贺恒扬说。

与此同时，检察机关通过行政诉讼监督，既监督纠正错误行政裁判，又促使行政机关依法行政；通过办理行政公益诉讼案件，发出诉前检察建议和提起公益诉讼，督促或提请法院裁判督促行政机关履职尽责，促进依法行政。

此外，检察机关还通过个案办理诠释法律，宣讲法律，开展法治教育，传播法律知识，引导人民群众增强法治意识，推动形成办事依法、遇事找法、解决问题用法、化解矛盾靠法的良好社会风气。

"必须发挥好检察机关在全面依法治国中的主力军作用，促进依法治权、依法行政、公正司法。"贺恒扬说。

发挥好社会治理参与者作用

"司法办案是检察机关参与社会治理最直接、最现实也是最重要的途径。"贺恒扬向记者介绍道，司法办案有三重境界：一是明辨是非、定分止争；二是息诉罢访、案结事了；三是促进管理、创新治理，其中促进管理、创新治理是最高境界，也是构建社会治理格局的基本要求。

"除了司法办案，检察机关还要通过发布指导性案例、典型案件、制定司法解释为司法执法提供范例，为公众行为提供指引，推动完善社会治理。近年来，重庆检察机关认真落实检察环节综合治理责任，形成了以司法办案为基础、以职能延伸为辅助的参与社会治理的工作模式。"贺恒扬说。

马国强

国浩律师集团执委、南京所主任，美国明尼苏达大学访问学者，南京工业大学兼职教授，曾任江苏律协房地产业务委员会、刑事业务委员会副主任。

—— 作者手记 ——

在江苏记者站工作的时候就认识马国强律师，当时他已经是江苏的著名律师了，尤其在房地产和并购重组领域很有影响，而律师业务和法律层面之外，更难得的是他还有一颗忧国忧民之心，会去深入研究一些大格局的命题，如世界格局等，也会去反思中国律师事务所发展的问题。以前我经常会就一些法律问题支离破碎地采访马律师，这次在恢复律师制度40周年之际，特就新时代中国律师事务所的发展现状、管理制度、国际地位等采访了他。

新时期中国律师事务所发展方向
——访知名律师、国浩（南京）律师事务所主任马国强

党的十九大为新时代律师工作再上新台阶，推动律师事业改革发展提增新速度、写好新篇章，提供了根本遵循，指明了正确方向。2019年是中国律师制度恢复重建40周年，伴随着法治中国建设的推进，律师事业将担负起越来越多的重任。

无论是作为创始合伙人之一成立联盛所，还是牵头成立大成（南京）所，抑或是创立国浩（南京）所，这些年，马国强所在的律师事务所在

成立之初就显示出强大的生命力，并迅速发展占领行业制高点。

为此，特就中国律师事务所的发展现状、国际地位、管理制度等采访了马国强。

吴晓锋：恢复律师制度40周年，中国律师业取得高速发展的原因是什么？

马国强：如今，从开展诉讼业务到拓展非诉业务，从担任各级党委政府法律顾问到为困难群众提供法律援助，从参与法治宣传到化解矛盾纠纷，律师执业活动渗入社会经济生活的方方面面，在服务经济社会发展、保障人民群众合法权益、维护社会公平正义、推进社会主义民主法治建设中发挥着重要作用。

首先，中国经济从计划经济转为市场经济，而市场经济的内在要求必得有一个公平、公正的法治环境。可以说是中国经济改革为市场经济后，市场经济的发展促进了中国的法治社会建设，从而培育了中国律师业发展的土壤。

其次，加入WTO后，中国经济逐步融入全球市场，"引进来"和"走出去"成为各行各业的发展趋势，国际贸易与人员交流日渐频繁。交易增多的直接结果是利益纠纷的急速增长，涉外法律业务越来越多，倒逼律师行业的快速发展。2016年，司法部、外交部、商务部、国务院法制办公室联合印发的《关于发展涉外法律服务业的意见》明确提出：到2020年，中国要"建设一批规模大、实力强、服务水平高的涉外法律服务机构"。

再次，改革开放以来，我国的法治建设取得了长足的发展。党的十九大赋予新时代律师工作新的使命和任务，明确提出，到2035年，法治国家、法治政府、法治社会基本建成，各方面制度更加完善，国家治理体系和治理能力现代化基本实现。法治中国建设的持续大力推进也是律师行业高速发展的一个要素。

最后，空前的社会变革给我国发展进步带来巨大活力的同时，也带来了各种各样的矛盾和问题，使我国进入社会矛盾的多发期和凸显期，

诉诸法律的纷争不断增多，公民的法治意识和法治诉求日益增强，律师服务需求随之大幅增加。

吴晓锋：近年来，已有中国律所在人员规模、业务创收方面进入全球100，中国律所能够一直持续发展在全球100中占据越来越多的份额吗？

马国强：这需要有两个条件。一是中国经济一直在市场化、全球化的道路上发展。改革开放以来，中国建立了有中国特色的社会主义市场经济，以开放、平等的姿态去迎接经济全球化的浪潮。在经济全球化的影响下，越来越多的外资进入中国，对外贸易也逐渐扩大。自2001年中国加入WTO后，许多跨国企业迫切希望进入中国市场，这给中资律所带来了潜在的客户需求。而这些企业往往要求提供专业化、跨地区、跨行业和跨国境的法律服务。虽然中国的律师行业还不够成熟，与国际律所相比仍有不小的差距，可本地文化对于达成交易、解决纠纷以及化解商业风险都至关重要，这也为中资律所提供了大量的机会。当前，中国正在实行"走出去"战略，大量中国企业走上了国际舞台。企业走上国际化，离不开法律和律师的"保驾护航"。

二是中国律所的管理制度迫切需要改革。中国律所的管理制度，随着中国律师业规模化、全球化的发展，越来越不适应。律所体制经历国办、合作制、合伙制三种变迁，律师定位从"国家的法律工作者"到"为社会提供法律服务的执业人员"再到"为当事人提供法律服务的执业人员"，这些变化折射着中国特色社会主义律师制度形成的整个过程。审视我国律师事务所的发展现状，大部分律所的管理模式目前都还处于"粗放式"状态。多数律所的治理结构单一，以"提成制"为主导的分配模式过于呆板与机械；律所的管理手段过于初创与原始，律所的业务基本上就是执业律师"单打独斗"式的简单相加，在这种"粗放式"管理模式下的律所不可能实现专业化和团队化发展，更谈不上品牌化和规模化建设。因此，中国律所的管理制度改革势在必行，只有这样才能打造出专业化、团队化、规模化和品牌化的律所，使律所成为国际化的大所、强所。

吴晓锋：中国律所有统一的管理制度吗？和欧美发达国家的律所管理制度有何不同？

马国强：在讨论这一问题前，必须首先弄清一个概念，律所是什么？律所是谁的？律所是指律师执行职务进行业务活动的工作机构。它在规定的专业活动范围内，接受中外当事人的委托，提供各种法律服务并负责具体分配和指导所属律师的业务工作。中国的律所不是公司、企业，因而它不能在工商局登记注册，不得对外投资、融资，不能在交易所上市，也不得从事法律服务以外的业务。现如今的律所大致分为四类：国家设立的国办所、个人开办的个人所、律师自愿组合的合作所以及合伙人共有的合伙所。律师法对律所、律师对外的经营行为进行了规范，但对合伙所的所有者，合伙人之间的权利义务，对合伙所内部的经营管理行为几乎不加规范。合伙所、合伙人之间的权利义务，合伙所内部的经营管理模式，全部由合伙协议、合伙章程约定。

在欧美，大多数法治国家对律师、律所的管理制度是很宽松的，但对律师执业的行业自律特别严格。律师可以个人执业，也可以设立公司。公司的产权人可以是律师，也可以是非律师。规模大所基本是公司制的。公司聘用的人员除了律师，还可以是会计师、工程师、税务师，等等。公司除了经营法律咨询业务，还可以经营会计、税务、评估等其他业务，是个大咨询的概念，所以你会看到某某律所公司兼并了某某会计师公司或某某会计师公司兼并了某某律所公司。现在四大会计师公司都在兼并律所公司，从事法律咨询业务。有些国家律所公司可以融资、可以上市，律所公司的产权是清晰的，所以能成为百年老店。中国的律师管理体制是司法行政机关行政管理和律师协会自律管理"两结合"的一种管理体制。

吴晓锋：中国律所也能像一些欧美律所一样成为百年老店吗？

马国强：随着我国法律服务市场的日益壮大，大型甚至是跨国的律师事务所不断涌现，律师事务所规模化效应日益凸显，有利于打造品牌优势，实现专业化分工，进行资源整合，实行团队协作，提高服务效率，提升律师效能。当然，律师事务所规模越大，对管理的要求也越高，需要建立一整套科学、先进的管理体制，才能实现从大所到强所的蜕变。

律所成为百年老店，有两个大的前提。一是必须是法治国家，法治政府，有好的法治社会环境，这一点在中国毋庸置疑。

二是律所的产权要清晰。这一点寄希望于中国律师制度的改革。中国目前绝大多数的律所是合伙所，个人所与国资所也在稳步发展，但总体还是无法与合伙制律所的发展速度相比。合伙所里又分为提成制和所谓的公司制。提成制所每年没有积累，也无发展资金。律师各自为战，不可能发展成为百年老店。合伙制下的"公司制"是要打引号的，和欧美的公司制所，其实不是一回事。只是在分配制度上参照了欧美公司制所的模式，计点分红。最根本的区别就是产权不清晰，产权不清必然带来产权纷争。

第一代创始合伙人经过多年辛苦打造的律所，无形资产的价值已是相当可观。但当创始合伙人年老力差必须退休时，按目前的律所管理制度，退休离开律所，在产权层面，律所便与你没有关系。交棒给谁，谁便掌控了律所的无形资产。

交棒给谁呢？谁能决定交棒给谁呢？众多年轻合伙人会不会抢棒呢？第一代创始合伙人靠实践证明的能力、人品和人格魅力，能够统领聚合全所人员。而第二代领导人靠什么服众呢？现在第一代创始合伙人的年龄有些已达60岁，今后5年至10年有些大所都将面临考验。因为产权不清，没有资本多数决的模式，纷争似乎不可避免。

黄晖

广东恒运律师事务所高级合伙人，广州市律协海商海事法律业务专业委员会副主任、广东省航运法学研究会常务理事。连年被钱伯斯评为"年度顶尖海商海事律师"，入选司法部"全国千名涉外律师人才"。

—— 作者手记 ——

《2016年中国海事审判十大典型案例》里有一个堪称中国海事诉讼领域里程碑的案件，即"加百利"轮海难救助合同纠纷案。该案最后到最高人民法院再审，由最高人民法院副院长贺荣大法官担任审判长，而最终胜诉方南海救助局的代理律师就是黄晖。这也是我采访他的缘由。他已经从2011年开始连续被钱伯斯评选为"年度顶尖海商事律师"，不少案件成为我国海事司法历史上重大和颇具影响力的案件。2019年3月黄晖律师成功入选司法部《全国千名涉外律师人才名单》。

不忘初心　昔日理想青年仍在逐梦

—— 访著名海商海事律师黄晖

对于海洋，素来有"海兴则国强民富，海衰则国弱民穷"之说法，近年来，我国海洋经济发展迅速。十九大报告中明确指出要"坚持陆海统筹，加快建设海洋强国"，这无疑凸显了海洋在新时代中国特色社会主义事业发展全局中的突出地位和作用。

这些变化，作为亲历者的海商海事律师黄晖，都看在眼里，记在心里。

2003 年，从大连海事大学研究生毕业后，怀着对大海的热爱，黄晖南下广东，在广东恒运律师事务所做起了海商海事律师。

时至今日，昔日的理想青年已成长为行业领军人物，多次荣获广州市律师协会"业务成果奖""理论成果奖"；入选司法部"全国千名涉外律师人才"；连续 8 年被钱伯斯评选为"年度顶尖海商海事律师"和被评为广州十大"涉外大律师"……

近日，特对黄晖进行了专访。

英雄情结　年少立志展宏图于碧海

吴晓锋：早有耳闻您酷爱大海，请您分享下您与大海的故事。

黄晖：我的海洋情结始于中学时代。到今天，我对语文课本里那篇题目为《汉堡港的变奏》的课文仍记忆犹新。

"汉堡港是美丽的。岸上，一个个红色和黄色的建筑群；港口，碧蓝的海水翻卷起银白的浪花……"那是在改革开放之初，大连海事大学驾驶专业毕业的贝汉廷担任远洋货轮汉川号船长，率领船员在德国汉堡港破例成功装载一套贵重设备的真实故事。

"简直是一份科学报告"，被贝汉廷船长团队做的运载方案深深说服。从那时起，我就被贝汉廷船长责任担当、谦逊品格、指挥才能和丰富经验所吸引，更为他赢得了"中国人也是好样的"赞誉而感到由衷敬佩。

那时的我，立志像贝汉廷船长一样，在浩瀚无际的碧海上作出属于自己的成绩。

吴晓锋：既然您那么崇拜贝汉廷船长，后来为什么选择了国际经济法而不是航海技术专业？

黄晖：因为自己中学阶段更擅长文史，而相较于硬实力的专业技术而言，法制与法治的软实力的提高和追赶则需要更多努力和更长时间的积累与沉淀，从航运大国到航运强国以及海洋经济的迅猛发展同样呼唤强有力的涉海法律制度和通晓国际规则的国际法律人才。

所以高考填报志愿时，我毫不犹豫地报考了国际经济法专业，并以海商海事法律服务国家海洋经济发展为定位埋头苦读。四年的大学教育，让我具备了扎实的专业基础和系统的法学思维。大学毕业前夕，出于对中国法律的敬仰，对海商海事的兴趣，我为自己确立了更高的追求。

在那个年代，大连海事大学海商法专业走在了全国前沿，2000年，我顺利考上该专业攻读硕士学位。怀揣着"日后为中国的远洋船队保驾护航、为从事海洋运输的海事人才提供最佳服务"的目标，开始了我三年的研究生生涯。由于这是一个涉外性极强的专业，我丝毫不敢懈怠，特地为自己制订了严格的专业学习计划，与此同时，通过广泛涉猎船舶驾驶轮机工程等船舶技术领域、国际贸易通行惯例、世界各国的文化背景等综合性学科知识来丰富自己，力求做一个精通海商法学，熟知相关领域的人才。

不忘初心　赴岭南扎根海商律界

吴晓锋：研究生毕业后，很多人不解您为何拒绝众多大律所的邀请而选择跨越大半个中国直奔广东执业？

黄晖：2003年我研究生毕业后，很快就成为广东恒运律师事务所的一员。至于为什么？我有自己的考量。

21世纪初，在我看来，广东仍是改革开放的最前沿。

第一，广东省地处我国南部沿海，毗邻港澳，水运港口星罗棋布，与世界上五大洲150多个国家和地区建立了经济贸易往来关系，它海运发达，对外开放程度高，为海事、海商业务提供了广阔的施展空间。第二，恒运律所具有极强的专业优势。恒运律所成立于2001年3月，其前身为广东省司法厅直属三大律师事务所之一的广东海事律师事务所第一业务部。虽然律所成立时间不长，却拥有极强的专业实力，尤为擅长处理海事海商、保险、国际贸易、金融借贷、建设工程纠纷和物流等法律事务，是涉外型法务领域的佼佼者，曾获"全国十佳文明律师事务所"殊荣。因此，能够加入恒运律所就意味着站在巨人的肩膀上，能够得到更多的锻炼机会、更广的成长平台。第三，伴随着中国改革开放进程的不断推进，将需要大量的海事、海商法务人才加入恒运律所。

吴晓锋：作为一名海事海商律师，您的原则是什么？

黄晖：从执业第一天起，我就深知应不忘初心，牢记使命。

我为自己定下了三条原则：一是保持良好的职业操守，不为名所困、不为利所缚，在任何时候都要以事实为基础，在法律的框架内保护当事人的合法权益；二是以与时俱进的务实作风，不断强化专业领域和相关知识的学习，既要做专家也要做杂家，在任何时候都不居功、不自傲；三是具有全局观，全力维护中国的法治尊严，尽心尽力、尽才尽智，在国际舞台尽显中国公平正义风采，并为提高中国海事司法的国际地位、赢得中国法治的国际话语权倾情付出，不遗余力。

据理力争　助"加百利"案成典型判例

吴晓锋：执业以来，您先后承接了近千起各类型海商海事案件，您印象最深的是哪一个案子？

黄晖：在我记忆中，2016年我代理的"加百利"轮海难救助合同纠纷案件让我印象极深。这场庭审在央视、中国法院网、最高人民法院官方微博、新浪网法院频道直播，受到高度关注、业界热议。

之所以广受关注，是因为"加百利"轮海难救助合同纠纷案的意义已经远远超出了案件本身。贺荣大法官说，这个案件的焦点主要涉及《国际救助公约》及相关国内法在某些关键性问题上的具体适用。这个问题长期以来在国际、国内，无论是理论界还是实务界，都有不同的理解和认识。而通过这次判决，最高人民法院的法官们至少想传达两个信息：第一，要尊重当事人的契约；第二，要鼓励救助。

法院认为，应遵循《国际救助公约》和《海商法》关于救助生命财产、保护海洋环境的宗旨，并肯定相关条款规定的"无效果无报酬"救助报酬支付原则。但与此同时，《救助公约》和《海商法》均允许当事人对救助报酬的确定另行约定。因此，本案所设救助合同不属于"无效果无报酬"救助合同，而属雇佣救助合同，在《救助公约》和《海商法》对雇佣救助合同报酬的确定没有具体规定的情况下，本案应适用《合同法》的相关规定，确定当事人的权利和义务。

"加百利号"船东将支付给南海救助局近660万元人民币的救助报酬。

吴晓锋：这个案件在海事商事领域的特殊性在哪里？

黄晖：在贺荣大法官对这起案件判决下达之后不久，裁判文书即被国际著名法律报告刊载。这意味着，这一判决将成为国际海事司法领域的典型判例与法律渊源。

该案的成功审理，有人认为其堪称中国海事诉讼领域的"里程碑"。该案件被最高人民法院和中央电视台推选为"2016推动法治进程十大案件"以及"2016年中国海事审判十大典型案例"。该案还同时入选广州海事法院服务保障"一国两制"下香港特别行政区回归20周年十大典型案件和国际权威专业法律经典文献《劳氏法律报告》2016年第七卷。

庭审结束后，南海救助局局长走到我面前和我握手，说："辩论阶段非常精彩。"

在那一刻，我感受到了努力被认可的幸福。

维护正义　不断学习追法治中国梦

吴晓锋：其实，除了备受国际、国内高度评价的"加百利"轮海难救助合同纠纷案，富有涉外案件处理经验的您在海事海商领域一直有着精彩不俗的表现。

黄晖：2012年，我国的"中兴2"轮与一艘商船"三井动力"外轮在珠江口发生碰撞，双方死难、失踪船员达10人，构成了重大海上交通事故，仅打捞费一项报价便高达4000余万元，再加上船舶损失、清污、应急设标警戒等费用，总标的近2个亿。时任国务院副总理张高丽特批，要求交通部副部长徐祖远特别督办。当时，被置于闪光灯下的死难家属聚集的珠海以及组织打捞救助清污的广州成为公众瞩目的焦点，各种舆论如潮水一般铺天盖地而来。清污、防污、货物打捞……事故现场各项工作紧锣密鼓。暂住酒店的 200 多名船员家属情绪激动，难以平复。

这起案件看似主线清晰，却异常复杂。这是因为，由一起碰撞案引出了多个纠纷，引发了十余个相关案件，对法官、律师都是一次千载难逢的大考。在交通部的直接领导下，我和另外 5 名海事海商律师组成了专门的法务工作组，投入了这项责任重、时间紧、压力大的罕见大案。一方面与家属进行沟通，倾听对方的意见诉求，并协调海事局进行双方协商；另一方面，积极参与防污、打捞等工作，与国际国内各媒体保持顺畅、精准的沟通，最终使这起案件得到了圆满解决。

该案件反响强烈、情况复杂、效果最佳，被评为广州海事法院建院以来暨香港特别行政区回归 15 年先进典型案例，荣获广东省律师协会业务成果奖。

吴晓锋：为政府分忧，为百姓解难，可以说是您对于律师操守和中国法治最为朴素和具体的诠释。在您心中的法治中国梦是什么样的？您在其中扮演什么样的角色？

黄晖：在我看来，法治中国梦就是使政治清明、公开透明、法律权威得到彰显，每个人都向上向善。也就是说，个体的合理预期与法院判决、仲裁结果、协商结果相一致，违约要受到惩罚，合法权益要受到保护，真正使守纪律、懂规矩、重品行成为公民的自觉与习惯。

为实现我心中的法治中国梦，我能做的就是坚守公平、维护正义，继续学习中国法律法规，更加深入了解国际惯例、各国法律、人文风俗，并不断优化知识结构、深化知识储备。为法治中国、法治社会"添砖加瓦"。

庞正忠

北京金诚同达律师事务所高级合伙人，担任全国律协知识产权委员会副主任、主任和执委多年，连续几年被国际法律评级机构评为中国知识产权领域顶尖律师、业界贤达等。

—— 作者手记 ——

很早就认识庞正忠律师，他是我的学长，但采访他却是 2019 年的事情。2018 年开始我在创作一部以中美企业知识产权战役为背景的小说，了解到庞律师正是知识产权领域的顶尖律师，担任全国律协知识产权委员会副主任、主任和执委多年，而且从教 6 年、执业 29 年均专注于知产业务领域，2015 年至 2018 年，连续三年被《钱伯斯亚太法律指南》评选为"知识产权（诉讼）领域"业界贤达，2019 年被知产力和 IPRdaily 联合评选为"中国优秀知识产权律师榜 TOP50"。于是我就经常请教打扰师兄，慢慢走进了他的知产世界，走进他办理的一些著名知产案件，真是发现每一个案子都是一本书。

每个知识产权案子都是一本书

——访著名知识产权律师庞正忠

"每一个知识产权案子都是一部书，必须吃透案情、反复论证才能奠定胜诉的基础。证据为王，因为事实胜于雄辩。"

作为高校教师主动放弃参评高级职称的机会，迎面扑向"92 下海潮"，创办律所，立志做第一批"社会律师"，他一度引起热议。

深耕知识产权业务领域 27 年，他代表律师界应邀出席了 1993 年中国法院第一个知识产权庭审理的"第一案"，见证了 2014 年 11 月 6 日北京知识产权法院开庭"第一槌"，成为第一代"知识产权律师"。

参与组建北京律协知识产权专业委员会和全国律协知识产权专业委员会，担任律协领导职务 25 年，他为律师行业发展奉献了心血和智慧。

他就是北京金诚同达律师事务所创始合伙人之一——庞正忠律师，在知识产权实务领域具有举足轻重的地位。近日，特对庞正忠进行了独家专访，深入了解这位知识产权律界"大咖"的故事。

弃金饭碗　高校教师下海当律师

庞正忠，曾用名庞正中，这个名字对于知识产权实务界来说，肯定不会陌生。

他为人谦逊低调，做事认真靠谱，目标坚定，博采众长，持之以恒，追求卓越。他为人处世的特点，要从他做律师前的故事讲起。

1963 年，庞正忠出生于"佛宗道源、山水神秀"的浙江天台。天台以佛教天台宗发祥地、道教南宗创立地和"活佛"济公的出生地而闻名于世，文化底蕴深厚。

庞正忠年少时酷爱读书，正好搭上了改革开放的顺风车，时代改变了命运。

1980 年，庞正忠以天台"文科状元"的成绩考上了中国政法界的"黄埔军校"——西南政法大学。作为西政复校后的第三届学生，他们也是"心系天下，自强不息；和衷共济，严谨求实"的"西政精神"的见证者、参与者、建设者。西政的 4 年勤学苦练，让庞正忠具备了超前的法治意识、系统的法律思维和扎实的法学基础。

1984 年，庞正忠考上了中国政法大学研究生院经济法专业研究生，师从中国第一位经济法教授徐杰。1987 年获得法学硕士学位后，由于当时师资缺乏，尽管很多部委来校要人，庞正忠还是服从分配留校任教。

是年，24 岁的庞正忠被任命为经济法系科技法教研室主任，翻开了人生的新篇章——教书育人。庞正忠不仅和教研室老师一起在全国首先开设了科技法、知识产权法、技术合同法等课程，培养了一批批学生外，他还参与撰写了法学全国统编教程《知识产权法学》、自学高考全国统编教程《经济法学》，先后获得中国政法大学优秀教师、北京市青年学科带头人荣誉称号，参加国家科技立法获得原国家科委科技进步一等奖和国家科技进步二等奖。

时间来到 1992 年，邓小平南方谈话，掀起新一轮思想解放和改革开放的浪潮。这一年，北京被定为律师体制改革的首个试点城市。庞正忠和他的另外 5 名研究生同学敏锐地意识到，中国特色的市场经济是中国发展的必由之路，而科技和法律是经济振兴的双翼，法律实践比法学教育更能为经济建设和社会发展作出贡献，那么为社会提供法律服务的律师必将取代"国办所"，中国律师制度必将迎来大的变革。"中国不缺当官的人，也不缺当教授的人，但缺乏当律师的人"。

于是，这一年，他放弃了申报副教授（当时属于最年轻的之一）的机会，毅然决然辞掉了公职，他们 6 位同学一起申请成立金诚同达律师事务所的前身之一——金诚律师事务所，并以科技法作为他们业务的主打方向（当时知识产权还没有成为一门专业）。

天道酬勤 终成知识产权律界"大咖"

一帮书生办律所当律师，到底行不行？ 6 位研究生、法学硕士、讲师创办的"金诚所"，是当时 19 家（其中也有"同达所"）合作制试点律师事务所中平均学历和职称最高的律所，出身均为"老师"。"没有多少启动资金，没有多少客户资源，没有什么政府背景，没有什么司法资源，甚至也没有多少执业经验"，庞正忠说当时他们就像一张白纸，"就凭着一种追求法治的信念，一份对律师事业的爱，一颗真诚对待客户的心，和一身磨炼了 10 来年的业务本领。"

正所谓"精诚所至，金石为开"，努力付出必有回报，机会也总是留给有准备的人。

1998 年，庞正忠在中国东南技术总公司与王码公司"五笔字型"发明专利侵权案、五笔字型教材著作权侵权案，和东南公司诉王码公司名誉权侵权案中，代理东南公司，历时 5 年，终于取得了三案全面胜诉的结果。

该案当时被誉为"中国知识产权第一案"，影响深远。庞正忠和他的律师事务所也由此声名鹊起，逐渐为知识产权实务界同行所知晓。

"这个案子之后，我们承接了更多重大疑难复杂知识产权案件，致使外面一度以为金诚所就是一家知识产权律师事务所。其实 2000 年之前，金诚所就形成了公司证券、外商投资、房地产、知识产权、仲裁诉讼等几大业务板块，在向专业化、规模化、国际化方向发展了。"庞正忠告诉记者。

1999 年，庞正忠代理世纪互联通讯有限公司应诉王蒙等提起的著作权侵权纠纷案。

诉讼中，庞正忠对"网络传播权"的保护逻辑以及"海量作品、海量许可"等具体问题作了充分陈述，并强调权利保护应当实现权利人、网络经营者和社会公众利益平衡的目的。

该案是第一例涉及网络传播权的著作权侵权案件，社会影响极大。对"信息网络传播权"的入法（著作权法）和最高人民法院《关于审理涉及计算机网络著作权纠纷案件适用法律若干问题的解释》的出台提供了有益的帮助，成为为数不多的参考判例。

此外，庞正忠还代理了数百件知识产权案件。其中，不乏影响的知识产权案例。

代理香港鳄鱼应诉法国鳄鱼起诉的商标侵权案件，历时 5 年成功和解，终成佳话。

代理华锐风电应诉美国超导起诉的商业秘密侵权及软件著作权案。

该案标的高达近 30 亿元，曾引发中美两国政府层面高度关切。双方的系列案件，在庞正忠和各方的推动下，最终和解，创新了范例。

代理中国残疾人艺术团和张继钢应诉《千手观音》舞蹈作品著作权侵权案。该案系国内第一起就两个不同舞蹈作品是否构成实质性相似的著作权侵权经典判例，判决书确定了判断舞蹈作品侵权的标准和方法。最终获得胜诉。

代理浙江唐德影视股份有限公司起诉上海灿星文化传播有限公司、世纪丽亮（北京）国际文化传媒有限公司侵害商标权和不正当竞争纠纷案，该案引起了社会各界广泛关注。该案作为知识产权行为保全第一案，成功申请法院颁发禁止被告使用含"中国好声音"以及"The Voice of China"字样的节目名称及相关注册商标，为如何在知识产权案件中采取诉前临时措施开创了先河。

一系列大案名案下来，庞正忠成为圈内有名的知识产权案件"大咖"。由于其高校教师的经历，圈内人士尊称其为"庞老师"。遇到知识产权的疑难问题，很多年轻律师都会想方设法寻求"庞老师"的意见。

2015—2018 年，庞正忠连续三年被 Chambers Asia Pacific（《钱伯斯亚太法律指南》）评选为"知识产权（诉讼）领域"业界贤达；2015 年国际法律评级机构 LEGALBAND 发布的中国律师排行榜中，被评为中国知识产权领域顶尖律师；2019 年，被知产力和 IPRdaily 联合评选为"中国优秀知识产权律师榜 TOP50"。

"当事人都想请名律师代理案件，以为'铁嘴'有起死回生的本领。其实，每一个知识产权案子都是一部书，需要读懂悟透做实，才能奠定胜诉的基础。证据为王，因为事实胜于雄辩。"尽管功成名就，在谈及成功经验时，庞正忠没有高谈阔论，仍是如此敬业务实。

不忘初心　助行业发展不遗余力

"达则兼济天下"，自 1994 年以来，庞正忠一直参与全国律协、北京律协的律师行业管理工作。

他在 1997 年参与组建全国律协知识产权专业委员会，并任副主任、主任 10 余年，现担任顾问，开创了知识产权律师业发展的崭新事业；担任全国律协多届理事、教育委员会秘书长，参与主编了第一套实习律师培训教材，完成了中国律师岗前培训体系的创建。

他在 1994 年参与组建北京律协知识产权专业委员会，并任首届主任；担任第四届理事，第五、六届常务理事，第八届理事兼业务指导与继续教育委员会主任，第九、十届副会长，主管过专业委员会、行业发展委员会、律师权益保障委员会、律师事务所管理委员会、申请律师执业工作委员会、女律师工作委员会等，为律师行业发展尽心尽力，作出了创造性贡献。

庞正忠还曾担任国家司法考试命题委员会委员，参与了 10 多年的司考命题工作。他主编了《知识产权名案代理》《律师执业基本技能》《中国律师知识产权业务指南》《商标业务指南》《北京律师论坛》等书籍，迄今仍为行业范本。

让人意外的是，他还长期担任国务院侨办为侨服务法律顾问团成员和中国残疾人艺术团法律顾问，无偿提供专业法律服务。

作为一名"学者型"知识产权律师，庞正忠还多次参与我国知识产权立法工作及多项知识产权立法课题。他参与了《国家中长期科技发展规划》和《国家知识产权战略》的课题研究；参与历次专利法、商标法的修改讨论及最高人民法院相关知识产权司法解释的制定工作等。

庞正忠在当律师之前，曾在中国政法大学执教 5 年半。但他仍然不忘初心，自 2003 年起受邀作为北大、清华和西南政法大学的法硕导师，指导一届又一届学生，把丰富的实务经验分享给即将走向职场的法科生，为依法治国伟业"添砖加瓦"。

陈国庆

现任最高人民检察院党组成员、副检察长，二级大检察官。

—— 作者手记 ——

完善认罪认罚从宽制度是党的十八届四中全会作出的重大改革部署。司法实践证明，实施这一制度不仅有助于提升诉讼效率、节约司法资源，更有利于促进社会治理创新、推进国家治理体系和治理能力现代化。在重庆举行的全国检察机关适用认罪认罚从宽制度推进会上，我偶遇老朋友最高人民检察院陈国庆副检察长，并就这一问题进行深入交谈，之后完成这篇专访。国庆副检察长曾长期在最高检法律政策研究室工作，有很高的理论水平和素养，从此文可见一斑。在此，本书70人圆满收官。

检察机关推进认罪认罚从宽制度适用吹响冲锋号
——访最高人民检察院副检察长陈国庆

全国检察机关适用认罪认罚从宽制度推进会于 2019 年 10 月在重庆举行，此前最高人民检察院联合最高人民法院、公安部、国家安全部、司法部召开新闻发布会，共同发布了《关于适用认罪认罚从宽制度的指导意见》。

据了解，该制度于 2016 年 7 月 22 日起在全国部分地区开始试点，2018 年刑诉法修改后全面铺开。该制度具有什么重要意义，检察机关在其中居于什么地位，全国检察机关将如何推进该制度的适用，为此，特在此次会议上专访了最高人民检察院副检察长陈国庆。

推动国家治理体系和治理能力现代化的一种诉讼模式

"要从推动国家治理体系和治理能力现代化的角度来看待认罪认罚从宽制度的重大政治意义和社会意义。"陈国庆强调。

认罪认罚从宽制度是修改后刑事诉讼法确立的一项重要制度，是党的十八届四中全会作出的重大改革部署。它通过对认罪认罚的犯罪嫌疑人、被告人依法给予程序上从简或者实体上从宽的处理，实现有效惩治犯罪、强化人权司法保障、提升诉讼效率等目的。陈国庆说这本质上是推动国家治理体系和治理能力现代化的一种诉讼模式，各级检察机关都必须统一到这一认识上来，将适用该制度作为检察机关推进国家治理体系和治理能力现代化的重要方式。

检察机关适用认罪认罚从宽制度办理刑事案件，既要做好犯罪嫌疑人认罪认罚工作，又要让被害方能认同、可接受，还必须与辩护律师深入沟通，接受其监督，实现好维护被告人合法权益的共同目标。通过这些责任的履行，既有助于充分发挥刑罚的教育矫治作用，鼓励促使更多的犯罪人认罪伏法，又有助于化解双方当事人之间的对立，消弭社会戾气，促进社会和谐，从而推动国家治理体系和治理能力现代化。

在今年 8 月底召开的全国刑事检察工作会上，最高人民检察院要求到今年底，全国检察机关认罪认罚从宽制度当月适用率要达到 70% 左右。陈国庆说，从目前的数据来看，各地还是下了很大工夫的，9 月，达到 70% 适用率的省份有 6 个，其中重庆最高，稳定保持在 80% 左右。全国近六成省份已经实现了适用率过半。这说明只要提高认识，积极主动适用，70% 适用率是可以实现的。

检察机关在认罪认罚从宽制度中履行主导责任

最高人民检察院检察长张军曾在今年 8 月底召开的全国刑事检察工作会上指出，"认罪认罚从宽制度是检察机关在刑事诉讼中履行主导责任、发挥主导作用的典型制度设计"。那么这与"以审判为中心的刑事诉讼制度改革"有什么关系呢？

陈国庆告诉记者，检察机关在认罪认罚从宽制度中履行主导责任，是由修改后的刑事诉讼法规定的，是对检察机关的更高要求，这与以审判为中心在本质上是以庭审为中心、以证据为核心的刑事诉讼制度改革目标是一致的，都是遵循诉讼规律的体现，其目的是更好地维护司法公正，优质高效办好案件。

检察机关在认罪认罚从宽制度中如何切实承担起主导责任，发挥主导作用呢？陈国庆表示：一是主动开展犯罪嫌疑人认罪认罚教育转化工作，这是检察机关的重要责任，也是适用认罪认罚制度最重要的基础条件；二是适时向侦查机关提出开展认罪认罚教育工作的意见建议，这是检察机关审前主导的重要方面；三是积极开展平等沟通量刑协商，充分听取犯罪嫌疑人及其辩护人或者值班律师的意见；四是一般要提出确定量刑建议，即确定刑种和确定刑期的量刑建议，由犯罪嫌疑人签署具结书后向法庭提出；五是积极做好被害方的工作，对符合司法救助条件的，积极协调申请司法救助；六是视情形对案件进行程序分流，一方面检察机关通过行使起诉裁量权，对符合条件的认罪认罚案件可以作出不起诉处理，推动实现实体从宽和审前分流；另一方面，检察机关要就案件适用的速裁、简易、普通程序与犯罪嫌疑人达成一致，由其在具结书中确认，从而推动实现审判程序的繁简分流。

"上述这些责任，都是刑事诉讼法明确要求的。"陈国庆说。

五措并举推进认罪认罚从宽制度适用

距离年底还剩下不到两个月时间，检察机关如何实现 70% 适用率的目标，如何发力推进认罪认罚从宽制度的适用，此次会议吹响了冲锋号。

陈国庆表示，最高人民检察院对全国检察机关提出了 5 项要求。

"第一，要进一步加强组织领导。"陈国庆说，"各级检察机关检察长和分管副检察长要切实承担起主体责任，采取有力措施。下一步最高检第一至四检察厅将联合派员组成督导组，分片深入基层，实地开展适用情况督导调研。各级检察机关还要加强与公安机关、法院、司法行政部门的沟通、协调与配合，形成贯彻实施合力。"

陈国庆表示，第二，还要着力提升量刑建议精确化。检察官要加强学习培训，包括虚心向法官学习量刑经验。现阶段检察官在提出确定量刑建议前要与法官充分沟通，争取达成一致认识，这有助于统一执法尺度，也是检察官积累量刑经验的过程。陈国庆透露，最高检也正会同最高法就《关于规范量刑程序若干问题的意见》和《关于常见犯罪的量刑指导意见》进行研究论证，基本内容已经协商一致，争取尽快会签下发，为检、法统一认识、规范量刑工作提供制度保障。另外，要加快智能辅助量刑建议系统建设和应用。

第三，要充分保障当事人合法权益。陈国庆表示，认罪认罚从宽制度是充分尊重和保障各诉讼主体诉讼权利和合法权利的一项制度，所以要确保犯罪嫌疑人获得有效法律帮助，推动值班律师全覆盖。最高检也正与司法部会商《法律援助律师工作办法》，争取早日会签下发。

第四，要依法规范认罪认罚案件的抗诉工作。认罪认罚案件的抗诉，特别是针对被告人上诉的抗诉，一直是实践中争议较大的一个问题。对此，陈国庆表示应当理性看待，严格依法规范抗诉。对检察机关提出确定量刑建议，法院采纳后被告人无正当理由上诉的，原则上应当抗诉。因为被告人的这一行为使得适用从宽处理的前提丧失，引起本不必要的二审，付出了更多的司法资源。对检察机关提出幅度量刑建议，法院在幅度中线或者上线量刑后，被告人上诉的，则原则上不宜抗诉，主要应通过检察官逐步扩大精确量刑、获得法官采纳来解决。

第五，陈国庆强调还要高度重视认罪认罚案件的廉政风险防范。认罪认罚从宽制度中，检察机关责任重了，自由裁量权也大了，廉政风险随之加大，所以要加快检察权运行监督机制研究和建设，查找分析研判办案风险点，制定有效的防范措施，细化司法办案标准和工作流程，确保检察权正确行使，防止职权滥用。

后　记

当我看到我的生命操在毫无意义的时刻手中，我为我的卑贱而哭泣，但当我看到我的生命操在你的手中，我知道生命无比宝贵，绝不能虚掷于默默无闻。

——泰戈尔《采果集》

2005 年，我从西南政法大学民商法博士毕业，迈进了法制日报社，开始了我的记者生涯。更确切地说，是一名法制记者。我自诩既是一名法律人，也是一名媒体人。

《法制日报》是中央政法委的机关报，是党在民主法治领域的"喉舌"，是中国最权威的法制专业媒体。感恩这个平台，我幸运地与中国一流的法律大家面对面，聆听、交流、对话有关中国法治理论和实践的前沿问题、热点问题，这是非常幸福又具有挑战的事情。这些学术界的法律大家中，有很多曾经对我来说是书本中的人物，说自己是读着他们的书长大也毫不为过；而那些实务界的精英，那些大法官、大检察官、大律师们，也是多少青年学子口中的"传说中的人物"，他们更多的是和某个重大新闻事件连在一起，并影响和决定着该事件的走向。正是这样，我得以站在巨人的肩膀上思考，通过他们看世界、看中国、看法治；我也必须更加勤奋地提升、修炼自己，才能与大家们展开有态度的对话。

本书精选出的 70 位法律大家，并不是官方的评定，实乃因缘际会，是从我有缘有幸采写过的大家中选出的 70 人，一切以我为出发点，请各位读者理解。我也向没有收录进这本书的我曾经采访过的大咖们致敬，向没有采访过的法律界各名家大咖们致敬！

这70人中有"全国杰出资深法学家"江平、应松年、金平等；有"长江学者"王利明、韩大元、赵旭东、陈卫东等；有"全国十大杰出青年法学家""法学五校四院"的掌门王保树、吴汉东、何勤华、贾宇、付子堂、马怀德等；有公检法司实务领域的权威和专家，首席大法官周强，大法官沈德咏、江必新、景汉朝等，大检察官王振川、陈国庆、贺恒扬等；有离世的"时代楷模""法治燃灯者"邹碧华法官，有仍活跃在调解一线的"时代楷模""全国调解专家"马善祥；有律师界的标杆庞正忠……他们构成了整个法律职业共同体，他们塑造着法律、执法、司法的面貌，他们向世界传递着中国法治走在民族伟大复兴征程上的声音。通过他们，我们可以站在巨人的肩膀上思考，与他们的思想和灵魂碰撞；通过他们，我们可以真实地触摸中国法治进程的点点滴滴、方方面面。于是，作者特选取70人采访录编辑成书，献礼中华人民共和国成立70周年，表达一个法律人对祖国母亲70华诞的祝福。

感恩这个伟大的时代，感恩中国法治建设的推进，感恩《法制日报》的记者生涯，正是这样的天时地利人和，才有了这些采访，才有了这本书。

因为一个共同的使命——"推动法治进程"，一个相同的愿景——"法治中国的美好明天"，我和我的采访对象坐而论道，反复推敲，绞尽脑汁，有时甚至一次次推倒重来，只为呈现给读者精品，只为每一个作品都能为推动中国法治进程发出有意义、有建树的声音：或拨开迷雾，或揭示风险，或提示重难点，或展示创新，或建议，或肯定，或批判……我们冷静、理性、克制，又不失热血与激情。

本书的体例有人物通讯，有专访，有对话，有深度报道，还有曾经创办过的专栏《民商审判》《观点1+1》《甲方乙方》等。没有刻意地修饰（有的因为篇幅太长而进行了删减），力求原貌呈现，不搞平衡，所以可能阅读起来有各学科专业不太平衡、公检法司各部门不太平均之感，但这并非我本人的偏爱，都是实情，都是缘分。同为记者，可能有的人从未采访过公检法等政法单位，也可能有的人从未采访过教委、民政、市场监管等政府部门，很少有记者能在职业生涯中走遍所有的部门。我很幸运，在报社总部和记者站都有较长时间的工作经历。本书的内容涵盖依法治国的全部——法治国家、法治政府、法治社会，涵盖法治建设立法、执法、司法、守法的所有环节，同时又是当时社会关注热点的反映。70人，每个人都是一本值得反复咀嚼的书，多数人都有多篇采访，要选出其中的一两篇真是难以割舍，我只能以我自己的"感觉"选其身上最有特色、最具代表性的作品，同时也兼顾整体内容的平衡、全面。

像江平先生，他已经成为这个时代的一个精神象征，所以我选取的是浓缩了先生的整个法治人生的长篇人物通讯《江平，为法治奋斗的传奇人生》。在此，也要特别感谢从中来来回回联系并陪我一起采访的江平先生的弟子，我进《法制日报》的第一位师父郭恒忠老师，感谢该文的编辑和策划崔立伟主任、陈建国主任、张亚总编辑、邵炳芳社长等领导和同事们的帮助与指导。

金平老先生有"中国民法的活化石"之称，是唯一健在的经历了前三次民法典制定的法学家，所以我结合当下热点选取了《金平：亲历三次民法典制定》这一篇。

已经作古的原中国商法学会会长、中国商法泰斗王保树前辈，之前经常打扰、请教、咨询、采访，对晚辈我非常提携，还和中国台湾地区商法泰斗赖源河前辈一起为我的专著《公司并购中少数股东利益保护制度研究》作序，但非常遗憾的是我竟然没有他单独的专访，于是节选了他对被称为"改革开放30年来影响最大的国际商战"——达能与娃哈哈的诉讼中相关问题的分析，以及那篇宝贵的书序。

著名行政法学家应松年教授，我选取的是一篇通讯《三亚政府明确"强拆"的是违建，行政法学家应松年称违章建筑可依法强拆》，我舍长取短是因为这篇报道在当时起到了立竿见影反转舆论的作用。也期待更多的专家学者能像应松年教授一样，不迎合舆论，勇敢地、专业地、及时地对一些重大问题、敏感问题发声。

王利明作为著名民法学家，这一代民法学人和法学家的领军人物，我选取的是一个民法的题目。站在历史和国际的视角，向世界展示中国民法改革开放以来坚持中国道路和中国特色的成功经验，同时还选了一篇我向他约的2010年新年献词，网上已经找不到了，已成绝版，作为一个历史的记忆。

而如今的首席大法官周强，我则选取了他之前任湖南省省长时的一个独家专访对话《让权力在阳光下运行》，因为他当时主导出台的全国首部省级行政程序规定——《湖南省行政程序规定》，具有破冰意义，而且这部规定的背后，凝聚了多少行政法人的心血和希冀。应松年、江必新、马怀德、王锡锌等，这些台前幕后的故事，我都记录在了深度报道《全国首部省级程序规定诞生记》中，也一并收录在书中。其实，后来出任首席大法官的周强力推司法公开、阳光司法，也应该与此一脉相承吧。

最高检副检察长王振川大检察官，我选取的是环保风暴下的反贪反渎专项行动，如今反贪反渎都已经整体转隶，以作纪念。检察机关其他重要工作和改革试点如公益诉讼、认罪认罚从宽制度等都有入选。

对公安和司法行政领域的采访报道在总部的时候并不多，而到了地方记者站却成了主力。公安工作我主要选取了著名旅游目的地三亚市的平安建设。每年的春节，三亚的公安工作面临最大的压力，整个城市无疑是一次平安建设和社会治理的大考。

本书入选的人物中有3个人被拍成了院线电影，分别是《真水无香》的原型宋鱼水法官，《邹碧华》的原型邹碧华法官，《幸福马上来》原型人民调解员马善祥。他们3人不仅是道德模范，同时也是业务专家，也许很多人只知道宋鱼水和邹碧华是专家型法官、是博士，而走近马善祥，才不得不从心底佩服，调解也是学问，也出专家，他撰写了152本、520多万字的工作笔记，总结形成了有60多种方法的"老马工作法"。

英年早逝被称为"法治燃灯者"的邹碧华，当初他的突然离世，引起全社会的共同缅怀，整个法律共同体空前团结，我也是缅怀者中的一位，当时很想写点儿文字来纪念他，又怕写不好，就一直没有下笔，现在多说几句，见前面的作者手记。

特别想提到的是《商事审判应具备商事思维》一文，这并不是对谁的专访，我甚至都不知道放在哪里最合适，几次删掉，又几次放回，最终还是收录在邹碧华这里。这篇报道之所以放进来，有着好几层纪念意义：一是追忆文中两位已经离我们而去的、我们无比尊重和怀念的王保树老师和邹碧华法官；二是纪念自己那些与商法理论研究和商事审判实务携手走过的日子，该文可以管窥豹，一篇文章里面采访了商法领域的10个权威、2个学者，分别是商法学会会长、副会长，7个法官，分别是最高人民法院研究室处长、苏浙沪渝四个高院民二庭庭长，北京广东2个中院庭长，1个律师兼仲裁员，强大的阵容，强大的信息量，也产生了强大的影响力，这篇文章在论文中被广泛地援引。而类似这样的采访报道还有很多，那是我职业生涯一个重要的里程碑，与大家同行，漫步在商法的世界里。

曾经我与法院商事审判口"并肩作战"，共同策划了许多独家深度报道，及时宣传、厘清、提示商事审判的一些疑点难点重点问题。最高人民法院当时的民二庭庭长宋晓明、副庭长张勇健不止一次地对我说："这是我们共同的使命（法院和法治媒体）！"没有矫情，也不是大话。法院和媒体，共同做好这些报道，不是谁恳求谁，不是谁成全谁，而是志同道合的共同理想——推进中国法治建设。再加之我有民商法博士的专业背景，他们对我更多了一份信任，我甚至得以参加一些规模很小的仅限于内部人的研讨会，为下一步的报道预热，因为他们说我"本身也是专家"。曾经我跟张勇健副庭长打电话想挖掘点儿题材，他说："你对基层的新类型案件了解得比我们还多，我有的还是看到报纸上你们的报道才知道哪里有哪类案例了，你就大胆地多跟他们联系吧！"后来，最高人民法院和各级人民法院经常提"法院要与媒体建立良性互动关系"，彼时的那份信任不正是良性互动的典范？

我与商法学界的缘分更是由来已久，因为我在西南政法大学读的是商法方向的硕士和博士研究生，有机会跟着导师去参加一些学术会议。在此感谢我的硕士生导师、博士生导师赵万一教授、张玉敏教授把我领入商法的世界，法律的殿堂。进入法制日报社后，感谢当时的贾京平社长、雷晓路总编辑和《公司法务》专刊部万学忠主任的信任，我在结束了江苏记者站的锻炼后进入《公司法务》部，这是当时在贾社长的倡议下新设立不久的版面，后来报社创刊《法治周末》，该专刊变身为《法眼财经》，我担任了主编。那几年我成了清华大学"21世纪商法论坛"、北大、人大、法大、中央财大等各种民商法领域研讨会、商法学会年会的常客，《法制日报》《法治周末》也经常成为这些论坛、会议的合作主办方和支持媒体。可以这么说，当时的《公司法务》和《法眼财经》成了民商法理论界和实务界共同看重并呵护的学术园地、精神家园。我们曾经在《法眼财经》里推出过《民商审判》专栏，四级法院民二庭、民一庭选送经典案例，法官自己撰写裁判理由，我再邀请这一领域的专家学者来点评。记得开栏的第一篇，是最高人民法院民二庭审判长王闯（现最高人民法院知识产权庭副庭长）亲自示范，作为"打板"推出的。

世上没有不散的宴席，还好当时已足够珍惜。

之后我转岗其他部门，这个专栏就停办了。作为纪念，我特意在此书中收录了张新宝教授作为点评嘉宾的一篇。不仅如此，后来《法眼财经》也没有了，《法制日报》和《法治周末》都没有专门报道商事法治的园地了，也没有了对此那么热忱专业辛劳的"小蜜蜂"……都过去了，也许不会再有了。

我在评论部又创办了一个新的专栏——《观点1+1》，我作为主持人，邀请一个专家就该周的一个热点话题展开对话。这个栏目也得到了各领域大咖们的支持，而且参与热情很高。给我印象很深的一件事，是当时开栏的第一期是邀请著名法学家梁慧星教授就赵作海冤案的成因进行分析并提出"建立侦押隔离墙制度"的观点。该对话见报后，记得当时贾京平社长说，"其实这篇对话应该打破常规放到一版显著位置（评论版在后面），好不容易请到梁慧星这种重量级人物开口了，可能也正好是他对这个问题憋了很久，忍不住要说了"。当时的这个栏目确实以热点的话题、权威的人士、犀利的观点、尖锐的思想、明快的语言吸引了很多读者，也聚集了大批专家，包括一些平常金口难开之士。后来，我到了地方记者站，这个栏目也就停了。

变化的是栏目，是具体的工作，不变的是法治情怀，是一个奋斗在一线的法律人、媒体人对各类各领域法治新问题的关注。无法一一介绍，欢迎您走进这本书的法治世界。

盛世中国，法治盛世，祝愿中国法治的明天更加美好，祝愿《法制日报》与法治中国建设一路同行勇立潮头，祝愿文中的朋友们，没有选入本书的朋友们，为本书出版建言献策和辛勤工作的朋友们，都挺好！

再次感谢所有帮助我成长的师长、同学、同事、朋友和家人！